BIBLIOTHÈQUE CONTEMPORAINE

C.-A. SAINTE-BEUVE

CHRONIQUES
PARISIENNES

PARIS
MICHEL LÉVY FRÈRES ÉDITEURS
RUE AUBER, 3, PLACE DE L'OPÉRA
LIBRAIRIE NOUVELLE
BOULEVARD DES ITALIENS, 15, AU COIN DE LA RUE DE GRAMMONT
1876

CHRONIQUES
PARISIENNES

CALMANN LÉVY, ÉDITEUR

OUVRAGES

DE

C.-A. SAINTE-BEUVE
Format grand in-18.

PREMIERS LUNDIS..	3 vol.
NOUVEAUX LUNDIS, deuxième édition...............	13 —
PORTRAITS CONTEMPORAINS, nouvelle édition, revue et très-augmentée..	5 —
LETTRES A LA PRINCESSE, troisième édition........	1 —
P.-J. PROUDHON, SA VIE ET SA CORRESPONDANCE, cinquième édition..	1 —
CHATEAUBRIAND ET SON GROUPE LITTÉRAIRE SOUS L'EMPIRE, nouvelle édition, augmentée de notes de l'auteur...	2 —
ÉTUDE SUR VIRGILE, suivie d'une étude sur Quintus de Smyrne, nouvelle édition............................	1 —
SOUVENIRS ET INDISCRÉTIONS. — Le dîner du vendredi saint, deuxième édition...........................	1 —
LE GÉNÉRAL JOMINI, deuxième édition................	1 —
MONSIEUR DE TALLEYRAND, deuxième édition......	1 —
MADAME DESBORDES-VALMORE...........................	1 —
A PROPOS DES BIBLIOTHÈQUES POPULAIRES.......	Broch.
DE LA LIBERTÉ DE L'ENSEIGNEMENT SUPÉRIEUR.	—
DE LA LOI SUR LA PRESSE.................................	—

POÉSIES COMPLÈTES
NOUVELLE ÉDITION REVUE ET TRÈS-AUGMENTÉE
Deux beaux volumes in-8°.

PARIS. — IMPRIMERIE DE E. MARTINET, RUE MIGNON, 2

CHRONIQUES
PARISIENNES

(1843—1845)

PAR

C.-A. SAINTE-BEUVE

PARIS

CALMANN LÉVY, ÉDITEUR
ANCIENNE MAISON MICHEL LÉVY FRÈRES
RUE AUBER, 3, ET BOULEVARD DES ITALIENS, 15
A LA LIBRAIRIE NOUVELLE
—
1876

Droits de reproduction et de traduction réservés

SAINTE-BEUVE CHRONIQUEUR

Un écrivain de conscience et de talent, M. Eugène Despois, a signalé une lacune dans les Œuvres posthumes de Sainte-Beuve [1] : il a fait observer, avec raison, que dans les *Premiers Lundis,* dont l'ensemble embrasse toute la carrière littéraire du grand critique, la période intermédiaire, correspondant au règne de Louis-Philippe, n'était représentée, à partir de l'année 1834, que par un très-petit nombre d'articles.

Justement, dans le temps même où M. Despois exprimait ce regret, nous nous mettions en relation avec un des plus anciens amis de Sainte-Beuve, M. Juste Olivier, de Lausanne, et nous obtenions de lui qu'il voulût bien nous communiquer les textes autographes des Chroniques parisiennes, par lesquelles le futur auteur des *Causeries du Lundi* s'entretenait la plume et la main dans la *Revue Suisse* pendant les années 1843, 1844 et 1845.

[1]. Voir son article sur *Sainte-Beuve* dans la *Revue politique et littéraire* du 19 juin 1875.

Ce sont ces Chroniques que nous allons publier en leur conservant ou plutôt en leur rendant toute leur vivacité originale et de premier jet. Écrites au courant de la plume, sous l'impression soudaine et spontanée qui leur a donné à la fois vie et forme, ces Chroniques étaient envoyées, à l'état de brouillons de la plus fine écriture et tout couverts de surcharges, à M. Juste Olivier, directeur de la *Revue Suisse*, qui les arrangeait ensuite selon les convenances de sa Revue.

Sainte-Beuve n'avait d'autre souci en les écrivant que de garder l'anonyme. Il avait pris feu tout d'abord à l'idée de faire cette chronique : l'idée lui en était même venue à lui le premier, mais à la condition de conserver le plus strict incognito. Il voulait par là se ménager une plus grande liberté de jugement et de pensée. Le directeur de la *Revue Suisse* avait tous droits de retouches et de *repentirs* sur ces envois ; il modifiait à son gré ; il y était même souvent excité par Sainte-Beuve, qui presque toujours, à côté de passages un peu vifs, avait soin d'écrire en marge : « Ceci pour vous seul, pour que vous soyez averti. » Le passage disparaissait ou était maintenu selon que M. Olivier le jugeait à propos : on avait d'avance l'approbation de l'auteur.

Quand une série de faits concordants se présentait, Sainte-Beuve, en parfait chroniqueur, multipliait ses lettres, et ne perdait pas une occasion d'écrire. Jamais il ne s'appliqua tant qu'en ces années la devise du peintre antique, qui est devenue tout à fait, de nos jours, celle des nouvellistes et des correspondants des journaux français à l'étranger : *Nulla dies sine linea*. M. Olivier avait ensuite à coordonner les nombreux éléments que chaque courrier lui apportait : il les fondait en un travail d'ensemble, dans lequel il faisait entrer aussi les matériaux qu'il recevait d'autres personnes et ceux qu'il y ajoutait de son propre fonds. Aussi est-il impossible de distinguer dans la Chronique *imprimée* de la *Revue Suisse* la part qui revient à chaque collaborateur anonyme, et nous n'aurions jamais entrepris cette publication sans les textes autographes de Sainte-Beuve, dont nous nous sommes *uniquement* servi. C'est donc une œuvre nouvelle et à beaucoup d'égards *inédite* que nous offrons aujourd'hui aux lecteurs. Nous avons laissé autant que possible ces Chroniques dans leur état primitif, c'est-à-dire que nous les avons maintenues dans leur chaleur et leur sincérité premières d'eaux-fortes avant la lettre. Quelques suppressions, pourtant, ont été indispensables çà et là, et nous avons dû aussi rapprocher certains fragments épars qui se trouvaient trop disjoints.

Dans ses dernières années, Sainte-Beuve ne faisait plus mystère de sa collaboration à la *Revue* de Lausanne. Il en parlait quelquefois à l'un de ses anciens secrétaires, M. Pons, comme d'un *temps* qui marquait dans sa critique, et dans lequel il avait mis aussi *tout son aiguillon*, ainsi qu'il l'a dit ailleurs de ses Poésies. « En France, ajoutait-il, on n'a que ma critique *écrite* de ce temps-là, c'est-à-dire celle dans laquelle je ne pouvais dire tout ce que je pensais sur les productions littéraires du moment. Un critique est toujours tenu à de certaines réserves, quand il parle de gens qu'il connaît, — avec lesquels il peut se rencontrer tous les jours dans le monde; il y a des convenances obligées. Et puis, en certains cas, à l'égard des œuvres retentissantes qui font époque et révolution — ou du moins beaucoup de bruit (comme chaque jour en voyait naître alors), la critique était encore tenue à de plus grandes réserves par les journaux eux-mêmes qui n'admettaient pas qu'on s'exprimât en public en toute liberté sur ces *grands* sujets littéraires. Cela a toujours été un peu ainsi : la presse littéraire n'est pas du tout libre en France; il s'est formé de tout temps des coalitions de journaux au profit de telles ou telles coteries. C'est pour cela que j'aimais mieux envoyer ma critique *parlée* en Suisse [1]. »

[1]. On ne saurait mieux interpréter sa pensée qu'il ne l'a fait lui-même dans ce volume, p. 166 : « Il est, dit-il (décembre 1843), une douzaine d'hommes en France qu'on ne juge plus, mais qu'on loue ou qu'on attaque. Leurs amis les célèbrent sur tous les tons, leurs ennemis les injurient au besoin. Nous tâchons d'en parler comme il est permis au dehors et le dos tourné, sans faux respect

C'est dans un sentiment analogue qu'il alla un jour écrire à Liége le livre sur *Chateaubriand et son groupe littéraire sous l'empire*. Il s'expatria pour voir de plus loin et être plus libre. Il nous le dit dans une note que nous relevons sur un de ces cahiers où il écrivait toutes ses pensées :

« *Major e longinquo reverentia*. Cela est vrai tant qu'on n'a pas vu les hommes; mais si on les a vus une fois de près, on est bien mieux de loin pour les juger, pour en parler sans superstition, et sans se faire l'écho de l'opinion. — Pour les jugements littéraires j'ai pensé dès longtemps qu'on ne les aurait tout à fait libres et indépendants sur les hommes de France, qu'en étant à la frontière, à Genève, à Bruxelles, — à Liége. »

C'était aussi l'opinion de Voltaire et, avant lui, comme on va le voir, celle d'un esprit de la même famille, Bayle, l'illustre réfugié protestant du XVIIe siècle, avec lequel Sainte-Beuve avait tant d'affinité [1].

---

comme sans amertume, selon l'occasion, selon même le caprice et l'humeur. Il n'y a de critique vive et vraie qu'à ce prix. »

1. Un témoignage, non suspect d'hérésie en faveur de la critique littéraire, est celui du vertueux Malesherbes, qui s'exprimait ainsi à ce sujet, du temps qu'il était Directeur de la Librairie : « Presque tous ceux qui ont joué un rôle dans les affaires publiques n'aiment point à voir écrire sur la politique, le commerce, la législation. Les gens de Lettres pensent de même sur la critique littéraire; ils n'osent pas proposer de la proscrire entièrement, mais leur délicatesse sur cet article est si grande, que, si l'on y avait tout l'égard qu'ils dé-

En 1864, la publication du Journal de Mathieu Marais, — un ancêtre, en Chronique littéraire, du temps de Louis XIV, l'ami de Boileau, le correspondant de Bayle, alors en Hollande, — fut pour Sainte-Beuve l'occasion d'expliquer l'idée qu'il avait eue autrefois d'entretenir avec M. Olivier une Correspondance de la nature de celle que nous publions. Dans ses articles sur *Mathieu Marais* (*Nouveaux Lundis*, tome IX), il cite une lettre de Bayle, remerciant son correspondant parisien de le mettre si constamment au courant des affaires littéraires de Paris : après quoi, le philosophe conseille à son ami d'avoir en Hollande ce que Sainte-Beuve appellera tout à l'heure *un autre lui-même*, — c'est-à-dire un ami sûr et fidèle interprète de sa pensée, — à qui il adressera les

---

sirent, on réduirait la critique à rien. » — Il paraît que les auteurs du temps de Malesherbes avaient recours à la censure, quand ils voulaient se venger d'un critique. De nos jours, on se contente de lui adresser d'aimables épithètes. Je ne sais quel journal traitait dernièrement de *crétin* (on hésite à le répéter) l'un des maîtres de la critique moderne. Entre autres aménités littéraires de ce genre, Balzac a mis à la mode celle d'*impuissant*. « Ce dernier trait, dit Sainte-Beuve, (tel que M. de Balzac l'emploie) peut être vrai d'un artiste sculpteur ou peintre qui, au lieu de se mettre à l'œuvre, passe son temps à disserter et à raisonner ; mais, dans l'ordre de la pensée, cette parole du romancier, qui revient souvent sous la plume de toute une école de jeunes littérateurs, est à la fois (je leur en demande bien pardon) une injustice et une erreur. Pourtant, comme il est toujours très-délicat de démontrer aux gens comme quoi l'on est ou l'on n'est pas impuissant, passons. » (*Causeries du Lundi*, tome II, article sur *Balzac*.)

éléments d'un Journal, publié par les soins de cet ami, de ce *fidus Achates*. Somme toute, c'est une gazette de Hollande que Bayle conseillait à Mathieu Marais :

« J'ai eu souvent, je l'avoue, ajoute Sainte-Beuve, une idée analogue. A mon retour de la Suisse française où j'avais gardé des amis, vers 1840, je concevais un parfait journal littéraire dont il y aurait eu un rédacteur double, l'un à Paris pour tout savoir, l'autre à Lausanne ou à Neuchâtel, pour tout dire, — j'entends tout ce qui se peut dire honnêtement et avec convenance. Mais ces convenances varient et s'élargissent vite en raison même des distances. On peut, avec probité et sans manquer à rien de ce qu'on doit, bien voir à Paris sur les auteurs et sur les livres nouveaux ce qu'on ne peut imprimer à Paris même à bout portant, et ce qui, à quinze jours de là, s'imprimera sans inconvénient, sans inconvenance, dans la Suisse française. Je l'ai éprouvé durant les années dont je parle (1843-1845). J'avais en ces pays un ami, un de ceux de qui l'on peut dire qu'ils sont unanimes avec nous, un autre moi-même, M. Juste Olivier[1], et nous nous sommes donné le plaisir de dire pendant deux ou trois ans des choses justes et vraies sur le courant des productions et des faits littéraires. On le peut, on le

---

1. M. Olivier est mort tout récemment à Genève, le 7 janvier 1876.

pouvait alors sans être troublé, ni même soupçonné et reconnu. J'excepte la politique; mais, pour la littérature, Paris ne s'inquiète que de ce qui s'imprime à Paris. »

En écrivant cette page, Sainte-Beuve traçait d'avance le devoir qui nous incombe aujourd'hui, celui de rechercher ces Chroniques littéraires et de les publier. Nous n'y voyons pas plus d'inconvénient en France à cette heure, qu'il n'y en avait, du vivant de l'auteur, à quinze jours d'intervalle, dans la Suisse française. Les intérêts ont changé, la plupart des hommes sont morts ou ont changé aussi. Tant de batailles, tant de victoires éclatantes, remportées depuis, ont rendu, de leur propre aveu, les plus illustres contemporains encore debout invulnérables aux petites piqûres. Ce livre peut donc s'imprimer sous les yeux de tous sans danger pour les amours-propres les plus chatouilleux. C'est bien le moins d'ailleurs qu'il y ait prescription, au bout de trente ans, pour l'histoire littéraire[1].

JULES TROUBAT.

---

[1]. Les notes au bas des pages sont de Sainte-Beuve, à l'exception (bien entendu) de celles auxquelles l'éditeur a mis une mention spéciale pour avertir qu'elles étaient de lui.

CHRONIQUES PARISIENNES

I

Ce 18 février 1843.

AMSCHASPANDS ET DARVANDS, PAR LAMENNAIS. — PHÈDRE ET MADEMOISELLE RACHEL. — LES JÉSUITES.

J'ai sous les yeux le livre de Lamennais intitulé : Les *Amschaspands* et les *Darvands* : ce sont les bons et les mauvais Génies qui se livrent la guerre en ce bas monde sous le regard d'Ormuzd et d'Ahriman, les deux puissances rivales. C'est une satire de la société actuelle et du gouvernement, entrelardée d'Hymnes mystiques sur le bonheur du passé et de l'avenir. Les hymnes sont dans la bouche et sous la *plume* des bons Génies et font intermède à la correspondance très-suivie des mauvais. Il y a certes du talent, mais quel usage ! l'injure y déborde ; elle est *crasseuse;* rien n'égale, en fait de bile et de fiel, les portraits tracés de nos institutions et des hommes éminents qui les pratiquent et les honorent. La Chambre des pairs est traitée comme un *charnier*, comme un *cimetière* : le mot y est. L'auteur paraît ne pas se douter que lui-même touche à la vieillesse, et que l'injure tirée des années et des rides va se poser à lui-même sur son front. Il ne parle que de *cadavres*, mais lui-même, ce me semble, n'est pas une rose. Quant à la Chambre des députés, les portraits sont personnels et odieux. Quand M. Guizot serait à la fois Marat, Hébert, Collot d'Herbois, Couthon et Billaud-Varennes, on ne le peindrait pas autrement. Thiers est un singe, et le reste à l'avenant : Soult, Cousin, Dupin. Duchâtel, Barthe, Salvandy, tous y passent avec des mots plus ou moins infamants. Les Philippiques de La Grange-Chancel et les fameux couplets qui firent bannir Jean-Baptiste Rousseau sont à l'eau de rose auprès de cela. L'auteur ne ménage personne, il parle des Saints-Simoniens et des Révélateurs comme des députés; il les peint noirs et odieux, mais il en rit davantage. Leroux y est bafoué comme un fou. — Que veut donc cet homme? En un endroit, il parle des *quatre* religions principales qui s'en vont : 1° celle de la Chine; 2° celle de l'Inde, brahmanisme et bouddhisme; 3° celle de Mahomet; 4° enfin le christianisme qui vaut mieux, mais dont la vérité en sa portion relative a fait son temps. Il oublie ce qu'il a été, lui prêtre, et parle comme ferait Voltaire ou Jean-Jacques. Quant à son avenir et à ses peintures idylliques[1] de bonheur champêtre, de pureté

---

1. Car, notez-le, d'un côté tout le mal, les mots de *brutes*, de *cadavres*, à chaque pas; et de l'autre des *ineffables extases*, des *félicités intarissables*. Rien du vrai — tout cru. Aucune nuance.

virginale, de mariage inviolable (car il soutient le mariage), de propriété partagée à tous et toutefois respectée (car il a l'air de vouloir la propriété contre les phalanstériens, comme il veut la famille), on ne sait à quoi cela aboutirait. Le plus clair, c'est qu'il a pour toute nouveauté le déisme du *Vicaire savoyard*. C'était bien la peine de faire tant de fracas et de prendre les choses par un si grand tour et de tant tonner contre la philosophie éclectique, laquelle, au pis, n'est qu'un déisme et spiritualisme de cette sorte. — Quant au talent lui-même, il y en a certes, mais moins que ne croient les bonnes gens qui ont oublié Raynal, et qui ne savent pas qu'il n'est pas très-difficile avec une certaine énergie de plume de faire de ces peintures qui sont partout, en leur rendant quelque puissance d'ensemble. En fait de couleurs, Lamennais a bien du commun. S'il y avait un *Gradus* en français comme ceux de Noël, à chacun des substantifs on trouverait accolée l'épithète et la périphrase qu'emploie volontiers ce Jean-Jacques de seconde et troisième main. C'est souvent, bien souvent, de la mauvaise prose poétique déclamatoire, sans nuance aucune. Mais à voir comme des gens réputés d'esprit et même de goût y sont pris, je désespère de la finesse de l'art et je rentre plus que jamais dans ma coque pour n'en plus sortir. Il faut de grosses voix aux hommes assemblés. Ici pourtant Lamennais par l'injure a dépassé le but, et lui-même, ce me semble, à force de manier et de verser le poison, il a flétri son âme ; il en accuse les secrètes noirceurs. Il est fou, on ne peut dire que cela de plus doux. — Il est, dit La Rochefoucauld, une certaine activité qui augmente en vieillissant, laquelle n'est pas éloignée de la folie. Il me remet en mémoire ce beau vers de madame Valmore :

Si l'amour a ses pleurs, la haine a ses tourments !

Lui qui, à chaque page, trouve les hommes actuels, la société actuelle, si *stupides*, si *atroces*, si *infâmes*, si *abrutis* (telles sont ses aménités), comment peut-il s'imaginer qu'à l'instant, rien qu'en détruisant un gouvernement, on va avoir une humanité douce, bénigne, éclairée, vertueuse et sage? A-t-il donc dans son cornet une nouvelle graine à semer comme il jette le sable pour faire sécher son écriture? On s'y perd : — pétulance, étourderie, entraînement d'une verve plus forte que l'homme, d'un cheval plus fort que son cavalier; impossibilité de se contenir, oui, une véritable *incontinence* de pensée, c'est-à-dire une vraie faiblesse sous ces aspects de violence !

Le portrait de Louis-Philippe a été supprimé (c'est trop scabreux), mais ses ministres responsables l'ont payé double.

Je crains pourtant, dans tout ce qui précède, de n'être pas assez juste. On me dit qu'il y a vers la fin d'assez beaux et assez touchants chapitres. C'est par acquit de conscience que j'ajoute ceci.

— On pourrait, somme toute, présenter ainsi la critique du livre de Lamennais. C'est un livre où les bons Génies disent tout le bien et les méchants Génies, tout le mal. Eh bien, en lui appliquant sa propre mesure, un mauvais Génie, un *Darvand* (ce serait moi), dirait ce que j'ai dit plus ou moins. Mais un bon Génie, un *Amschaspand*, aurait de quoi répondre :

« A travers ce manque de goût et ces torrents d'invectives, il y a des restes de candeur, une sincérité incontestable bien que si muable en sa rapidité ; l'amour de l'humanité, de ce que l'auteur croit tel, y compense à ses yeux la haine pour quelques individus ; la fibre humaine vibre en certains endroits sous une touche dont très-peu sont capables. Ce cœur de *soixante* ans a de folles ardeurs, mais des ardeurs que les cœurs de *vingt* ans n'ont plus. Sa plume n'a jamais été plus ferme, bien que dans les *Affaires de Rome* elle se soit montrée plus légère. Son style trop uniforme a un éclat que les pages de l'*Indifférence* ne surpassaient guère, et qui ne trahit pas la vieillesse d'un talent depuis si longtemps guerroyant. Enfin dans ce petit homme qui jette dans le goufre de Décius sa personne autant qu'il peut, du moins sa vie, son passé, sa considération, ses amitiés, tout ce qui lie et enchaîne les hommes, — qui retrousse ses manches et descend bras nus pour faire l'athlète comme au premier soleil du combat, — on peut voir un insulteur, mais un insulteur héroïque, un Spartacus qui a un peu trop la fièvre, mais à qui ses airs de moine et sa vieille soutane n'ont pas ôté toute verdeur, je n'ose dire grandeur. »

Voilà ce que dirait un bon Génie, un *Amschaspand*.

— Quant à *Phèdre*, elle a complétement réussi... Je n'ai pas vu encore mademoiselle Rachel dans ce rôle : mais tout ce qui me revient prouve que si elle n'a pas rendu la *Phèdre grecque* que personne ne connaît ici, elle a compris admirablement la *Phèdre française*, la *Phèdre chrétienne*, celle de Boileau et d'Arnauld,

> ... la douleur vertueuse
> De Phèdre, malgré soi, perfide, incestueuse.

Elle l'a faite même plus jeune fille et plus timide encore en commençant ; mais bientôt la passion éclate. Elle dit le mot *charmant*, une tête *charmante*... *jeune*, *charmant*, etc., de manière, il paraît, à faire frémir l'auditoire de tendresse. Elle a *profité*.

— J'ai sous les yeux un agréable chapitre du siècle de Louis XIV. C'est une brochure imprimée, mais qui se donne et ne se vend pas, intitulée *Saint-Cyr*, par le duc de Noailles, un des membres distingués de la pairie et qui est fort de la société de madame Récamier. Descendant de madame de Maintenon par alliance, il a pensé avec raison qu'il y avait un grand travail à faire sur les lettres de sa grand'tante, car il manque sur elle ce qu'on a fait sur madame de Sévigné, et il n'existe pas de bonne édition ni de complète. M. de Noailles prépare donc lentement ce travail auquel il mettra un volume ou plus d'introduction, de biographie et d'histoire. En attendant il a détaché et fait imprimer tout ce qui concerne la fondation, l'histoire et l'intérieur de Saint-Cyr, maison d'éducation pour les pauvres demoiselles nobles, qui fut créée quand Port-Royal se mourait et qui ne fut détruite qu'à la Révolution. C'est simplement et gravement écrit, avec le goût séant à ce noble sujet ; une très-agréable lecture de quelques heures, et destinée à un légitime succès de société, en un temps où tout ce qui tient au grand siècle est si curieusement recherché. Il y a un vrai *regain* de Louis XIV. — On a dans cette brochure tous les détails sur les représentations d'*Esther* et d'*Athalie*, quelques-uns de nouveaux, quelques petits billets inédits de Louis XIV. La sœur de Bonaparte, Élisa (madame Bacciochi, depuis grande-duchesse de Lucques), était élève de Saint-Cyr lors de la destruction; on a la lettre par laquelle son frère la réclame et en même temps demande à la municipalité de Versailles les frais de route pour elle jusqu'à Ajaccio. Cette lettre, sans un mot de français, vient bien après les billets de Louis XIV. Saint-Cyr ne fut détruit qu'après que les dames eurent pu encore chanter un *De Profundis* le jour de l'exécution de Louis XVI. Une des vieilles, la plus ancienne, avait vu autrefois Louis XIV. On a ainsi dans la fortune et la destinée d'un simple couvent-pensionnat de quoi rêver sur les empires.

— Quoi encore? — Le combat contre le ministère se *mitonne* sourdement sur la question des fonds secrets. M. Guizot paraît moins solide qu'il y a un mois. Mais lui ne doute pas du succès, et l'horizon est peut-être plus gros de brouillards que de tonnerres. Dans tous les cas, il y aurait moins de quoi que jamais.

— Parmi les journaux religieux assez en vogue dans un certain monde, j'ai omis de vous citer *l'Union catholique*, journal rédigé par les Jésuites, par eux positivement. Les Jésuites, il faut le savoir, n'ont jamais quitté Paris. Après la révolution de Juillet, ils se sont tenus cois et sages dans une maison de la rue du Regard, ayant une très-belle bibliothèque et étudiant. Mais depuis trois ans environ, l'audace leur est venue comme à beaucoup de gens en soutane ; ils ont fait un établissement plus considérable et publient ce journal qui a des journaux correspondants dans d'autres pays (par exemple un à Naples, probablement aussi en Allemagne). Le Père Ravignan, un de nos meilleurs, et même notre meilleur prédicateur, est jésuite. Il a été dans sa jeunesse magistrat. Les Jésuites donc ne sont pas sans quelque *revenez-y*. On verra dans la prochaine *Revue des Deux Mondes* un article de M. Libri là-dessus.

Nos catholiques sont comme des gens qui font remeubler à neuf leur salon au premier étage ; mais ce n'est pas du tapissier qu'on aurait besoin, c'est du maçon, pour réparer le rez-de-chaussée dont les murs croulent. — Ils n'ont ni le peuple, ni la classe moyenne.

II

Ce 22 mars 1843.

LES BURGRAVES, PAR VICTOR HUGO. — *JUDITH*, PAR MADAME ÉMILE DE GIRARDIN. — MADEMOISELLE RACHEL — LAMARTINE ET *TOUSSAINT LOUVERTURE*, ETC.

Il n'y a rien de nouveau ici depuis une quinzaine : on vit littérairement dans les salons sur ce méchant livre de Lamennais, et sur ce joli chapitre de Saint-Cyr.

Vous pourrez profiter, pour l'article sur les *Amschaspands*, ou, comme on dit, les *chenapans* de Lamennais, de l'article des *Débats* du 1ᵉʳ mars, lequel article est de M. Cuvillier-Fleury.

On attend patiemment *les Burgraves*, et puis *Judith*. Mademoiselle Rachel a récité chez elle, à l'un de ses jeudis soirs, une scène ou même un acte de *Judith* qui a réussi, et un de *Bérénice* qui a paru moins satisfaire. — Ne mettez jamais trop d'épigrammes contre madame de Girardin, je vous en prie; car je ne veux pas paraître un traître à ses sourires.

— La politique a recommencé d'hier sur les fonds secrets, c'est un débat très-attendu et qui promet d'être décisif. M. Guizot a eu hier un premier éloquent succès, et tout annonce la réussite du ministère.

Il vient d'en obtenir un second, le 2, celui-ci encore plus éloquent contre M. de Lamartine qui est en veine de désastres.

Dans la *Revue des Deux Mondes* du 1ᵉʳ mars, il y a une chronique où Rossi, nageant entre deux ou trois eaux, et ne voulant guère parler de choses d'ici, a très-bien parlé, ce me semble, de Genève et de la Suisse.

Les lettres (anonymes) d'un député sur la question ministérielle, dans la *Revue*, sont de M. Vivien, ancien ministre du 1ᵉʳ mars.

— Il y a, dans ce même numéro, des vers de Lamartine[1], quelques-uns assez beaux et le tout en somme assez mauvais pourtant. Une faute de français énorme pour un académicien :

Martyres dans le ciel ou libres sur la terre; — pour *martyrs*.

Il y a des bévues anatomiques dans ce même morceau de Lamartine : on reconnaît en effet très-bien un squelette de nègre d'avec un squelette de blanc. Il y a bien d'autres différences que la peau : l'angle facial, etc.

— Il vient de paraître des Mémoires du maréchal de La Force du temps de la Ligue, de Henri IV et de Louis XIII, qui contiennent, dit-on, beaucoup de choses inédites, lettres de Henri IV et autres; enfin c'est un supplément

---

1. Le discours de Toussaint Louverture aux noirs de Saint-Domingue.

utile aux Mémoires de ce temps. L'éditeur est le marquis de La Grange, député de la nuance et du cortége de Lamartine et allié par sa femme aux Caumont de La Force.

III

Ce vendredi 10 mars 1843.

LES BURGRAVES.

I

Je n'ai pas vu les *Burgraves,* donnés mardi dernier. La salle était pleine d'avance et d'amis. Un spectateur (ou qui voulait l'être, et qui n'a pu obtenir de billet à la porte) a fait incontinent un procès à la Comédie française. Ces incidents burlesques amusent à côté de ces grands vers. Il paraît bien que c'est beau, mais *surtout solennel,* écrit Janin : en bon français *ennuyeux.* On écoutait, mais sans aucun plaisir. Ce même Janin, qui a oué par nécessité dans les *Débats,* disait tout haut en plein foyer à qui voulait l'entendre : « Si j'étais ministre de l'intérieur, je donnerais la croix d'honneur à celui qui sifflerait le premier ». Il y aurait eu quelque courage en effet.

Cela peint nos mœurs littéraires. Il y a deux *histoires*

littéraires : l'une écrite et l'autre parlée. Celle-ci est la vraie.

Dans le journal *le Globe*, Granier de Cassagnac a loué à tour de bras et a cité.

La carrière poétique de Victor Hugo a été toute une révolution. Granier de Cassagnac s'en est fait finalement le Robespierre ; je me flatte de n'en avoir été que le Vergniaud. *Hernani,* ç'a été pour moi la fin de l'Assemblée législative.

Au reste, à la façon plus modérée dont on parle de Hugo, et aussi à la façon moins grotesque qu'il a mêlée à ses grands vers de vieillards, on peut déjà s'apercevoir qu'il est d'un Corps (l'Académie) ; on se respecte mutuellement.

II

Ce 29 mars 1843.

Les Burgraves n'ont réellement pas réussi : ce n'est pas un succès malgré les bulletins. Trois fois la salle a été pleine d'amis ; la quatrième ou la cinquième fois le public a tant sifflé vers la fin qu'on a fait baisser la toile. Depuis ce temps les représentations sont toujours plus ou moins orageuses. Les journaux acquis à Hugo... disent que ce fait est *inqualifiable* et qu'il y a je ne sais quelle cabale. Rien de plus aisé à qualifier. On siffle : Hugo ne veut pas du mot, et dit devant les acteurs : « on *trouble* ma pièce. » Les acteurs, qui sont malins, disent depuis ce jour *troubler* au lieu de *siffler*. Il faut espérer que *Judith* (ou toute autre pièce) réussira, qu'elle ne sera pas *troublée*. Ce mot est curieux venant de l'école du mot propre. — Magnin a fait une lourde école en louant dans la *Revue*, et en osant comparer à Eschyle!! Au reste, Eschyle était le mot d'ordre...

... Je lis *les Burgraves*. La lecture leur est plus favorable que la représentation : c'est exagéré, et à la scène les acteurs exagèrent encore, ce qui passe tout. A la lecture, les grandes choses reparaissent et le *tendu* accable moins, quand il n'est pas là devant vous en chair et en os.

La Préface, comme toutes les Préfaces de Hugo, surpasse la pièce : les premières pages sur l'antique Thessalie mythologique sont pleines de talent. Il est vrai que ce n'est pas là la Thessalie, celle de Tempé et des fraîches vallées [1]. Hugo voit gros, il voit noir (dans *Ruy Blas* il voyait rouge). Mais cela a de la grandeur, et lui seul, après Chateaubriand, peut écrire ces pages.

La comparaison des barons du Rhin et des Titans, et le rôle de Frédéric Barberousse assimilé à celui de Jupiter, — c'est de l'histoire à vue d'aigle, à vue de vautour.

Et l'ordre teutonique qu'il dit mort ou dégénéré et qui

---

1. Ceux qui ont vu la Thessalie trouvent étonnant qu'il y ait mis pêle-mêle les *Océanides*, la *femme-baleine*, près du Pinde, en pleine terre. Il n'y parle pas des Centaures, le grand fait mythologique local. Il a *décrété* une Thessalie comme il décrète toutes choses à son usage.

alors, me dit-on, n'était pas né : — vérifiez, historiens !

Les bords du Rhin ne sont pas si grandioses, si foudroyés, la Thessalie n'est pas si noire qu'il la fait, de même que Notre-Dame n'est pas si énorme, mais plus élégante, comme on peut le voir du parvis. Mais encore une fois il a l'œil ainsi fait.

IV

Ce 2 avril 1843.

LAMARTINE. — PONSARD. — LECTURE DE *LUCRÈCE* CHEZ BOCAGE, ETC.

La politique est retombée au calme plat. Les seuls petits événements, ridicules pour les salons, mais qui ont de la portée au dehors, au moins comme symptômes, ce sont les brochures qui éclosent autour de M. de Lamartine : il a ses publicistes à lui, qui le démontrent à la foule (comme nous-même l'avons démontré poëte il y a quinze ans); on le démontre réformateur et politique, philosophe, — révélateur. Un de ses amis et voisins de campagne, M. Dargaud, a écrit un petit opuscule de quelques feuillets : *Nouvelle phase parlementaire*, c'est le titre. « M. de Lamartine, dit-il, c'est *Fénelon moins l'autorité*[1], *Rousseau moins le sophisme*, *Mirabeau moins l'insurrection.* »

Un M. Chapuys-Montlaville, de la Chambre des dépu-

---

1. Lamartine se dit lui-même le fils de Fénelon et de madame de Staël. Il semble qu'il y était lorsqu'ils l'ont créé.

tés, de la gauche, vient de faire une autre brochure panégyrique explicative de M. de Lamartine, avec images, gravures, illustrations. C'est ridicule; oui, mais M. Rossi, dans la chronique dernière de la *Revue des Deux Mondes*, a raison de dire que Lamartine grandit au dehors. Est-ce que c'est le sens commun qui prévaut toujours en ce monde? — Lamartine est une comète[1] : il a certes une queue brillante et immense : mais a-t-il un noyau?

Le salon de Lamartine est la plus singulière bigarrure, la banalité la plus variée et la plus imprévue: tous y sont ou y peuvent être. Madame de Girardin lui disait spirituellement : « Vous êtes le La Fayette de l'intelligence. » — Il donne l'accolade à tout ce qui est censé penser ou rêver.

— On parle beaucoup d'une tragédie de *Lucrèce* (Lucrèce et Tarquin) qui doit être donnée à l'Odéon. Elle est le coup d'essai d'un jeune homme du Midi, M. Ponsard, et on lui a fait tout d'abord une réputation d'être du Corneille retrouvé, du Romain pur et primitif. (*Domi mansit, lanam fecit*, épitaphe de la dame romaine primitive.) On a lu l'autre soir la pièce chez l'acteur Bocage : il avait invité force *notabilités*, et l'on a paru content, surtout du cinquième acte.

Frédéric Soulié, qui était présent, a dit : « Ce n'est pas de la *rocambole*. » — Théophile Gautier a répondu à Bocage, qui lui demandait son sentiment : « Je n'ai pas

---

1. Il était beaucoup question d'une comète en ce moment-là. (Note de l'éditeur.)

dormi. » — Le sculpteur Auguste Préault, qui assistait aussi à cette lecture, a résumé son opinion de la manière suivante : « S'il y avait des prix de Rome pour la tragédie, l'auteur partirait demain pour la Ville éternelle. »

V

Ce 15 avril 1843.

JUDITH, PAR MADAME DE GIRARDIN. — LA *LUCRÈCE*
DE PONSARD. — LE PÈRE DE RAVIGNAN, ETC.

Nous allons avoir deux pièces nouvelles : *Judith* aux Français et *Lucrèce* à l'Odéon.

J'ai entendu un acte de la première et toute la seconde.

Le vendredi 7 avril, le soir, chez madame Récamier, mademoiselle Rachel a récité : 1° quelques scènes de *Bérénice*; 2° le premier acte presque entier de *Judith*; — *Bérénice* assez bien, mais pour *Judith*, succès complet d'actrice et d'acteur.

Madame de Girardin, un peu pâle et plus émue qu'à elle n'appartient, donnait la réplique. On s'est épanoui à ces nobles vers éloquemment récités : évidemment on relevait des *Burgraves*. — « C'est une rentrée dans la langue française, » disait M. de Barante. — « Quelle noble trilogie de femmes ! » s'écriait un autre : — Judith, madame de Girardin et mademoiselle Rachel !

Je signale toute la réaction, sans la partager. Au théâtre il faudra décompter un peu : mais la pièce n'a que trois actes; le premier est bien posé, ce qui fera passer les deux autres.

— Pour *Lucrèce*, je l'ai entendue tout entière, mercredi matin, 12, chez madame d'Agoult. Bocage l'acteur lisait. L'auteur timide et provincial n'avait pas osé venir (c'est un M. Ponsard, de Vienne en Dauphiné, qui a dans les vingt-sept ans; sa pièce est faite depuis trois ans environ). Succès complet et vrai. Lamartine y était et ne cessait d'admirer : malgré sa banalité, ce qu'il disait (j'étais près de lui) avait de la valeur. C'est un vrai poëte qui se lève; celui qui a fait ces cinq actes pourra bien des choses. L'antique modestie des matrones romaines admirablement peinte en vers simples, fidèles, une grande et vraie connaissance de l'Antiquité; à tout moment d'heureuses réminiscences ou même des traductions, mais heureusement amenées à l'état de moyens dramatiques. Un vers puissant, facile, moderne sans trop déroger. Le rôle de Brutus très-grand (tellement, que c'est *Brutus* autant que *Lucrèce* qu'il faudrait intituler la pièce), conçu un peu en comique et même en bouffon, comme on se figure que l'aurait pris Shakspeare : d'ailleurs l'ensemble assez classique. Sextus Tarquin, espèce de don Juan romain-étrusque. Le récit si dramatique de Tite-Live a été très-bien suivi et développé, ainsi qu'un très-beau récit d'Ovide (*Fastes*, livre II). L'auteur n'a manqué aucun des heureux motifs indiqués et les a développés avec un talent que tous, je crois, salueront. — Par malheur, la pièce sera mal jouée à l'Odéon. Bocage fait Brutus, à la bonne heure ! mais madame Dorval fait Lucrèce. « Je ne fais plus que les *vertueuses*, ma chère », disait-elle l'autre jour à une amie avec cette voix que vous savez. — Mais c'est moins la pièce en elle-même que l'avenir du talent qui compte désormais.

— Après cela il faut parler de la semaine de Pâques. Décidément toutes les réactions sont complètes et triomphantes. La foule à *Notre-Dame* (dans toutes les églises, mais à *Notre-Dame* particulièrement) était prodigieuse. M. de Ravignan prêchait trois fois par jour : à une heure pour les femmes du beau monde, le soir pour les hommes. D'autres fois et à d'autres heures pour les ouvriers. Il appropriait ses discours aux différentes classes ; aux femmes du monde, il parlait en homme qui le sait et qui en a été. On s'y pressait, on s'y foulait, on y pleurait. Je ne sais combien l'on comptera de communions pascales, mais je crois que le *chiffre* n'aura jamais monté si haut depuis cinquante ans. Le clergé est organisé, actif et zélé, la société indifférente, mais avide d'émotions et de *quelque chose* : personne ne lui offre rien. La philosophie n'existe pas ou elle se proclame l'amie de la religion et de l'orthodoxie *quand même*. Dans cet état, incertitude, curiosité, engouement, on se pousse dans un sens, et si l'on n'y prend garde, cela devient sérieux : l'entraînement suit. Les vieux peuples, comme les vieilles gens, sont tentés de revenir à leurs *patenôtres* et de n'en plus sortir. Se pourrait-il que la France finalement fût catholique comme Bénarès est hindoue, par impuissance d'être autre chose !

VI

Ce lundi 17 avril 1843.

UNE MYSTIFICATION DE MÉRY. — L'ART DRAMATIQUE
CONTEMPORAIN, ETC.

Une bonne mystification et *poisson d'avril*, comme on dit. Hier, 16, un journal (*le Globe*) a donné une prétendue scène de *Lucrèce*, cette tragédie dont on parle tant. Tout le monde de se jeter sur ce morceau, et le soir tous d'en parler à qui mieux mieux. Admiration complète : jamais on n'a fait de vers plus originaux, plus fermes, surtout plus *purs*, ajoutaient certains académiciens. Bref, c'est un tour que Méry leur a joué: impatienté d'entendre louer la pièce, il a dit : *Je vais leur en faire;* et en provençal improvisateur, il a broché ce pastiche que nos connaisseurs ont pris au sérieux et ont *gobé* sans une arête. Ils en doivent être un peu honteux ce matin.

Je viens de lire le fragment cité par *le Globe :* cela joue l'antique, mais à faux. Ce Méry n'a jamais fait que du *plaqué*. La vraie *Lucrèce* est réellement belle.

Il vient de paraître un volume de poésies : *Itinéraire poétique*, par M. Victor de La Boulaye. C'est de l'école romantique dont nous sommes, de 1828 à aujourd'hui; l'auteur, qui a fait le tour du monde en amateur et qui est un homme de près de quarante ans, est artiste dans le vrai sens ; il a médité et mûri ses différentes pièces et descriptions, y mêlant un sentiment moral, et les appropriant par le tour ou le sujet à quelque artiste du jour: L'*Etna* est dédié à Victor Hugo; Émile Deschamps a une pièce qui résume heureusement et savamment tout l'art poétique moderne. Il y a un peu trop d'esclavage de forme. M. de Vigny a une pièce à lui dédiée : *Contre la pente du siècle*. En tête de chaque morceau figure une épigraphe latine, bien attachée comme un beau clou d'or. Mais on est si à bout des beaux vers qu'il est plus que possible que ce recueil n'aura qu'un succès limité entre artistes et gens du métier. — Décidément l'École finit; il faut *en percer d'une autre :* le public ne se réveillera qu'à quelque nouveauté bien imprévue. J'espère toujours que ce sera du théâtre que ce coup viendra, et qu'au milieu de notre anarchie il sortira de par là un 18 brumaire littéraire. Le théâtre, ce côté le plus invoqué de l'art moderne, est celui aussi qui chez nous a le moins produit et a fait mentir toutes les espérances. Car que d'admirables et infructueux préparatifs depuis vingt ans ! Traductions des théâtres étrangers, analyses et explications critiques; essais et échantillons de drames écrits : *Barricades, États de Blois, Clara Gazul, Soirées de Neuilly*, drames de M. de Rémusat, préfaces modernes, de *Cromwell*..., et puis quoi ? *Hernani*, puis rien. Un lourd assommement. Dumas s'est gaspillé, de Vigny n'a jamais pu s'évertuer, Hugo s'est appesanti. — C'est par le théâtre qu'il reste tout à faire et à traduire enfin — devant un public blasé qu'on réveillerait — les grandes idées courantes et remuées depuis cinquante ans. Oh! si nous avions seulement notre Ducis! *Exoriare aliquis!*

VII

Ce 26 avril 1843.

REPRÉSENTATION DE *LUCRÈCE* ET DE *JUDITH*, ETC.

Lucrèce a réussi, et *Judith* assez peu, ou, si l'on aime mieux, *Lucrèce* a eu un succès franc, et *Judith* un succès contesté. *Lucrèce*, jouée samedi dernier, a eu, je le répète, un vrai succès; la foule était accourue à cet Odéon désert. Les loges étaient des mieux occupées; ce parterre d'étudiants intelligents et tapageurs faisait diversion et ajoutait à l'intérêt du drame. C'était évidemment un parterre instruit, car aux moindres velléités de s'étonner ou de se scandaliser, la masse semblait répondre : *Mais c'est ainsi dans l'histoire, mais il faut que cela soit ainsi.* Le bachelier ès lettres était là en majorité; il était chez soi. Le troisième et le quatrième acte ont paru parfois languir à la scène. C'est moins une bonne tragédie qu'une excellente et très-belle étude *tragique*. Madame Dorval a mal joué; décidément ce rôle de Lucrèce était trop jeune et trop chaste. Bocage lui-même, qui s'était trop identifié avec l'auteur et s'en était fait le patron, a joué comme l'aurait pu l'auteur lui-même, c'est-à-dire sans gouverner son sang-froid et sans retrouver cette raison que *Brute* n'a jamais perdue. Une actrice fort secondaire, une madame Halley, a réussi inopinément dans le personnage voluptueux et passionné de Tullie.

La seconde représentation de *Lucrèce*, de lundi, a été animée d'épisodes. Les étudiants, furieux de n'avoir pas été admis en assez grand nombre à la première[1], ou de ce qu'on avait vendu sur la place des billets *au-dessus* du prix, ont voulu faire rendre compte au directeur Lireux. La pièce, au milieu de ce bruit, a été plus d'une heure sans pouvoir commencer. Enfin on a proposé un armistice et de remettre la querelle après la pièce; mais l'armistice à peine conclu, voilà qu'entre la force armée qu'on avait mandée; nouveau tapage, nouvelle collision. Puis, la pièce jouée et applaudie, l'orage du parterre a recommencé; on demandait avec cris je ne sais quoi, je ne sais qui. Madame Dorval a paru et est venue saluer; mais ce n'était pas elle qu'on demandait. Bocage est venu, mais ce n'était pas lui. Toujours tapage. On a poussé le pauvre auteur lui-même, M. Ponsard, à travers la scène, pour voir si ce n'était pas lui qu'on demandait, mais le parterre criait toujours tout en applaudissant. Les acteurs à tout hasard ont alors paru en masse; mais il s'est trouvé que ce qu'on demandait était la seule madame Halley (*Tullie*), laquelle s'était allée coucher aus-

---

1. Non pas qu'il y ait eu des claqueurs (il n'y a plus de claqueurs à l'Odéon), mais on avait mis presque tout le parterre en stalles très-chères.

sitôt après le troisième acte, où son rôle finit. Le parterre avait très-bien jugé qu'elle était la seule à rappeler. — Tout cela a fini à près de une heure du matin. — Grande fête dans tout le quartier.

Pour *Judith*, c'est autre chose, on l'a jouée aux Français lundi. Il y avait force beau monde. C'est une tragédie du genre de *Genséric*, de madame Deshoulières. Le premier acte a très-bien réussi ; mais au second acte, la froideur, les madrigaux d'Holopherne, d'Holopherne *galant* et presque *dameret*, le bel esprit de cette *Judith-lorette* ont lassé. Le *faux* goût est pire que le *mauvais* goût. Un incident burlesque a prêté dès le début aux railleurs qui, au milieu des nombreux amis, ne manquaient pas : un chat gris en personne a paru on ne sait d'où sur la scène. Ce chat a un peu interloqué mademoiselle Rachel, qui peut-être n'a pas aussi bien joué qu'elle aurait fait d'ailleurs. Était-ce un tour de cabale que ce chat ? Était-ce tout simplement le chat familier du théâtre qui n'avait pas assez mangé de souris ce jour-là, et qui en cherchait dans la tente d'Holopherne, ou plutôt au milieu des bouches affamées des Hébreux expulsés hors de la ville ? car c'est dès le premier acte qu'il a paru. Ce chat parmi la famine de Béthulie : jugez des plaisanteries ! il s'enfuyait comme s'il avait peur d'être mangé, d'être mis en civet. Bref, il y a eu rumeur à la fin de la pièce, et l'auteur n'a pas jugé à propos de se faire nommer. Somme toute, c'est un échec, une chute honnête.

La Presse donne ce matin 26 le premier acte entier. Vous verrez s'il justifie le succès de cette soirée chez madame Récamier; mais on aurait dû s'en tenir là. On va essayer de lutter : on redonne *Judith* vendredi.

On est d'ailleurs en veine littéraire. La vente qui a lieu depuis lundi dans les appartements du Palais-Royal, et qui finit aujourd'hui mercredi au profit de la Guadeloupe et sous les auspices de la reine, a mis en circulation dans la haute société un charmant recueil de nouvelles inédites, trois nouvelles, *Marie-Madeleine*, *Une Vie heureuse* et *Résignation*, composées par une jeune femme du monde[1] pour elle seule et quelques amis; mais la reine l'ayant su a désiré que ce fût imprimé à l'Imprimerie royale et vendu pour cette infortune extraordinaire : il a fallu obéir. C'est pur, délicat, poétique et tout à fait touchant, fort au-dessus de ce qu'on est convenu d'appeler *distingué* en pareil genre. Les trois cents exemplaires ont été épuisés le second jour : un vrai, louable et charmant succès.

De politique il n'en est plus question; la loi du *roulage* et celle du *recrutement* ont tort; quant à la loi des *sucres*, elle est complétement oubliée et fondue.

Il va paraître, le *Voyage* de M. de***; cela promet d'être curieux de révélations. L'auteur, homme d'esprit, corrompu, et qui jouit à bon droit d'une très-mauvaise réputation de mœurs, voyage bien; c'est ce qu'il fait de mieux. Il a visité dernièrement le lac de Genève du côté de la Savoie, et il paraît vouloir s'y fixer... Assez triste cadeau pour le pays d'ailleurs : non loin du rocher où s'assit Saint-Preux, un sérail de Polonais et de Savoyards.

---

1. Madame d'Arbouville.

— On dit que les troisième et quatrième volumes de l'*Essai sur la formation du dogme catholique* de la princesse Belgiojoso viennent de paraître : je ne les ai pas vus encore.

— Le succès de *Lucrèce* change l'état des choses dramatiques ou du moins est un symptôme qui prouve hautement, en contradiction avec les théories de Hugo et des autres, que la faute des non-succès et des succès contestés n'est pas au public, mais aux auteurs. La carrière est toute grande ouverte à tout ce qui sera un peu bon, on ne l'a jamais mieux senti. Le public est, avant tout, bienveillant, avide et porté à tout ce qui l'intéressera ; il vient de le prouver. Ce parterre de l'Odéon, au moindre beau vers, frémissait comme un seul homme, comme une forêt sous le souffle.

VIII

Ce samedi 29 avril 1843.

COUSIN. — *LUCRÈCE*. — *JUDITH*. — MADAME LOUISE COLET. — MADAME DE GIRARDIN.

Le succès de *Lucrèce* redouble ; les têtes se montent. On s'arrache le jeune et modeste auteur : les duchesses, M. Villemain et *tutti*. S'il résiste à l'entraînement, il aura bonne tête, et il paraît qu'il l'a.

Jeudi dernier, 27, l'Académie française a donné le prix de poésie dont le sujet était l'*Éloge ou le monument de Molière* à un numéro 34 qui est connu d'avance pour être de madame Louise Colet, poëte déjà une fois lauréat.

Cousin, le grand héraut littéraire depuis quelque temps, a proposé jeudi à l'Académie de décerner à l'auteur de *Lucrèce* le prix réservé à la meilleure tragédie, prix qui, depuis nombre d'années, était demeuré vacant, *in partibus...* ; mais le règlement s'oppose avec raison à ce qu'on enlève ainsi les choses d'emblée. Si on veut reproduire la proposition, ce ne peut être qu'en janvier prochain.

On a redonné hier *Judith*, qui, je crois, a été mieux : madame de Girardin prend très-bravement et spirituellement ce demi-succès... Soyons juste, même en étant sévère : il y a de beaux vers, n'est-ce pas? et comme témoignage de son talent poétique, madame de Girardin n'a peut-être rien donné de plus fort.

Je suis plus indulgent que l'autre fois; c'est que je l'ai vue, elle, hier, et qu'elle est toujours belle et spirituelle. Et puis rien n'est plus singulier que d'entendre tous les gens du monde répéter à la file : «Ce n'est pas *biblique*,» comme s'ils n'avaient jamais rien fait que de lire la Bible.

— L'essentiel en critique, c'est de bien marquer le *temps*. La pièce de *Lucrèce* est un *temps*, c'est-à-dire qu'elle dénote quelque chose de bien tranché dans la disposition du public. Depuis quinze ans qu'après tant de promesses les faiseurs modernes sont à l'œuvre au théâtre, rien n'est sorti d'élevé et de sensé. On est las, on n'a plus de préjugés classiques ou autres, on veut quelque chose, on le prendra d'où qu'il vienne. Sera-ce une leçon pour les faiseurs? et y a-t-il de telles leçons? arrive-t-on jamais au théâtre par voie de perfectionnement? n'est-ce pas d'emblée, de prime saut, par le coche de Rouen, par la patache du Rhône? Aux nouveaux venus la scène! les autres ont assez tâtonné. Si ce nouveau venu n'est pas M. Ponsard, ce sera quelque autre; mais il est indiqué.

— Magnin doit faire l'article dans la *Revue* du 15; il est habile, instruit, prudent; et on l'a fort *seriné*. Il est possible qu'il traite tout cela à merveille. Possible aussi qu'il laisse tout dans l'entre-deux et fasse une chronique à la Rossi.

Les feuilletons de théâtre du *National*, très-remarqués depuis quelque temps, sont de M. Rolle, qui les fait depuis *quatorze* ans; mais toute la critique d'alentour ayant baissé, il reste seul. C'est un honnête homme. Il est le fils d'un Rolle ancien bibliothécaire de la grande Bibliothèque royale et savant mythographe.

IX

Ce 30 avril 1843.

CAUSES DU SUCCÈS DE *LUCRÈCE*.

... Depuis treize ans que l'École dite romantique est à l'œuvre au théâtre et n'en est plus aux Préfaces, elle a de moins en moins réussi : de là réaction. Mademoiselle Rachel a été un grand fait; son avénement a été un de ces *temps* dont je vous parlais dans ma dernière chronique; en effet, las de tous ces efforts prétentieux, pesants, ou de ces licences immorales, on s'est rejeté au classique pur, interprété par cette jeune et charmante actrice. Corneille, Racine, réaction pure.

Ce serait une grave et grossière erreur que de voir dans le succès de *Lucrèce* un second pas dans cette réaction. Si *Lucrèce* est classique, c'est d'un classique à faire trembler les perruques et les blondes têtes d'il y a vingt ans. Nos vieux académiciens qui n'ont plus de mémoire ne se doutent pas de cela, et en applaudissant le jeune auteur, ils se donnent une demi-paire de gants romantiques. Entre Corneille et Racine d'une part et *Lucrèce* de l'autre, il y a debout, de toute sa hauteur, ANDRÉ CHÉNIER. C'est le malheur de ce nouveau petit Corneille. *Lucrèce* est l'avénement d'André Chénier au théâtre. Nos *jeunes* académiciens qui vont applaudir *Lucrèce* ne se doutent pas plus de cela que les vieux, tant il y a d'ignorance chez nos lettrés officiels sur notre poésie contemporaine : à part Lamartine et quelque chose de Hugo, ils n'ont rien lu. C'est à la lettre. Mais la jeunesse a lu, mais ceux qui ont fait le succès étaient au courant de ces travaux et disposés à accueillir ce style transporté à la scène, enfin, avec pureté et sans trop d'enflure.

Regnier, Corneille et *André Chénier*, voilà les pères en style de cette pièce (où il y a d'ailleurs bien des incorrections sans doute et des défauts).

Aussi que j'étais touché de ce public et du progrès accompli! Comme aux endroits pénibles, lents, érudits, c'était écouté religieusement! Dans un sujet si scabreux, pas une moquerie ni un quolibet, pas une équivoque! Lucrèce venant raconter son outrage, applaudie avec larmes! Collatin son mari lui disant : « Je te pardonne, ce n'est rien, tu n'es pas coupable » (voilà le sens), ce Collatin applaudi avec transport! voilà, ce me semble, de sérieux progrès! En ce sens, non, tous les efforts de vingt ans n'ont pas été perdus, les efforts critiques surtout.

Un beau rôle est celui de Tullie, femme de Brutus, qu'elle a quitté pour Tarquin Sextus, femme adultère et galante, insultée par son amant, son don Juan, son Ramon de Ramière, et morigénée alors en termes touchants et sévères par son mari. — Ce rôle a été senti, applaudi, avec une intelligence morale que l'auditoire semblait retrouver après tant d'excès et de fatuités dramatiques dont on l'a rassasié jusqu'au dégoût.

D'ailleurs ce n'est pas tout à fait une bonne pièce encore ni dans l'habitude suffisante du théâtre; les personnages parlent longuement, en tirades, et sans couper le dialogue. On relève du *lyrisme*, on sera assez lent à s'en dégager. — Le cinquième acte traîne en discours, tandis que la pièce est réellement finie au coup de poignard.

Mais que les doigts me démangent, de penser qu'on ne peut pas en France dire au long, librement, quelque part toute sa pensée là-dessus! revendiquer notre point de vue moderne et chéri! notre innovation! car *on* est sournoisement hostile, et Magnin fera un article juste-milieu.

Dans un article sur mademoiselle Bertin (*Revue des Deux Mondes* du 15 janvier 1842), je disais à la fin que c'était par le drame que la réforme encore pouvait venir, que l'original serait qu'elle vînt de là. — Voici ce passage :

« Moi aussi, j'aimerais de grand cœur à croire à un XVIIe siècle futur plutôt qu'à un Du Bartas, mais il n'est pas en nous que cela finisse de telle ou telle manière. Le hasard du génie y pourvoira... Un bel âge littéraire complet, ou du moins une vraie gloire de poëte du premier ordre, serait un bonheur et un coup de fortune pour tous ceux de valeur qui l'auraient précédé. Qu'il vienne donc, qu'il soit né déjà, celui de qui dépendent nos prochaines destinées! L'originalité, à mon sens, serait qu'il fût épique ou dramatique, c'est-à-dire qu'il portât la main là où on a manqué!... »

X

Ce 3 mai 1843.

ARTICLES SUR *LUCRÈCE*. — LIBRI ET LES JOURNAUX
DE SACRISTIE.

Vous aurez lu les articles sur *Lucrèce*. Janin n'a pas été mal. Gautier écrivait dans le journal de l'auteur de *Judith* et sous le canon de Hugo. Molènes a écrit sa note précautionnée et amphigourique sous le sourcil jaloux de Buloz, le commissaire royal des *Français*, le directeur rival opposé aux succès de l'Odéon. Voilà l'histoire de ces articles. L'anecdote de M. Portelance, citée par Molènes, n'a aucun rapport ici, puisque *Lucrèce* a un succès prodigieux à la représentation, et que l'*Antipater* n'a jamais réussi. Tout cela est sournois et peu généreux. Rien de plus rare que la critique désintéressée et généreuse. Sandeau, dans la *Revue de Paris*, a été mieux et il a dit avec bonne grâce et sagesse ce qu'il pensait : Bonnaire s'était cette fois presque insurgé contre Buloz et a voulu être juste!! Magnin n'en fera pas moins son article, je pense, mais à loisir.

Ce qu'il faut dire, c'est que *Lucrèce* est un noble retour aux Muses sévères. La foule y court, et aussi le beau monde, moins bon juge sans doute que ce primitif parterre d'étudiants.

L'article de Libri [1] plaît peu ici, même aux non-catholiques : c'est trop voltairien et XVIIIe siècle. Et puis on aime autant ne pas être défendu et ignorer qu'on est attaqué. Ces journaux religieux n'ont d'écho que dans les sacristies et qu'entre eux. On peut ignorer à jamais ce qu'ils disent, à moins d'un ami officieux qui vous en informe. Libri est cet ami; il se donne le plaisir de citer une jolie phrase sur Cousin.

---

1. *Lettres sur le clergé français :* — *De la liberté de conscience.* (*Revue des Deux Mondes*, 1er mai 1843.)

XI

Ce 18 mai 1843.

ENGOUEMENT. — ADOLPHE DUMAS ET ALEXANDRE DUMAS. — ENCORE *LUCRÈCE*. — MICHELET. — QUINET. — LES JÉSUITES. — VILLEMAIN. — DU GALLICANISME.

L'un des traits les plus singuliers et les plus réguliers de la société de Paris, c'est que tous les quinze jours environ on a un sujet, un lieu commun de conversation nouveau, grand ou petit, comète ou révolution, tremblement de terre ou vente de charité, ou question d'Orient, ou *Colomba*, ou *Lucrèce* : on cause partout de la même chose, l'invention est rare, même pour les sujets de conversation; chaque personne qui entre remet sur le tapis l'éternel *dada*. On l'épuise, on l'extermine. Bref on finit par en être excédé et par crier *grâce*, surtout quand il n'arrive pas de nouveau sujet, de nouveau tremblement de terre, de nouveau chef-d'œuvre. Quand le même sujet dure un mois ou trois semaines, oh! c'est trop. Les nerfs n'y tiennent plus. C'est un peu ce qui a lieu aujourd'hui pour *Lucrèce* et pour M. Ponsard qui est devenu le *lion* soudain et ardent de ce mois de mai. On se l'arrache, il dîne en ville, n'y arrive qu'à huit heures du soir, et il s'en tire... M. Ponsard est devenu le mot d'ordre, le mot de passe, la ressource des tête-à-tête et des cercles. Ainsi on est dans ce malheureux pays. La mode se fourre partout et gâte tout.

La pièce lue soutient son mérite; ç'a été une preuve de goût de n'y pas mettre une seule ligne de *Préface*. Assez de Préfaces comme cela.

Au reste, il va, dit-on, retourner dans son pays de Vienne travailler. Sa deuxième pièce doit être *Alexis Comnène*, je crois, *Les Croisés à Constantinople*. Enfin ces deux civilisations, le rude moyen âge et le raffiné Bas-Empire.

Depuis que la *Lucrèce* a gagné le gros lot, les tragédies sortent de terre. Chacun a sa tragédie romaine, grecque, ainsi vont les flots.

La pièce d'Adolphe Dumas (*Mademoiselle de La Vallière*), jouée à la Porte Saint-Martin, rentre dans le genre échevelé et dans le drame à orgie. C'est un pêle-mêle, un carnaval de Venise de tout le siècle de Louis XIV. Molière touche à Bossuet dans la main en lui disant :

> Ah! monsieur Bossuet, vous êtes un brave homme!

Cet Adolphe Dumas n'est pas sans feu ni sans talent; mais pas un grain de goût. Tout fumée. Il a débuté par une espèce de poëme dantesque : *la Cité des hommes*. Une forêt vierge inextricable où l'on aurait mis le feu et d'où sortiraient toutes sortes de bêtes et de tourbillons donne assez l'idée de cette lecture à cauchemar. A la première représentation du *Camp des Croisés*, il y a quelques années, voyant entrer dans la loge (où il était) Alexandre Dumas, il lui dit brusquement et familièrement : « Il y aura les deux Dumas, comme il y a eu les deux Corneille. » Le vrai Dumas trouva cela un peu leste pour commencer; il sourit pourtant et causa comme si de rien n'était. Puis un moment après il sortit en disant *adieu*, et aussitôt se ravisant il remit la tête dans la loge, et frappant sur l'épaule de son homonyme : *Adieu, Thomas!* dit-il avec gaieté, et il s'enfuit là-dessus.

— Voici encore quelques vétilles sur *Lucrèce*. Émile Deschamps dit : « Qu'est-ce que *Lucrèce*? C'est la poésie des recueils sur le théâtre; » voulant faire entendre que le succès de *Lucrèce* est d'avoir fait connaître à tous sur la scène, en fait de beautés de style, ce qui auparavant s'imprimait un peu à la sourdine et n'était lu que des gens du métier. Il y a du vrai, et les gens du monde qui admirent la poésie à tort et à travers, avertis cette fois, proclament beau ce qu'ils n'auraient jamais aperçu dans d'humbles volumes silencieux. Mais pourtant, il y a bien autre chose que la poésie des *recueils* dans *Lucrèce*, il y a de l'intérêt dramatique, de la suite, de l'unité, et, comme dit Ballanche, la sainte religion de la matrone romaine et *l'inviolabilité du foyer domestique* : n'est-ce donc là rien, n'est-ce pas nouveau?

— Madame Dorval disait l'autre jour à l'auteur assez tranquille et qui a la voix plus douce que son succès : « Remuez-vous donc, vous avez l'air d'une poule qui aurait couvé un œuf d'aigle. »

— Mais assez de ces bribes, je passe à l'autre intérêt réel de la quinzaine, car chaque quinzaine ici a son changement de direction et son *unité*. Cette fois c'est l'intérêt religieux, les luttes théologiques des cours du Collège de France et de la Sorbonne. Attaqués dans le livre du chanoine de Lyon, *le Monopole universitaire*, Michelet et Quinet se sont empressés de relever le gant : au fait, ils ne haïssent pas la popularité, et cela ravitaille les cours que le bruit. Et puis, chez d'honnêtes gens, le sentiment de leur dignité blessée et de leurs intentions calomniées les a mis en avant. Il y a eu quelque essai de tapage de la part des néo-catholiques, mais en petit nombre et vite comprimés par l'immense majorité. (Voir *le Siècle*, les *Débats* qui font selon moi trop de polémique là-dessus, mais c'est là le cas ou jamais.) Quinet a trouvé moyen de passer brusquement des *Littératures du midi*, qu'il professe, à Ignace de Loyola. Michelet a amené les jésuites un peu plus naturellement peut-être. L'abbé Cœur doit, dit-on, répondre dans sa chaire de Sorbonne et louer Loyola.

L'Université laisse faire, arme au bras : M. Villemain, si éclairé, manque de tout courage et tremble devant le moindre journal. La reine en cour, qui est une sainte, appuie le clergé et déplore ces discussions.

Au fait, et à prendre les choses par l'ensemble, rien de plus inévitable. Ce que je vais dire est une vue, je crois, qui mériterait d'être développée : je l'ébauche.

Le fait essentiel de la religion en France depuis une douzaine d'années, c'est l'abolition évidente et complète du *gallicanisme* : cette grande religion vraiment française n'est plus. Qu'était-elle? Autour des trois ou quatre points de *droit* qui constituaient la jurisprudence gallicane, il s'était formé, à l'abri des parlements et de l'ancienne Université, une sorte d'esprit religieux modéré, assez libre, tout à fait tempéré, dans lequel de beaux génies avaient pu vivre et qui convenait aux raisons droites et modestes. On était soumis, on était croyant, et l'on discutait pourtant, on critiquait et on rejetait dans une certaine mesure. On n'était ni fanatique, ni superstitieux, tout en restant bon catholique. Vous voyez bien que je retrace un peu un idéal dont on s'approchait pourtant à ces époques de *Bossuet*, de *Bourdaloue*, de *Nicole*, de l'abbé *Fleury*, de *Massillon*. Les jésuites sages, comme Bourdaloue, étaient eux-mêmes gagnés par cet esprit, par cet air général qu'on respirait. La Révolution a brisé ces conditions. L'abbé Frayssinous vient de mourir le dernier des gallicans et le plus affaibli; mais il en était encore. Aujourd'hui, sans parlements, sans Université comme corps distinct et indépendant, n'ayant que le seul Conseil d'État pour les points d'administration gallicane, il n'y a plus rien de tel que le gallicanisme et il ne se reformera jamais. La raison ou la foi vont au delà, l'une à la philosophie du siècle, l'autre à l'ultramontanisme. Les doctrines de Bonald, de Lamennais, surtout de Joseph de Maistre, ont prévalu chez les croyants catholiques, chez les jeunes. Le jésuitisme et le catholicisme en France ne sont plus guère distincts et le seront de moins en moins.

Le gallicanisme, le plus noble fils du catholicisme, est mort avant son père, lequel dans sa caducité est resté opiniâtrément fidèle à ses principes. Les grandes institutions sont telles, et leur principe primordial persiste, use bien des biais et reparait le même jusqu'à extinction.

Un catholique éclairé, qui sortait de France, était tout étonné du catholicisme superstitieux et un peu idolâtrique d'Anvers, de Fribourg, de Tolède ou de Rome : désormais il n'y aura plus lieu à cet étonnement.

Tout ce qu'il y a de jeune dans le catholicisme en France, tout ce qui est arrivé là par l'imagination, par les idées absolues, par les systèmes, par la tête plutôt que par le cœur, par la mode, les disciples des cathédrales et de l'*art chrétien*, les convertis du *Saint-Simonisme* enclins à la théocratie, les hommes venus là au sortir du jacobinisme révolutionnaire ou même sans en sortir (et il y a un noyau dont le type est Buchez), tout cela forme une milice ardente, violente, ou même légère, qui parade dans les églises aux Semaines Saintes, qui guerroie dans les journaux, et qui essaye le tapage aux cours. Il n'y a plus là ombre de la vieille et saine religion gallicane et de cette modération qui marquait ses mœurs comme ses idées.

Est-ce à dire que de telles factions aient chance de triompher et de prévaloir? Oh! non pas. Ce n'est qu'une petite portion plus brillante que solide, plus bruyante que capable de rien fonder. Ma pensée est que, s'il suit ce train, le catholicisme en France vise à la *secte*.

Rien ne fait plus de bruit qu'une secte, rien n'est moins au centre d'un pays et d'un temps.

Le jésuitisme gagne en France sans aucun doute. On

me donne quelques renseignements que je crois assez exacts. Il y a à l'heure qu'il est plus de neuf cents jésuites ou affiliés en France, leur méthode est autre que sous la Restauration ; ils avaient alors trois ou quatre grands centres pour appeler les regards et planter leur pavillon (*Saint-Acheul,* etc., etc.). Les temps sont changés ; ils vont en détail et font entrer l'ennemi dans la place par petites bandes. Exemple : un jésuite prédicateur est envoyé de Paris dans un diocèse ; il prêche, il a du succès, on vient à lui pour la confession. Il s'offre au curé de la paroisse pour le soulager, il fait bénévolement fonction de vicaire. Puis, au bout de quelque temps, il lui arrive de Paris une couple d'acolytes. Il fait alors à l'évêque une demande d'habiter dans le diocèse, d'y dire la messe, d'y confesser : demande accordée. Et la maison se peuple insensiblement, mais d'un nombre qui n'excède pas *vingt,* afin de ne pas tomber sous la loi qui régit les associations. Ainsi en bien des lieux ils s'emparent de la prédication et de la confession. Telle est la tactique actuelle, digne de ces maîtres en savoir-faire.

Mais rien de gravement menaçant au fond pour une nation, pour une société qui les secouera d'un revers de main le jour où ils oseraient oublier qu'ils n'ont jamais été chez eux en terre de France.

Je les trouve bien plus gravement menaçants pour le catholicisme même qu'ils compromettent en l'identifiant avec eux. Conclusion : le jésuitisme peut encore gagner beaucoup en France, et le catholicisme pourtant continuer de perdre. Le gallicanisme en se dissolvant a laissé un grand héritage ; les jésuites peuvent en saisir un vaste lambeau, mais la masse n'en sera pas moins diminuée, disséminée.

Et puis la prochaine génération d'hommes d'État promet peu d'être favorable au clergé. Guizot patiente, gêné peut-être à cet endroit par sa position même de protestant et par les ménagements dus à la conscience de la reine. — Mais viennent Thiers, Rémusat, les autres... Si le clergé remuait alors, il ne trouverait plus cette espèce de sympathie politique que les hommes essentiellement conservateurs sont accoutumés à lui accorder.

XII

Ce 21 mai 1843.

QUERELLE DE CUISTRES ET DE BEDEAUX. — *HISTOIRE NATURELLE DE LA SANTÉ ET DE LA MALADIE*, PAR F.-V. RASPAIL. — QUOLIBETS SUR *LUCRÈCE*. — LES NÉO-CATHOLIQUES ET LES ANCIENS, ETC.

Le *Journal des Débats* d'aujourd'hui 21 continuera de vous édifier sur les attaques et les ripostes : toute cette polémique pourtant m'est bien déplaisante, et je ne saurais l'approuver : *Querelle de cuistres et de bedeaux*, disait un grand personnage.

Cette polémique en général est faite, dans les *Débats*, par M. de Sacy, fils de l'illustre orientaliste, et l'un des plus honnêtes, des plus consciencieux écrivains de la presse périodique, comme aussi l'une des plumes les plus saines et les plus françaises au vieux sens de Nicole et de Bourdaloue. Le premier article d'escarmouche pourtant d'il y a cinq semaines environ était bien de Saint-Marc Girardin.

— Il vient de paraître un livre très-savant et capital de Raspail, intitulé : *Histoire naturelle de la santé et de la maladie chez les végétaux et chez les animaux en général et en particulier chez l'homme*, avec l'indication de nouveaux moyens de traitement (2 gros volumes grand in-8°). Je le lis, c'est du plus haut intérêt, philosophique, systématique et à la fois nourri d'observations physiques et microscopiques. C'est une de ces théories fondamentales comme depuis longtemps l'École n'en fait plus, une tentative hardie de réforme de toute la science de la vie et par suite de l'art de guérir, une façon de *Contrat social* de la physiologie et de la thérapeutique : c'est encore quelque chose à l'allemande plutôt qu'à la française. Il attribue un grand, un extrêmement grand rôle dans la formation des maladies aux petits animaux parasites. Quoi qu'il en soit, aucun membre de nos Facultés ne serait capable d'une telle œuvre; ce ne sont que d'habiles empiriques ou des *éclectiques* instruits. L'œuvre de Raspail comptera dans la science et portera coup à l'étranger. Conseillez-en la lecture et la vérification à vos savants et à vos naturalistes [1].

---

1. Dans un envoi précédent et étranger à la Chronique (18 mai 1843), Sainte-Beuve donnait à M. Juste Olivier la recette de la cigarette de camphre :

« Les cigarettes de camphre peuvent être très-bonnes dans le cas d'asthme, si cet asthme tient aux poumons et non au cœur. Dans tous les cas, le camphre n'a aucun inconvénient. On le met par *morceaux* (et non en poudre) dans un tuyau de plume, entre deux petites bourres de papier, et on tient ce tuyau à la bouche par le petit bout. Les bourres de papier ne doivent pas être trop serrées, — assez pour empêcher le camphre de sortir, pas assez pour empêcher l'air de circuler. Il faut garder cela très-longtemps à la bouche, tout en causant, tout en faisant autre chose, sans trop aspirer ni sans faire comme si l'on fumait, mais respirer insensiblement et ne

— Les quolibets de la haute littérature sur *Lucrèce* courent le monde et ne tarissent pas : « C'est du style vieilli, dit de Vigny, il mérite un *accessit*. » — « Il paraît décidément, dit Hugo, que c'est du mauvais *Saint-Félix*. » M. de Saint-Félix est un poëte peu connu qui a essayé de l'André Chénier romain. « C'est étonnant, dit Théophile Gautier, je ne me suis pas trop ennuyé à *Lucrèce*, et j'avais dormi à la *Bérénice* de LA RACHEL et à la *Judith* de ma *bourgeoise*. » Alexandre Dumas dit : « Je connais un notaire enthousiaste de *Lucrèce* qui s'écriait en sortant : « Quelle pièce ! pas un des clercs de » mon étude n'en ferait autant. »

On prête à Hugo d'avoir dit : « Mais *Lucrèce*, c'est une version de Tite-Live ! » — Au moins, c'est une version en excellent français et sans contre-sens.

Hugo dit encore en parlant de *Lucrèce* sans la nommer : « La *chose* que l'on joue à l'Odéon. »

— Thiers, qui est classique et ultra-classique en poésie comme presque tous les historiens de l'École moderne, lesquels ne veulent pas deux choses nouvelles à la fois, a dit à M. Ponsard en le félicitant de *Lucrèce* : « Vous avez beaucoup lu Corneille : eh bien, croyez-moi, fermez Corneille maintenant et ouvrez Racine. »

Madame Sand admire un peu malgré Leroux, qui ne trouve pas sans doute *Lucrèce* assez *avancée :* mais elle admire.

Elle du moins est franche du collier et sans les petitesses des lettrés. — Lamartine aussi est très-bien

pas se lasser : le bien-être ne revient quelquefois qu'après plusieurs jours d'emploi. (User une cigarette presque par jour). »

pour M. Ponsard, et celui-ci doit aller passer quelque temps à Saint-Point.

Madame de Girardin, ayant rencontré l'autre soir M. Ponsard chez la duchesse de Grammont, n'a pas su contenir son impression d'humeur, et, comme on lui offrait de le lui présenter, elle a refusé.

Il me semble que l'on pourrait, sous le titre de *On dit* sur *Lucrèce*, mettre à la file une assez jolie série de petits mots de nos illustres, une *brochette* de *Judicia recentiorum*.

On pourrait dire aussi que Soumet récite à l'un de ses amis quelques vers de sa *Clytemnestre*, de sa voix la plus flûtée, et ajoute : « En voilà, mon cher, et du meilleur, on vous en fera ainsi tant que vous en voudrez. »

Le succès de *Lucrèce*, si légitime qu'il soit, me suggère ces deux pensées, ces deux petits axiomes critiques :

1° En France, pour réussir en matière littéraire, il ne faut rien de trop, mais toujours et avant tout une certaine mesure. Du moment que vous touchez la veine, n'enfoncez pas trop, vous arriverez mieux. Les rivaux et les envieux diront ensuite : *Quoi, ce n'est que cela !*

2° Le gros du monde, même des gens d'esprit, est dupe des genres : il admire à outrance, dans un genre noble et d'avance autorisé, des qualités d'art et de talent souvent moindres que celles qu'il laissera passer inaperçues dans des genres moyens non titrés.

Une remarque très-juste que j'entendais faire, c'est

que, au temps d'*Hernani*, Hugo avait contre lui presque tous les journaux, mais pour lui le mouvement du public ; aujourd'hui, le lendemain des *Burgraves*, il a pour lui... tous les journaux et contre lui tout le public [1].

— Le livre de M. de Custine intitulé *La Russie en* 1839 (4 vol. in-8°) est intéressant malgré des longueurs et des prétentions. Mais il y a de l'esprit, de l'observation, des indiscrétions, de l'agrément enfin et du profit. L'auteur caractérise d'un mot la différence entre Pétersbourg et Paris : « A Paris on s'amuse de tout en blâmant tout ; à Pétersbourg on s'ennuie de tout en louant tout. »

— M. de La Gournerie, ancien rédacteur de l'ancien *Correspondant* et probablement aussi du nouveau ; ami de Cazalès, de l'abbé Gerbet, de ce groupe, — je ne le connais pas, mais ce doit être un brave homme ; — une différence capitale entre les néo-catholiques de 1843 et les catholiques de 1828 (dont est La Gournerie), c'est que ceux-ci n'ont jamais dit d'injures aux gens, aux voisins plus ou moins religieux, mais non catholiques. J'ai entendu dire que son livre de Rome était intéressant, mais je ne l'ai pas eu sous les yeux.

— Il a paru un livre de *Mélanges posthumes d'histoire*

---

1. Voir dans le dernier numéro du *Nouveau Correspondant* un article de M. Binault sur la *Décadence du drame romantique à propos des* BURGRAVES, et sur le nouveau classicisme de la *Lucrèce*. Son idée est juste. Le drame moderne, ce géant superbe et insolent, ce Goliath, est tombé net à plat sous le coup de fronde d'un enfant.

et de philosophie orientales, par Abel Rémusat, imprimé à l'imprimerie royale, aux frais de l'État, et qui ne se vend pas. Ce sont de curieuses dissertations sur le bouddhisme, les sectes des Hindous, la philosophie de la Chine et le régime des lettrés en ce pays. C'est intéressant et spirituel comme tout ce qui vient de ce savant, lequel a été remplacé par M. Stanislas Julien en érudition philologique, mais pas du tout en esprit.

XIII

Ce 24 mai 1843.

L'UNIVERSITÉ ET LES JÉSUITES. — LES *ANTI-LUCRÈCE*.

En France on a toujours été un peu singe; chaque succès fait naître en foule les poëtes du lendemain, comme des essaims de mouches autour des fins morceaux. La quantité de tragédies grecques, romaines et bibliques, qui sortent en ce moment des portefeuilles ou qui sont sur le chantier, est innombrable.

Qui me délivrera des Grecs et des Romains? Nous y sommes plus que jamais après quarante ans d'insurrections, — et dans les Hébreux aussi. La réaction semble complète sur toute la ligne.

— Voir dans les *Débats* d'aujourd'hui (mercredi 24) l'allocution de Cousin à l'Académie des sciences morales, à propos du *Spinoza* de Saisset (ami de Jules Simon) et la phrase sur la *divine Providence* (avec force inclinaisons de tête). C'est cette religion officielle de l'éclectisme et du charlatanisme qui est un peu impatientante. Là où d'autres disent les saintes Écritures, Cousin dit les *très-saintes Écritures*.

— On m'assure que dans la polémique engagée dans les *Débats* au nom de l'Université contre les jésuites, Saint-Marc Girardin est pour le moins autant que Sacy. Saint-Marc est plus leste de ton, plus badin, persifleur, bel esprit et belle plume; pour prendre idée du style et de la manière de Saint-Marc, lisez dans les *Débats* de vendredi (26 mai) l'article en tête contre la *Gazette*; c'est du pur Saint-Marc : caillette maligne et de grand esprit; il porte d'ailleurs dans cette question l'intérêt personnel et d'amour-propre d'un universitaire. — Je crois pourtant, malgré les présomptions, que le gros des articles, ceux du milieu de la querelle, sont de Sacy[1].

Ces querelles au reste déplaisent au monde : mais M. Villemain y attache la plus grande importance, et en est très-préoccupé.

... La jeunesse qui va aux cours de Michelet et de Quinet et qui fait tapage est froide au fond, indifférente, sans principes, sans même le nerf qui est le propre de la jeunesse. Que cela est loin des chaudes luttes sous la Restauration!

En ce temps-ci, on n'a que des velléités, et puis rien.

Ces querelles d'Université et de sacristie sont tellement du réchauffé qu'après quinze jours on est à bout,

---

1. J'apprends avec *certitude* que cela est. Saint-Marc n'a fait qu'entamer la querelle. C'est Sacy qui a fait le reste.

et que le monde qui devient dégoûté n'y a jamais mordu.

— Un homme d'esprit classique, mais qui l'est véritablement, et comme on l'était dans l'ancienne littérature, ayant lu la tragédie de *Lucrèce*, m'en faisait hier de grandes critiques ; il s'étonnait qu'on eût fait à cette pièce la réputation d'être classique comme on l'entendait de son temps ; il m'en citait des vers étranges selon lui, et d'autres qui sentent leur latinisme comme si l'auteur fût resté à moitié chemin en traduisant. Il trouvait que le tout était fortement mêlé de vers à la moderne, à la Victor Hugo ; il me citait, par exemple, cette apostrophe de Brutus qui se dit à lui-même de dissimuler encore :

> Noble sang des aïeux, qui me gonfles le cou,
> Redescends, indigné, dans les veines du fou !

Vers assez burlesques en effet.

A toutes ces critiques je répondais peu ; il y avait du vrai dans ces objections ; ce que j'aurais pu surtout répondre à l'avantage de ce classique moderne, de ce néoclassique opposé à l'ancien classique tout francisé et plus effacé, je ne l'osais trop par condescendance, et parce qu'il aurait fallu dire qu'il y avait là derrière un nouveau Malherbe nommé André Chénier. Mais au fond je trouvais que mon homme d'esprit académicien faisait preuve de goût et de franchise en me parlant ainsi ; et que nos autres académiciens non romantiques qui se sont pris subitement à vouloir revendiquer cette œuvre comme de leur école sont dupes et vraiment niais. Imaginez Jouy ou Jay qui croient bonnement que c'est là leur langue qu'on vient de retrouver tout exprès pour leur faire plaisir.

L'ensemble de ces jugements anecdotiques recueillis serait peut-être la meilleure critique de toute œuvre qui a réussi : presque toute l'habileté du critique en titre consiste à savoir bien aller au scrutin secret, à savoir bien dépouiller ce scrutin.

Je viens d'acheter sous les galeries de l'Odéon une petite brochure intitulée *l'Anti-Lucrèce*[1], avec cette épigraphe, *Servum pecus*, et débutant ainsi : « Un avocat nous a été amené de Vienne en Dauphiné pour être un grand homme. »

On l'avait fait venir d'Amiens pour être suisse.

C'est moi qui ajoute ce vers irrévérent. — Le critique anonyme adresse à M. Ponsard neuf questions dont quelques-unes sont assez judicieuses, quoique l'ensemble de la brochure soit sans talent et sans finesse : mais il y a de ces crudités assez justes.

La première question, par exemple, est celle-ci : « Comment se fait-il que M. Ponsard ait accepté pour patrons les partisans avérés de la réaction racinienne ? Comment se fait-il qu'il ait manqué au plus simple des courages, celui de son œuvre, et qu'il n'ait pas dit, dès le premier jour,

---

1. Cette brochure était de M. Marc Fournier.
(*Note de l'éditeur*)

à ses officieux thuriféraires : *Retirez-vous, je ne vous connais pas!* »

On annonce une nouvelle brochure sous le même titre : les *Anti-Lucrèce* vont pleuvoir ; après le flux, le reflux. Nous sommes le peuple chez qui tout se passe le plus par *va-et-vient*.

C'est toujours l'histoire de ce paysan ennuyé d'entendre louer Aristide.

XIV

Ce 29 mai 1843.

ARTICLE DE CHARLES MAGNIN SUR *LUCRÈCE* DANS LA *REVUE DES DEUX MONDES*. — POLÉMIQUE DES ÉVÊQUES. — *MADEMOISELLE DE LA VALLIÈRE*, PAR ADOLPHE DUMAS.—ÉLOGE DE DAUNOU, PAR M. MIGNET.

L'article de Magnin sur *Lucrèce* passe décidément dans la *Revue des Deux Mondes* du 1er juin. Il y aura sur les premiers débuts de Ponsard en Dauphiné des détails qui pourront être intéressants.

Cet article, qui va enfin paraître, est, somme toute, très-bon et assez net. Il eût dû être autre le lendemain de *Lucrèce* et sous le coup de l'enthousiasme même; il l'eût dirigé en le partageant; c'est de cette façon empressée que je conçois le mieux le rôle de la critique marchant, comme Minerve, en avant ou à côté de Télémaque. Mais enfin, cela ne s'étant pas fait, et après plus d'un mois, il n'y avait plus qu'à dresser un bilan définitif, à réagir un peu contre tout ce qui s'était dit de trop, et l'article satisfait généralement à ces conditions d'un rapport et d'un résumé final dans la situation *très-complexe* où se trouvait le critique, engagé qu'il était déjà par les antécédents de la *Revue* et par ses propres opinions.

Seulement il s'y prend un peu tard pour avertir le Hugo-Napoléon. *Échec au roi!*

Il a tort (page 753) de ne pas reconnaître dans *Lucrèce* de *l'âme;* c'est ce qui a pris le spectateur.

— La polémique des évêques continue : lettre de l'évêque de Châlons dans *l'Univers;* lettre de l'évêque de Chartres.

Je vois, par l'article des *Débats* de ce matin 29, que le chanoine de Lyon, auteur du livre, *le Monopole universitaire,* s'appelle Desgarets.

— La chronique politique de la *Revue des Deux Mondes* est depuis plus d'un mois écrite par Carné, qui l'avait prise durant l'absence de Rossi, lequel était allé présider un concours de droit à Aix en Provence. Rossi est de retour et va reprendre la chronique le 15 juin.

— La pièce d'Adolphe Dumas à la Porte Saint-Martin (*Mademoiselle de La Vallière*) réussit comme mélodrame; c'est le siècle de Louis XIV traduit à l'usage des faubourgs. La mise en scène est très-belle. Le peuple apprend là une sorte d'histoire fantasmagorique comme celle de Napoléon au cirque de Franconi. Pas plus fantasmagorique, après tout, que celle de Michelet.

— L'éloge de M. Daunou, par Mignet, équitable et judicieux, mais peu vif, peu amusant; un peu trop de 89;

un peu trop de jésuites; on commence à en avoir assez. Ces grands cadres académiques, que Mignet rend plus symétriques encore, écrasent le portrait quand le personnage n'est pas décidément un type à unité.

XV

Ce samedi 3 juin 1843.

VIENNET ET PONSARD. — *LA RUSSIE EN* 1839, PAR M. DE CUSTINE. — TOUJOURS LES UNIVERSITAIRES ET LES JÉSUITES. — LOUIS-PHILIPPE ET M. VILLEMAIN. — LES *MYSTÈRES DE PARIS*.

Voir dans *le Constitutionnel* de ce matin la lettre de Ponsard à Viennet sur l'article de Magnin. Ponsard a droit de ne pas être content de l'article de Magnin, qui a cette *justesse* stricte qui n'est peut-être pas l'exacte *justice*, et qui est sans cordialité; mais il a tort de se plaindre par écrit, car l'article est loyal, et Magnin a pu parfaitement user d'articles de M. Ponsard imprimés et signés de ses initiales. — Voir la réponse de Magnin, qui doit être dans *le Constitutionnel* de demain ou de mardi 6 (car elle n'y est pas *aujourd'hui* 4).

Ponsard a tort, de plus, de se mettre du parti des sots; et Viennet n'est qu'un sot, lequel, il est vrai, a quelquefois la sottise spirituelle.

— Viennet a fait à une bête de société philotechnique un rapport sur *Lucrèce*. L'en voilà le patron. C'est une ânerie de sa part. Il croit que ce succès le regarde; lui, il n'a ni goût, ni littérature, — rien.

Tout cela est fâcheux : on gâte tout ici. On a tant tiré ce jeune homme qu'il n'a plus su choisir son véritable groupe au milieu de cette cohue. On lui rend sa seconde pièce de plus en plus difficile. Honneur à lui s'il s'en tire! Il aura triomphé de bien des difficultés.

Lucrèce a été un succès sincère, noble, simple, élevé; rien de tel dans ce qui s'est agité dès le lendemain à l'entour.

— Le livre de M. de Custine sur la Russie est plus qu'un livre agréable : au milieu de beaucoup de répétitions, de bel esprit, d'afféterie même et de prétention à étaler ses propres sentiments qu'on ne lui demande pas, l'auteur a observé avec sagacité, avec profondeur; il dévoile (et c'est la première fois qu'on le fait) les plaies et les lèpres de cette société russe, de cette civilisation plaquée; il révèle sur le prince, sur les grands, sur tous, d'affreuses vérités : ce livre *porte coup* (c'est l'opinion de bons juges, non suspects de faveur).

— Le roi Louis-Philippe, dans cette querelle de l'Université et des jésuites, n'est pas très-favorable à l'Université; c'est lui qui disait : *Querelle de cuistres et de bedeaux*. Si Villemain n'a pas proposé cette année sa loi organique sur l'instruction secondaire, c'est que le roi ne s'en est pas soucié : « Laissons faire, disait-il au ministre, laissons-leur la liberté à tous, moyennant un bon petit article de *police* qui suffira. » — Le roi est peut-être meilleur politique en disant cela, mais Villemin est meilleur universitaire. — Ces querelles religieuses détournent de la politique active immédiate.

— Les deux feuilletons des *Débats* sur Cécily des *Mystères de Paris* ont révolté unanimement la morale publique.

XVI

Ce 15 juin 1843.

POLYNIAISERIE. — DISCOURS DE LAMARTINE A MACON. — UN PORTRAIT DE LIBRI. — PROJET D'UNE STATUE DE LAMARTINE A ARLES. — INEXPÉRIENCE SCÉNIQUE DE PONSARD. — LE ROLE DES TROIS FEMMES DANS LUCRÈCE. — MORT DE L'ATHÉNÉE.

Pendant que l'on discutait aux Chambres la *Polynésie* ou, comme disent les malins, la *Polyniaiserie* (*le Semeur* et M. Agénor de Gasparin, ne vous en déplaise, sont bien dans cette niaiserie pour quelque chose), M. de Lamartine prononçait à Mâcon un de ces discours que Granier de Cassagnac appelle crûment des *gueuletons politiques*. Nous (la *Revue suisse*) n'avons pas à le juger politiquement; mais, à entendre dans cette bouche éloquente ce torrent de magnifiques paroles en sens tout contraire au courant d'hier, nous nous sommes rappelé involontairement ces vers d'Homère (*Iliade*, XX, c'est Énée qui parle) :

« La langue des hommes est flexible, et elle a toutes sortes de discours — de toutes les couleurs, — et le *pâturage* des paroles s'étend çà et là. »

Le noble Pégase a déjà parcouru en bien des sens le pâturage immense, tant sur la rive droite que sur la rive gauche, depuis le jour où d'un coup de son ongle sonore il faisait jaillir au début l'ode sur le duc de Bordeaux :

Il est né l'Enfant du miracle.

Oh ! gosier, gosier ! qu'il est triste que tu aies ainsi besoin de chanter toujours et de chanter encore [1] !

— Libri continue sa polémique dans la *Revue* d'aujourd'hui. Sa seconde lettre sur le clergé français est intitulée : *Y a-t-il encore des jésuites ?* Quoi que j'aie pu dire de l'opportunité de la première dans une de mes précédentes chroniques, il y a un portrait à faire de Libri, tête encyclopédique, adversaire net et logique, bonne lame et inflexible, donnant, comme Rossi, l'exemple d'une saine justesse dans une langue qui n'est pas la sienne.

— Rien de nouveau dans cette dernière huitaine que le discours de Lamartine à Mâcon. Paris se dépeuple, on part pour la campagne ; les Chambres seules retien-

1. A propos de ce discours, le *Journal de Saône-et-Loire* rapporte gravement « qu'un des planchers de l'estrade, sur laquelle M. de Lamartine était monté, a été acheté pour un prix assez élevé. Nous en ignorons le chiffre exact, ajoute la feuille mâconnaise, mais nous savons qu'un propriétaire du Beaujolais a payé *cinquante francs* une des perches qui soutenaient la tente et contre laquelle l'orateur s'était souvent appuyé. »

nent encore les membres de la Législature, lesquels eux-mêmes commencent à trépigner.

— Le Conseil municipal d'Arles a voté une statue à M. de Lamartine qui a favorisé la ligne du chemin de fer par cette ville plutôt que par Aix. Il est probable que le gouvernement ne donnera pas l'autorisation. Ce serait autoriser un précédent fâcheux. Il n'y aurait plus que statues pour les vivants. Mâcon avait déjà voté la statue que l'illustre poëte avait déclinée.

— *L'État*, journal quotidien, par Charles Didier, paraît : c'est pauvre et creux et sans avenir...

— Une chose piquante! dans *Lucrèce*, madame Halley, l'actrice, qui court la province, va jouer les trois rôles de femmes à la fois (Tullie, Lucrèce et la sibylle), et elle le pourra; en effet, ces trois femmes ne se rencontrent jamais une seule fois ensemble. Grande preuve d'inexpérience dans la combinaison!

— Je reviens sur les vieux sujets déjà épuisés : c'est que le *dada* de la présente quinzaine n'est pas encore trouvé. Il m'a tout l'air de vouloir faire faute : le relai manque. — Nous avons du moins de l'autre côté des détroits les admirables discours d'O'Connell. — Je vous recommande à ce sujet la fin d'un article de la *Revue des Deux Mondes* du 15, page 1021, sur la différence entre O'Connell et Lamartine : « A changer O'Connell de place, etc. ... » C'est très-joli. L'article est de M. John Lemoinne, spirituel rédacteur qui l'est aussi des *Débats* [1].

---

1. Voici le morceau : « Changez O'Connell de place, transportez-le par exemple à Mâcon, département de Saône-et-Loire, chef-lieu, préfecture, etc., dans le jardin anglais ou potager de M. Bouchard

— Dans la disette où nous sommes, un petit fait qui se produit depuis quelque temps et qui rentre aussi dans nos *symptômes*.

L'Athénée royal, l'ancien Lycée, fondé à la fin du xviiiᵉ siècle dans les années qui précédèrent la Révolution et où La Harpe avait commencé à professer son cours si célèbre; cet Athénée qui revit le même La Harpe en bonnet rouge pendant la Terreur, puis repentant et faisant amende honorable de ses excès philosophiques; cet Athénée pourtant qui était resté le centre de la philosophie du xviiiᵉ siècle, où les Garat, les Tracy, les Chénier, les Ginguené, les Daunou allaient causer du moins, quand ils n'y professaient pas; qui eut la primeur des leçons de chimie des Lavoisier, des Fourcroy, et plus tard les cours de physiologie des Gall et des Magendie; cet

le charme est détruit, parce que la vérité n'est plus là... O'Connell est en plein air, il montre avec orgueil ses lacs et ses montagnes, et l'horizon sans bornes; à Mâcon nous avons des tentes, des guirlandes de feuillage, des décorations mobiles. A Mâcon, cent cinquante personnes reconduisent chez lui leur député, et on lui donne sous ses fenêtres une sérénade avec des *solos de femmes et d'hommes (sic)*. En Irlande, O'Connell entraîne sur ses pas trois à quatre cent mille hommes, femmes et enfants... O'Connell sait ce qu'il veut; il a au suprême degré l'esprit pratique, et il est populaire parce qu'il est clair. M. de Lamartine ne peut être populaire que parmi les classes lettrées; les habitudes de son esprit le portent trop vers les abstractions pour qu'il puisse mordre sur les masses. Vive le roi! ou vive la république! cela est clair. Hurrah pour le rappel! cela a un sens, cela peut se crier. Mais essayez donc de loger dans la tête du peuple une phrase comme celle-ci : « A l'ac- » complissement régulier et pacifique des destinées de la démocra- » tie! » C'est un peu long, c'est trop difficile à retenir, outre que ce n'est pas toujours facile à comprendre. »

Athénée qui, sous la Restauration, était resté un foyer d'opposition libérale et l'antagoniste de la Société des *Bonnes Lettres* ; où Benjamin Constant jusqu'à la fin faisait des lectures; où Mignet (il y a vingt ans) débutait par une leçon sur la Saint-Barthélemy qu'on lui redemandait d'entendre une seconde fois à huitaine (tant on la trouvait à la hauteur du moment)... eh bien ! cet Athénée, vieillard aujourd'hui, se meurt ; mais au lieu de mourir de sa belle mort et en vieillard du xviiie siècle qu'il est, il a recours aux charlatans. Qu'a-t-il fait ? Il s'est jeté d'abord dans les bras d'Aguado le Mécènes, qui voulait en faire *quelque chose*, mais qui est mort emportant son secret et ses écus ; — puis il vient de se remettre entre les mains de M. de Castellane, le même qui a un si grand goût pour les théâtres de société, pour les académies de femmes, pour le bel esprit à tout prix. — Avec M. de Castellane sont arrivés des légitimistes comme M. Amédée de Pastoret (Ombres de Chénier et de Tracy, où êtes-vous?), mais surtout des néo-catholiques, où n'y en a-t-il pas? Et tous les lundis, quand il n'y a pas concert ou même entre deux musiques, devant de belles dames auteurs, on voit monter en chaire quelqu'un comme M. Bruckère (auteur du *Maçon* et connu autrefois dans la littérature sous le nom de *Michel Raymond*) ou M. Bonnellier, ancien sous-préfet destitué, auteur de plats romans, et qui a débuté récemment comme acteur à l'Odéon, sous le nom de *Max*, et ces messieurs font des motions ; et ils expliquent comme quoi ils sont *catholiques*, comme quoi *Voltaire est le fils du jansénisme*, et autres vérités de cette saveur. Le vieux résidu d'abonnés philosophes s'est pourtant révolté, et l'on a une fois fait taire l'orateur. C'est ainsi que tout passe et que tout change, et qu'après soixante ans d'une vie honorable et constante, ce pauvre Athénée, tombé en enfance, s'en va avant peu de mois mourir.

XVII

Fin de juin 1843.

CALME PLAT. — LAPRADE. — CHATEAUBRIAND. — QUEL-
QUES VÉRITÉS SUR LA SITUATION EN LITTÉRA-
TURE, ETC.

Ce mardi.

Le journal de Didier, *l'État*, a cessé brusquement de paraître après quelques numéros, on ne sait ce que cela veut dire. En disant qu'il n'avait aucun avenir, je ne croyais pas parler pour sitôt. Cette disparition, avec les prétentions et les fastueux préparatifs de Didier, est burlesque.

(Il paraît qu'on perdait mille francs par jour; le gérant, qui était un des actionnaires, a refusé de verser et a dit *holà*.)

— Les vieux journaux aussi sont en baisse. On dit *le Constitutionnel* un peu déclinant à l'endroit des abonnés, et comme les propriétaires sont des gens riches et qui ne veulent rien perdre ni risquer, il pourrait bien, d'ici à un certain nombre de mois ou à un petit nombre d'années, s'en aller mourir de vieillesse.

La politique est à bout, les Chambres sont lasses et expirent.

Le seul petit intérêt a été, l'autre jour, les quatorze mille hommes qu'on voulait retrancher au maréchal Soult, et auxquels il tenait *mordicus*, ainsi que le roi. Ils ont parlé un peu fort, et ils les ont eus.

— Vous pourriez dire un mot du poëme d'*Hermia* de Laprade (*Revue indépendante*); c'est assez beau, grandiose, mais monotone. Au reste Laprade a bien trouvé son nid dans ce coin-là, si *coin* il y a en *panthéisme*.

Le talent de Laprade me semble une sorte de composé d'André Chénier, de De Vigny et de Ballanche : combiner trois maîtres, c'est une façon encore d'être original. — Vous voyez que je baguenaude et mâche à vide. Je ne sais en vérité, si la disette dure, comment se passera la saison. Buloz en était tout pâle l'autre jour. — On se parle à l'oreille : — Eh bien, quoi? — Il paraît qu'il n'y a rien!

Ce mercredi.

M. de Chateaubriand est parti pour les bains de Bourbonne en Champagne : le bruit a couru que le pape voulait restaurer en son honneur les triomphes et la couronne de laurier au Capitole, comme pour Pétrarque et les autres. Je n'ai pu encore vérifier le vrai du bruit, n'ayant pas été à l'Abbaye-aux-Bois, mais il doit y avoir quelque chose; et comme bruit, vous le pouvez dire.

— Je viens d'achever pour la *Revue des Deux Mondes* un article intitulé : *Quelques vérités sur la situation en littérature*. Je n'ai jamais tant dit ce que je pensais. J'ai profité d'une ouverture de Buloz pour ressauter en selle et fouetter pour un relai encore.

Si vous preniez la peine (eu égard à la disette) de citer quelque chose de mon article de la *Revue*, vous pourriez mettre un peu les points sur les i.

Ainsi, à propos des romanciers qui font du *de Sade*, il est difficile que je n'aie pas songé à Balzac, même à Frédéric Soulié (*Mémoires du Diable*), et surtout aux *Mystères de Paris* (chapitre de Cécily.) Le *de Sade* (si on veut le définir honnêtement) c'est la méchanceté, la cruauté, la perversité dans la volupté, — la volupté, non pas naïve comme chez nos vieux Gaulois, mais devenue méchante, perverse et cruelle.

— Il est difficile, à propos des grands hommes *mal entourés*, que je n'aie pas songé à Lamartine, qui rallie sous ses étendards de soie tout ce qui se présente...

Vous pourriez ainsi courir avec plus ou moins de doute et de conjecture, et passer un peu en revue les masques en donnant pourtant l'éloge à côté ; c'est ainsi que la critique porte.

Théophile Gautier disait un jour de Janin : « On a beau dire, il y a un fameux tempérament dans ce style-là. »

Quel sanglant éloge !

Et Alexandre Dumas, et ce talent réel, mais presque physique ; cet esprit qui semble résider dans les *esprits animaux*, comme on disait autrefois !

Insistez, vous, croyant et historien d'un pays moral, sur cet épicuréisme pratique d'ici qui n'a produit qu'un bon moment de jeunesse, mais passé lequel, tous plus ou moins, nous sommes sur les dents, sur le flanc : chacun a été bourreau de son esprit. J'en prends ma part.

— Le calme plat dure en politique et en tout. Le fin mot de mon article, c'est que nous sommes dans un 15 *avril universel;* en politique, sous M. Molé, c'était bon, on pouvait espérer que la littérature gagnerait à ce calme de sa turbulente rivale ; mais point. Tout s'est attiédi. De là des excès factices.

Il est arrivé exactement pour la société française, depuis treize ans, ce qui arrive pour un homme qui n'est pas jeune et qui fait une maladie violente, qui a quelque accès imprévu. Les médecins n'ont songé qu'à sauver le corps ; ils ont saigné, débilité, mis à la diète : — bref, ils ont guéri. Mais le malade guéri s'est trouvé baissé d'esprit et de moral, ce à quoi, dans le traitement, on n'avait nullement songé.

— Notre ministère, malgré ses succès généraux, songe à se radouber tout doucement après la session. On ferait M. de Salvandy ministre de la marine (car il paraît prouvé que rien ne nuit tant à ce ministère qu'un marin et un homme du métier); on éliminerait M. Martin (du Nord) et M. Teste, qui s'en iraient échouer dans des siéges à la Cour de cassation ; et on prendrait des hommes plus frais et moins criblés d'échecs (car ces deux ministres ont vu manquer en leurs mains presque tous leurs projets de lois).

XVIII

Ce 6 juillet 1843.

GRAND MOUVEMENT DE RÉIMPRESSIONS DANS LA LIBRAIRIE FRANÇAISE. — LES FORMATS-CHARPENTIER. — L'ILLUSTRATION. — M. ÉDOUARD CHARTON. — LES *VOYAGES EN ZIGZAG* DE TOPFFER.

Ce post-scriptum n'est que pour la forme, rien de nouveau. Pas même de publication nouvelle. On a parlé des *Souvenirs* sur l'Empire de M. de Meneval, ancien secrétaire particulier de l'empereur : il n'y a pas d'habitude de composer un livre, et ceux qui ne lisent que pour avoir un récit agréable et continu peuvent y trouver du mécompte; mais il y a beaucoup d'anecdotes précieuses, originales, que garantissent la position et la probité de l'auteur. On y apprend à connaître de près le grand homme et même (ce qui est moins beau) Marie-Louise. La première édition de ces Souvenirs est déjà épuisée.

— Il se fait en France un grand mouvement de réimpressions, de traductions de toutes sortes d'ouvrages, ou plutôt ce mouvement, favorisé par l'invention des petits formats dits formats-Charpentier, se continue et s'achève en ce moment. Tous les libraires s'y sont mis comme sur une idée lucrative, et on a gâté ce qui pourtant est resté utile et aura pour résultat une plus grande diffusion. Cependant la librairie commence à être au bout de cette veine, et il faudra bientôt, si on veut retrouver la vogue, inventer je ne sais quel format ou quelle combinaison nouvelle.

— Lisez-vous le journal *l'Illustration* hebdomadaire, imité des journaux anglais illustrés? Il est assez bien fait, agréable à parcourir, et il vous apprendrait certaines choses. — C'est Dubochet qui le publie; et il est rédigé par Charton, le même qui dirige si bien depuis des années *le Magasin pittoresque*.

— Les *Voyages en zigzag* de Töpffer, qui ne sont que ses recueils de promenades avec de légères modifications au texte et un plus grand luxe de dessins, réussissent ici à merveille. Il a ses lettres de grande naturalisation.

— Si vous, qui lisez les journaux, n'y trouvez aucune protestation ni attaque contre mon article de la *Revue*, vous en pourrez conclure et faire remarquer que c'est là une grande confirmation, et un grand aveu que ce silence : car depuis quand peut-on dire aux gens, au beau milieu de la foule, de telles vérités, sans qu'aucun témoin relève le gant?

XIX

Ce vendredi 28 juillet 1843.

COUSIN. — LETTRES DU PÈRE ANDRÉ. — ALFRED DE MUSSET. — VERS POUR L'ANNIVERSAIRE DE LA MORT DU DUC D'ORLÉANS. — INCONVENANCE. — LOUIS-PHILIPPE ET LA DUCHESSE DE BERRY. — MADAME LOUISE COLET. — EUGÈNE SUE. — *LES MYSTÈRES DE PARIS*. — DÉPART DE BALZAC POUR SAINT-PÉTERSBOURG. — ALEXANDRE DUMAS. — *LES DEMOISELLES DE SAINT-CYR*. — ETC.

La quinzaine n'a pas été trop mal remplie. Il n'y a toujours que peu ou pas de publications : on a donné, dans la Collection des Documents du Gouvernement, *les Lettres de Henri IV* (un ou deux volumes pour commencer); on en a cité une charmante à Marie de Médicis sur Plutarque : *Qui l'aime, m'aime*, charmante épigraphe à mettre à un petit nombre de ces livres selon le cœur.

Cousin, infatigable et de plus en plus meneur dans tous les sens, a donné les lettres du *Père André* qu'il avait déjà publiées dans le *Journal des Savants* : ce Père

André est un jésuite qui fut persécuté par ses supérieurs parce qu'il se montrait un peu cartésien dans son enseignement. Il était connu jusqu'ici par un traité *Sur le Beau*, agréable, élégant, mais qui n'a rien de supérieur. Cousin, qui organise son école et qui va pêchant partout des cartésiens, s'est mis à faire valoir le Père André. Il y a réussi. C'est assez intéressant, mais trop long de documents, et, je le crois, un peu exagéré de conclusions, comme il arrive aisément à Cousin, qui est d'ailleurs un metteur en scène si habile, si dramatique et parfois si magnifique.

Par suite de la même activité, qui se porte actuellement sur de l'inédit, Cousin a publié ses *Fragments littéraires*, anciens discours académiques, ou éloges mortuaires, auxquels il a ajouté pour assaisonnement les lettres inédites de madame de Longueville (chassant ainsi sur mes terres et me tuant sans façon mon gibier); il a ajouté un petit commentaire à ces lettres, dont il s'est, je crois, exagéré un peu l'importance littéraire; comme étude d'âme et de confessionnal, c'est curieux, (et j'en avais tiré parti dans mon étude). « Au fond, il n'y a de véridique, dit-il, si quelque chose l'est entièrement, que les correspondances intimes et confidentielles, les mémoires eux-mêmes sont toujours destinés au public, et ce regard au public, même le plus lointain, gâte tout; on s'y défend ou on attaque, on se compose un personnage, on pense à soi, on ment. » — Ceci est dit à merveille comme Cousin sait dire, dans sa langue excellente et digne du XVIIe siècle; mais que serait-ce si on appliquait cette vérité à son éclectisme officiel, qu'il défendait et qu'il préconisait hier tout en attaquant Pascal? Il dit encore en parlant de madame de Longueville : « Il ne faut pas s'attendre ici à une piété de théâtre, grandement et délicatement représentée. Ce qui fait à nos yeux l'intérêt de ces lettres, c'est leur entière vérité, c'est-à-dire la faiblesse, la misère de la nature humaine et de toutes choses, prises en quelque sorte sur le fait dans une de ces âmes qu'on appelle grandes, comme parle Bossuet. » — A merveille; mais pourquoi avoir tant triomphé de ces mêmes misères dans Pascal, au nom d'un cartésianisme impuissant et tout satisfait de lui-même?

— Vous aurez pu voir dans *la Presse* (du mardi 18, je crois) des vers d'Alfred de Musset, sur la *Mort du duc d'Orléans*, à propos de l'anniversaire. Ils ne sont guère bons; de tels sujets sont difficiles. Il y travaillait depuis un an; on sent qu'il a tiré par les cheveux. C'était une dette envers le prince dont il avait été le camarade de collége. Mais il y a affectation de camaraderie dans certain passage. C'est de mauvais goût de rappeler qu'un jour, au bal de la cour, invité par la duchesse de Berry à s'asseoir près d'elle sur une espèce de trône, il refusa humblement :

> On dit qu'un jour de bal, du temps de Charles dix,
> Sur les degrés du trône il s'arrêta jadis.

Quelle inconvenance de rappeler telle chose après que le père a renversé le trône pour y mettre son tabouret et que lui-même, le fils, était décidé à s'y asseoir sans la duchesse! Voilà où le défaut de mœurs et de procédés se retrouve chez le poëte!

— La vraie originalité de Musset est d'avoir ramené l'esprit dans la poésie, en y mêlant la passion ; son tort grave est d'avoir relâché et presque dissous la forme. Jamais, depuis qu'on fait des vers français, on n'a aussi peu rimé ; il faudrait remonter aux chroniqueurs en vers du XIIIe siècle. Il croit servir le sens, il se trompe. Le sens lui-même souffre de ce sans-gêne. Maintes fois chez Musset j'aperçois bien ce qu'il veut dire, mais il ne le dit pas.—Quant à sa prose, elle est décidément charmante.

— On a eu à l'Académie française la grande séance annuelle poétique et pathétique (20 juillet), prix de poésie, prix de vertu, etc. On a entendu les vers de madame Colet, couronnés, sur Molière. Chasles en a dit quelque chose d'assez piquant dans les *Débats* (du samedi 22). La poésie de madame Colet, c'est en effet un je ne sais quoi qui est parfois le simulacre du bien, qui a un faux air de beau. Sa poésie a un assez beau *busc*, ou buste, si vous voulez. C'est comme la dame elle-même. — La trouvez-vous belle ? me disait-on un jour. — Oui, ai-je répondu, *elle a l'air* d'être belle. — Voilà ce qu'il faut à l'Académie française prise en masse. Oh ! chantons pour les bois et pour l'écho, comme La Fontaine.

— Mais le grand succès persistant et croissant, c'est celui des *Mystères de Paris*. Il faut y voir un des phénomènes littéraires et moraux les plus curieux de notre temps. Les huit ou neuf volumes publiés ont été payés à l'auteur trente mille francs, je crois. On va en faire une édition illustrée. Il en a déjà été fait des gravures isolées qui se voient dans les passages et sur les boulevards ; il y a des romances de la *Goualeuse* et on les chante au piano. Dans les cafés, on s'arrache les *Débats* le matin ; on loue chaque numéro qui a le feuilleton de Sue jusqu'à *dix* sous pour le temps de le lire. Quand l'auteur retarde d'un jour, les belles dames et les femmes de chambre sont en émoi, et M. Sue écrit (comme il a fait mercredi 19) dans les *Débats* un petit mot sur sa santé pour rassurer le salon et l'antichambre. Que M. de Chateaubriand ait la goutte ou qu'un honnête homme de vraie littérature tremble la fièvre, nul ne s'en inquiète, mais M. Sue ! Son silence par cause de rhume est devenu une calamité publique. On se demande où tout cela va. Habile et assez spirituellement hypocrite qu'il est, il a très-bien compris qu'après les chapitres d'*appât* et d'ordure, il fallait se faire pardonner ce qui avait alléché ; aussi s'est-il jeté aussitôt sur la philanthropie si à la mode aujourd'hui. Il y aurait de belles et profondes considérations à faire sur ce sujet : *En quoi la philanthropie née de la corruption diffère de la charité.* Grâce à ce prétexte, chacun suit en conscience et sans remords M. Sue partout où il vous conduit : c'est pour le bon motif ; la *fin* justifie le *lieu.* — Il aura droit bientôt de mettre à une prochaine édition de *Ses Mystères* cette épigraphe édifiante :

J'ai fait un peu de bien, c'est mon plus bel ouvrage !

Si j'étais de l'Académie, je le proposerais l'année prochaine pour le prix de vertu ou de l'ouvrage *le plus utile aux mœurs.* Vous rappelez-vous comme dans *Atar-Gull* il s'est moqué de ce prix de vertu ? Donc qu'il l'obtienne !

Les provinces mordent surtout à belles dents et avec

un surcroît de candeur. Les procureurs du roi de chefs-lieux d'arrondissement et même les présidents de cour sont émus et correspondent avec l'auteur pour lui soumettre leurs idées et discuter les siennes; il répond dans les *Débats* très-officiellement et sans rire à ces missives qui lui donnent un caractère respectable et qui servent à couvrir son jeu. Il reçoit bien aussi d'autres petites lettres un peu plus lestes sur les mérites et les vertus précises de la *Goualeuse* et de *Rigolette*, auxquelles il répond confidentiellement sur un ton plus gai. Il doit bien rire vraiment et a droit de mépriser un peu fort l'espèce. Sue est d'ailleurs un assez bon garçon (*good fellow*), qui ne prend pas trop au grave sa bonne fortune de grand homme; il ne se donne pas pour un *écrivain*, mais pour un homme à idées et à *combinaisons* romanesques, ce qui est vrai. Il a de l'invention à cet égard, il sait construire. Il a beaucoup *vécu*; dans sa première jeunesse, il a été aide-chirurgien de marine. Son père, professeur assez distingué de l'École de médecine de Paris, l'avait envoyé là pour se former et jeter sa *gourme*. Il en a rapporté son idée de *roman maritime*, par où il a débuté. Depuis lors, il s'est exercé dans bien des genres; il vient de trouver le sien. Ce qu'il y a de mieux dans son avénement, c'est que cela déblaye le terrain et simplifie. Balzac et Frédéric Soulié sont mis de côté. Balzac ruiné, et plus que ruiné, est parti pour Saint-Pétersbourg en faisant dire dans les journaux qu'il n'allait là que pour sa santé et qu'il était décidé à ne rien écrire sur la Russie. On a tant abusé de l'hospitalité avec ce pays-là qu'il croit sans doute que cette promesse est une manière de se faire bienvenir et de s'assurer de la part du maître toutes sortes de petits avantages. Mais les promesses de romancier comptent-elles aujourd'hui? — Frédéric Soulié écrit toujours, mais de plus en plus obscurément : les chiffres en disent plus que le reste ; on ne le vend plus qu'à 500 exemplaires. — Sue a été très-riche ; on l'a dit un peu ruiné, mais il n'a jamais eu l'air de l'être. Il a volontiers un équipage. Les soirs dans le monde, il est très-paré mais lourdement, et y montre peu d'esprit et de vivacité de conversation ; il y parle bas et avec une sorte d'affectation de bon ton. Il se rattrape au sortir de là et se dédommage en plus libre compagnie. Il a une très-jolie maison dans le faubourg élégant (rue de la Pépinière), une espèce de petit kiosque chinois, avec rochers, verres de couleur, etc., et surtout un jardin charmant, tout à fait chinois aussi. Cette maison jouit d'une certaine célébrité, et les jeunes femmes à la mode faisaient quelquefois (il y a une couple d'étés) la partie de plaisir d'aller voir le matin la maison de M. Sue. Tous ces détails sont faits peut-être pour intéresser, se rapportant au romancier le plus en vogue du jour et qui, je le répète, a d'ailleurs le bon esprit de prendre assez humainement son triomphe.

— On a donné l'autre jour au Théâtre-Français une comédie d'Alexandre Dumas en cinq actes, *les Demoiselles de Saint-Cyr*. C'est, comme tout ce que fait l'auteur, assez vif, entraînant, amusant à moitié, mais gâté par l'incomplet, par le négligé, par le commun. Soyez donc élevé par madame de Maintenon et à l'ombre des charmilles de la plus noble cour, pour venir parler en égrillardes de la rue du Helder. Ces demoiselles de Saint-Cyr, contemporaines de madame de Caylus, sont de vraies *lorettes* comme on dit; il semble que Dumas ait détaché un chapitre du livre qu'il publie sous ce titre. Pourtant cela n'est vrai que pour le ton; le fond n'a rien d'autrement immoral. Mais comment s'accoutumer à entendre une élève de ce beau siècle et de ce beau lieu dire de ces mots comme *impressionner, animation*, etc.? Avec Dumas, on s'écrie toujours : *C'est dommage*. Je commence à croire qu'on a tort; il est de ces natures qui n'auraient jamais poussé très-loin en élévation et en art sérieux; en se dissipant comme follement sur la plus large surface, il a l'air de perdre des facultés qu'il ne fait après tout qu'employer et produire dans tous les sens, et il y gagne encore de faire croire à un mieux possible qu'il ne lui eût été donné dans aucun cas de réaliser [1].

1. Lèbre (un écrivain suisse, mort jeune) mérite d'être grondé… Il a fait l'article sur *Mickiewicz* (dans la *Revue suisse*, année 1843, p. 513) trop mystique; lui qui s'est fait tant d'honneur par son article sur la Philosophie allemande (*Revue des Deux Mondes*, 1ᵉʳ janvier 1843), qu'il n'aille pas gâter cela. Qu'il se mette à notre portée, à nous qui ne croyons pas aux prophètes. Que ce séjour à Paris lui ait au moins appris à nous servir à notre gré pendant quelques heures. Il redeviendra lui après; mais il faut savoir dissimuler. Dites-lui cela sérieusement, cher Olivier : il peut être un de nos écrivains les plus utiles et les plus goûtés ici. Dites-lui donc, cher Olivier, ce mot d'un lecteur un peu libertin d'Apulée : nous restons tous plus ou moins des *ânes* jusqu'à ce que nous ayons mangé des *roses*.

XX

Ce 28 juillet 1843.

QUINET ET MICHELET. — LE LIVRE DES *JÉSUITES*.

Quinet et Michelet viennent de réunir en un volume et de publier leurs dernières leçons sous ce titre *Des Jésuites*. En même temps on met en vente les portraits des deux professeurs, comme des deux héros du jour. C'est dommage que Narvaës, le grand vainqueur espagnol, ne soit pas en vis-à-vis. D'un côté pas plus que de l'autre, il n'y a eu (pour ainsi dire) de sang de répandu[1].

Le livre au reste se débite. La partie de Quinet est bien, très-bien : quant à celle de Michelet, elle est emphatique, un peu burlesque à mon sens, *ægri somnia*. Voici le début de sa préface :

« Ce que l'avenir nous garde, Dieu le sait!... Seulement je le prie, s'il faut qu'il nous frappe encore, de nous frapper de l'épée...

» Les blessures que fait l'épée sont des blessures

---

[1]. En Espagne, dans le *grand* combat livré par Narvaës à Seoane, il y a eu deux hommes tués en tout, et vingt-six blessés.

nettes et franches qui saignent et qui guérissent. Mais que faire aux plaies honteuses qu'on cache, qui s'envieillissent, et qui vont toujours gagnant? » Ceci est assez bien dit, sauf l'emphase ; mais que penser, lorsque venant à parler de l'art chrétien, de l'art gothique, de la *cathédrale* où Goëthe vit surtout une morte imitation de la nature, une *cristallisation infinie*, et où Hugo vit surtout le laid et le diable, Michelet ajoute :

« L'un et l'autre regarda le dehors plus que le dedans, tel résultat plus que la cause.

» Moi, je partis de la cause, je m'en emparai, et la fécondant, j'en suivis l'effet. Je ne fis pas de l'église ma contemplation, mais mon œuvre ; je ne la pris pas comme faite, mais je la refis... de quoi? de l'élément même qui la fit la première fois, du cœur et du sang de l'homme, des libres mouvements de l'âme qui ont remué ces pierres, et sous ces masses où l'autorité pèse impérieusement sur nous, je montrai quelque chose de plus ancien, de plus vivant, qui nia l'autorité même, je veux dire la liberté...

» J'ai suivi la même marche, porté la même préoccupation des causes morales, du libre génie humain dans la littérature, dans le droit, dans toutes les formes de l'activité. Plus je creusais par l'étude, par l'érudition, par les chroniques et les chartes, plus je voyais au fond des choses, pour premier principe organisateur, le sentiment et l'idée, le cœur de l'homme, mon cœur!... »

Cette exaltation et cette glorification de lui-même vont continuant sur ce ton :

« Le sentiment de la vie morale, qui seul révèle les

causes, éclaira, dans mes livres et dans mes cours, les temps de la Renaissance. Le vertige de ces temps ne me gagna pas, leur fantasmagorie ne m'éblouit point, l'orageuse et brillante fée ne put me changer comme elle en a changé tant d'autres; elle fit en vain passer devant mes yeux son iris aux cent couleurs... D'autres voyaient tout cela comme costumes et blasons, drapeaux, armes curieuses, coffres, armoires, faïences, que sais-je?... et moi je ne vis que l'âme...

» Je n'eus jamais un sentiment plus religieux de ma mission que dans ce cours de deux années; jamais je ne compris mieux le sacerdoce, le pontificat de l'histoire; je portais tout ce passé, comme j'aurais porté les cendres de mon père ou de mon fils... »

Et tout cela pour dire qu'il ne méritait pas l'outrage; non, mais il méritait le sourire. On voit que si Barante est le père de l'école *descriptive* en histoire, Michelet y est le fondateur de l'école *illuminée*. Jamais le *je* et le *moi* ne s'est guindé à ce degré. C'est menaçant. — Qu'en dites-vous?

XXI

Ce 31 juillet 1843.

FEUILLETON DE JULES JANIN SUR *LES DEMOISELLES DE SAINT-CYR*. — DUMAS SE FACHE. — EUGÈNE SCRIBE. — UN AUTEUR COMIQUE A NAITRE. — UN DÉJEUNER DE GARÇONS PERPÉTUEL. — ABUS DE GRANDS HOMMES DE BIEN.

Voilà que Dumas s'est ému du feuilleton de Janin sur *les Demoiselles de Saint-Cyr*; Dumas s'émeut aisément. Il y avait ici des circonstances aggravantes : le feuilleton de Janin était léger, inexact, hostile ; la rapidité même avec laquelle on l'a inséré (sans attendre le lundi d'habitude) était une hostilité et une désobligeance de plus; mais un auteur a toujours mauvaise grâce à venir défendre son ouvrage critiqué et à dire : *mon sonnet est fort bon*. Dumas ne s'est épargné aucune sorte de mauvaise grâce dans sa lettre d'hier, 30 (voir *la Presse*). Il veut être très-méchant, et il n'est que trop long. Il veut avoir l'air de bâtonner Janin, et il ne le pique même pas de la plume. C'est du Dumas-Scudery. Il commence par toutes sortes de personnalités qui ne font rien à l'affaire. Il affecte de rappeler à Janin le temps où celui-ci logeait rue Madame dans la même maison que Harel et mademoiselle Georges (espèce de ménage établi), et venait en tiers sans troubler l'harmonie parfaite et par manière d'accompagnement. Il lui reproche de n'avoir pu faire de drame, comme si, pour être critique, il fallait nécessairement avoir excellé dans le genre qu'on juge. Tout cela est misérable; Janin n'a pas répondu aujourd'hui lundi, et Dumas serait bien attrapé si Janin ne répondait pas du tout, — qu'à la prochaine occasion, au prochain drame du matamore.

Comme correctif essentiel du feuilleton de Janin, il vous faut lire et consulter l'article de la *Revue des Deux-Mondes* du 1er août, signé P. L. (Paulin Limayrac); tout bienveillant qu'il est, il a de la justesse, touche les vrais points et donne une idée fidèle. Les critiques en sont fines, et Janin y a son paquet.

Je viens d'apprendre qu'il est décidé que Janin ne répondra pas; ainsi Dumas va rester dans la position d'un bretteur qui se fend et qui n'a personne vis-à-vis. — La considération de Janin d'ailleurs n'y gagnera pas.—On n'a pas plus d'esprit que lui, mais c'est un mauvais enfant gâté.

Tel qu'il est et dans la disette d'auteurs dramatiques, Dumas a son prix; il a de l'entrain, de la gaieté, de la dextérité et de la charpente ; son drame a du jarret et la planche joue sous lui; il manie et remue assez bien la comédie d'*intrigue*, sans pourtant jamais s'élever jusqu'à la vraie comédie digne de ce nom, à celle qui atteint et stigmatise les vices actuels, les ridicules du présent. Ce genre de comédie manque entièrement aujourd'hui, chacun se contente d'être plein de ridicules soi-même et de se moquer de ceux du voisin; mais la grande exécution publique est comme supprimée. Scribe est le seul qui dans quelques-unes de ses pièces (comme *Bertrand et Raton* et d'autres encore) ait touché ce point et piqué sinon percé le ballon. Bien des gens disent et répètent que le temps de la comédie est passé, qu'elle est devenue impossible par toutes sortes de raisons, et les théories ingénieuses sur cette lacune désormais inévitable ne manquent pas. Mais s'il revenait un seul génie véritablement comique, il aurait bientôt fait justice de toutes ces subtilités qui sont comme les toiles d'araignée dans les espaces vides. Ce génie, s'il se donnait la peine de naître, trouverait bien quelques difficultés sans doute à rajeunir les points de vue, à ressaisir avec nouveauté les grands caractères déjà tracés, à les offrir par des aspects à la fois reconnaissables et imprévus, à peindre sans copier, à tirer de tous nos petits ridicules assez peu gais une large veine de plaisanterie, et à convoquer toutes nos petites vanités maussades à un rire immense. Mais ce ne sont là que de ces difficultés comme le talent en a toujours à vaincre. A moins d'être ce talent même, on ne voit guère pour lui le moyen d'en triompher.

Dans toutes ses pièces, dans tous ses romans, dans toutes ses impressions de voyages, Dumas me fait toujours un seul et même effet, et déroule à mes yeux un seul et même esprit : c'est un *déjeuner de garçons* perpétuel. Au bout des trois premiers quarts d'heure, ce jeu bruyant commence à fendre la tête, et les délicats n'y tiennent plus.

Une petite anecdote philologique, mais qui marque sous le grandiose de l'expression une certaine confusion d'idées :

M. S.-B. (moi), dans son article du 15 juillet sur De Maistre, l'appelle *ce grand homme de bien*, empruntant cette expression à M. Ballanche, qui a ainsi salué De Maistre dans les *Prolégomènes* de sa *Palingénésie*. Or, voilà que le 20 juillet, dans son Rapport lu à la séance publique de l'Académie, M. Villemain qualifie Molière *le grand honnête homme;* de même que Molière, moins oratoirement, avait dit à Bossuet, dans le drame d'Adolphe Dumas : *Vous êtes un brave homme*. Et dans son feuilleton des *Mystères de Paris* du 27 juillet, M. Eugène Sue, voulant louer un philanthrope appelé vulgairement *le petit manteau bleu* (un M. Champion, qui va par les halles et les places publiques, avec sa croix d'honneur sur son manteau bleu, y faisant des distributions, séance tenante, à tous les pauvres gens qui passent, non sans quelque bizarrerie et ostentation), — M. Eugène Sue, à son tour, ne trouve rien de mieux que de le qualifier également : *ce grand homme de bien*. Il est impossible de ne pas remarquer, quand on est un peu grammairien ou même moraliste, que voilà bien des *grands hommes de bien* en quinze jours, et rien ne prouverait plus combien une telle expression si solennelle, et qui devrait être si réservée, exprime peu une idée nette pour les esprits du jour que cet abus et comme ce jeu qu'on en fait.

Et le raisonnement en bannit la raison.

XXII

Ce 3 août 1843.

LA PRINCESSE DE JOINVILLE. — LES *LETTRES PARI-SIENNES* DE MADAME DE GIRARDIN. — JÉSUITISME ET GALLICANISME. — CONVERSION DE M. RATISBONNE. — PEINTURE RELIGIEUSE ET GALANTE.

Dans la disette de toute nouveauté et quand on s'est demandé des nouvelles d'Espagne, on parle de la jeunette princesse de Joinville (la sœur de l'empereur du Brésil) qui nous est arrivée ces jours-ci. On se demande si elle est jolie, et ceux qui l'ont vue répondent qu'elle est très-agréable. En arrivant à Brest, son premier mot, en voyant la foule sur le port, a été : *Que de blancs!* — Il paraît qu'à Rio la foule est presque toute composée de *noirs*. Elle est descendue sur la route au château de Bizy, et comme on lui faisait remarquer la beauté du parc et de la forêt, elle a répondu : « Oui, mais il n'y a pas d'arbres. » Les nôtres ne lui paraissaient que des baliveaux auprès de ses forêts vierges et tropicales de là-bas. Notre été, qui est détestable, lui fait l'effet d'un brouillard, et comme on disait devant elle qu'on ferait telle chose l'hiver prochain, elle a demandé avec effroi : « Quoi! est-ce qu'il y aura encore un hiver? » Elle trouve que c'est bien assez d'un été comme celui-ci, et elle a bien raison. Le fait est qu'elle est très-jeune, très-enfant ; on va tâcher de la distraire.

— On vient de mettre en vente dans la Bibliothèque Charpentier les *Lettres parisiennes* de madame Émile de Girardin : c'est le recueil de ses anciens feuilletons de *la Presse* depuis 1836 jusqu'à la fin de 1839, qu'elle a légèrement revus. Ce doit être assez agréable; il y a de jolies pages de moraliste du beau monde.

— Je lis dans *le Semeur* un excellent article de M. Vinet sur Bourdaloue; sa vue sur le jésuitisme, qui n'est qu'une *aggravation du catholicisme*, me semble très-juste, très-féconde; c'est ce qui peut s'observer en France aujourd'hui. Le jésuitisme est en train de regagner chez nous une partie de l'intervalle qui séparait l'ancien gallicanisme du catholicisme pur. La *Revue Suisse* a déjà expliqué cela. On pourrait dire encore plus nettement : le jésuitisme, c'est le catholicisme *en habit de voyage*.

Le gallicanisme est une chose tellement mourante et morte en France, que nos évêques et archevêques, qui étaient les gardiens et défenseurs perpétuels de cette Église gallicane, vont les premiers sollicitant le pape de les autoriser à introduire dans leurs diocèses le bréviaire romain et la liturgie romaine au lieu des vieilles coutumes et réformes un peu dissidentes et appropriées qui marquaient l'originalité traditionnelle et nationale (voir dans les *Débats* des 3 et 4 août la lettre du pape à l'archevêque de Reims, et la réflexion très-juste des *Débats* le lendemain). Le pape est plus sage et plus modéré que nos évêques.

— Notre religion romaine et italienne se manifeste de plus en plus dans les moindres détails, et par le caractère même des *images* exposées aux vitres des boutiques d'ornements catholiques. Plusieurs de ces images représentent la conversion de M. Ratisbonne à Rome, il y a un an ou deux. Il est à genoux, et tout d'un coup la sainte Vierge lui apparaît. Les paroles par lesquelles il exprime ce qu'il vit et ressentit alors sont écrites au bas, et dans les termes de la mysticité la plus suave : le sourire et le geste de la Vierge ne sont pas moins doux et attrayants. Notez que M. Ratisbonne est représenté comme un très-jeune homme, très-beau, à physionomie élégante, avec la barbe en pointe, et ayant la chevelure très-bien peignée et soigneusement partagée en deux (ce que les jeunes gens appellent *avoir la raie*). Son habit à taille serrée est de ceux qu'on pourrait donner comme modèles dans le journal *la Mode* ou dans celui des *Tailleurs*. La Vierge et lui se tendent les bras. Toute cette image de conversion est du plus joli galant.

XXIII

Ce 5 août 1843.

DE LA LIBRAIRIE CATHOLIQUE.

... Pour les questions religieuses en France, il y a, comme chez vous, un public sûr et qui achète. Toute la littérature catholique a un débit excellent. Pour un littérateur dévot et industriel, c'est une carrière. Tout manuscrit trouve éditeur et acheteur. Ce petit polisson de .... fait des romans catholiques qui s'écoulent. L'excellent Turquety, pour ses premiers volumes de vers, se vendait à Toulouse à un grand nombre d'exemplaires : *Amour et foi*, etc. Après Lamartine, Béranger et Hugo, c'est lui qui se vendait le mieux. La sœur *Emmerich*, de Cazalès, cette bonne sœur avec toutes ses visions, a eu, sans aucun effort, plusieurs éditions, ainsi que la *Sainte Élisabeth de Hongrie*, de Montalembert. Nous avons un Midi très-catholique, Lyon, Toulouse.

XXIV

Ce lundi 7 août 1843.

REPRISE ET FIN DE LA QUERELLE DE JANIN ET DE DUMAS. — EUGÈNE SUE. — THÉODORE BURETTE.

Il avait été décidé que Janin ne répondrait pas à Dumas. Pourtant Dumas la lui avait faite si belle qu'après réflexion et ayant choisi ses points, il a pris le parti de répondre. Il l'a fait ce matin dans les *Débats*, et victorieusement, ce me semble. Ce qui doit accabler l'autre, c'est que Janin l'a surtout battu avec les articles de toute la presse dont il a composé un assez joli petit faisceau et une bonne poignée de verges.

— Toutes les insinuations sur les primes accordées à... par les ministères sont malheureusement trop fondées. Vous avez là un soupirail qui s'entr'ouvre sur ces antres ténébreux de notre littérature. Ce sont de vrais mystères de Paris.

— ... Sue a vu de bonne heure le *fond de cale*, il nous en fait jouir aujourd'hui.

La sottise et la duperie du public lui ont indiqué nettement sa voie en se laissant prendre à sa philanthropie : il n'a qu'à continuer. — Il semble que l'homme *au petit manteau bleu* lui ait jeté son manteau.

Je joins ici un feuilleton tiré de *la Démocratie pacifique*, journal *phalanstérien* et *fouriériste*, nouvellement publié, quotidien (numéro du samedi 5 août). Burette est un professeur d'histoire de l'Université : bon garçon, bon vivant[1]. Sue a peu à faire pour être aussi de la philanthropie des bons vivants !

Burette est un rabelaisien qui n'y regarde pas de si près. Les phalanstériens sont aussi un peu de la religion. Ils font à souhait son jeu au maître farceur. Le catholicisme a eu ses tartufes ; l'abbaye de Thélème aura aussi les siens.

1. Théodore Burette avait écrit à Eugène Sue une lettre, reproduite en tête de la seconde édition des *Mystères de Paris*, dans laquelle il disait : « Toutes ces atrocités, toutes ces misères, dont vous vous êtes fait l'historien-poëte, ont frappé nos législateurs ; et si Jean-Jacques Rousseau a mis en baisse le lait des nourrices, vous mettrez en hausse les lois les plus simples de la justice et de l'humanité... Si l'on crée des charges d'avocat du pauvre, à bon droit vous devez être bâtonnier. » — *La Démocratie pacifique* ajoutait à cette lettre en la reproduisant : « Nous voyons avec plaisir un professeur de l'Université prendre honorablement la défense du livre de M. Eugène Sue, livre inspiré par l'amour du peuple, par l'intelligence des vrais intérêts démocratiques. »

XXV

Ce 14 août 1843.

LES *MYSTÈRES DE PARIS*. — LAMARTINE VISE A L'O'CONNELL. — SA LISTE CIVILE. — QUERELLE DE DUMAS ET DE JANIN ARRANGÉE. — GRAVE SYMPTOME DE DÉCADENCE MORALE.

La mystification des *Mystères de Paris* continue : hier, dans les *Débats*, un avocat du roi, M..., invoque ce livre comme autorité.

Aujourd'hui, Sue discute la question d'humanité relativement aux médecins dans les hôpitaux.

Parti du Rétif et du de Sade, il est en voie d'aboutir au saint Vincent de Paul en passant par le Ducray-Duminil.

— Lettre de Lamartine (dans la *Revue indépendante*) à Chapuys-Montlaville, un de ses biographes; il est aux abois, il vise à l'O'Connell : il ne serait pas fâché d'avoir sa liste civile comme ministre de l'opinion. *Trouvez-moi un million*, je me charge de le dépenser. O honte!

Lisez cette lettre, et voyez ce qu'elle signifie sous les draperies. — Je ne vois que des charlatans. Il finit par : un *cœur*, une *foi*, une *voix*. — Je crois que c'est la *voix* qui domine [1].

— Sur la lecture de la réponse de Janin dans les *Débats*, Dumas est devenu furieux, il a envoyé à Janin témoins sur témoins pour un cartel; mais Janin était parti le matin pour les champs. Le tout se sera arrangé depuis, car il n'en est plus question.

Dans le feuilleton des *Débats* du lundi 21 août, vous pouvez voir ce résultat, et comme quoi il a été décidé

---

1. « Créer un journal des masses, quotidien, à grand format, à un prix d'abonnement qui ne dépasse pas cinq journées de travail... Voilà, dit-il, cette pensée! Je n'ai pas le temps de vous la développer ici, mais qu'il vous suffise de savoir que pour la réaliser il ne faudrait qu'un million par an. Oui, il suffirait qu'un million de citoyens bien intentionnés souscrivissent à ce subside des masses pour un franc par an seulement, pour une de ces petites pièces de monnaie qui glissent entre les doigts sans qu'on la retienne... et cette pensée se réaliserait.

» ... Je ne crains pas d'affirmer qu'en peu d'années votre peuple politique serait changé. Mais, me direz-vous, pourquoi ne l'exécutez-vous pas (cette révolution morale)? Parce que je n'ai pas le million à moi tout seul, parce qu'il n'y a pas en ce temps-ci en France une idée qui pèse contre un écu. Que les bons citoyens trouvent le million, moi je me charge de trouver les hommes...

» Ces hommes (les collaborateurs du journal) seraient au fond le véritable pouvoir moral de la nation, les administrateurs de la pensée publique, le concile permanent de la civilisation moderne... Il y a en ce temps-ci quelque chose de plus beau que d'être ministre de la Chambre ou de la Couronne, c'est d'être ministre de l'opinion!

» Adieu, mon cher collègue, je jette à vous et à votre œuvre tout ce que j'ai : un cœur, une foi, une voix. — Alphonse de Lamartine. »

que la querelle n'avait pas franchi les *bornes littéraires*, et comme quoi encore tous les deux seront membres un jour de l'Académie française pour le plus grand honneur d'icelle.

C'est peut-être le plus grave symptôme de décadence morale chez un peuple que cette absence de toute rancune et cette réconciliation banale après d'indignes procédés, sauf à recommencer demain. On voit dans les romans chinois que les mandarins, quand ils se sont fait quelque mauvais tour, se mettent à rire au nez l'un de l'autre et boivent ensemble leurs petites tasses comme devant. Il n'y a pas ombre de ressemblance entre cela et le pardon chrétien.

XXVI

Ce 27 août 1843.

ÉTUDES CATHOLIQUES ET UNIVERSITAIRES. — PORTRAIT DE VILLEMAIN. — PARALLÈLE AVEC GUIZOT ET COUSIN. — M. DE GENOUDE.

Dans le feuilleton des *Débats* du 21 août, vous pouvez voir qu'il y a eu une brochure de l'archevêque de Paris[1], qu'il y a fait allusion sur la fin et répondu au livre de Quinet et Michelet (*Des Jésuites*). Ceux-ci ont répliqué, Michelet je ne sais où, Quinet a dû répondre dans *le Siècle*.

— L'archevêque pourtant a raison sur un point. En masse, les professeurs de l'Université, sans être hostiles à la religion, ne sont pas religieux : les élèves le sentent, et de toute cette atmosphère ils sortent, non pas nourris d'irréligion, mais en indifférents; la plupart des familles sont de même. La société moderne, dans son milieu, n'est pas autre. Quoi qu'on puisse dire pour ou contre, en

1. *Observation sur la liberté de l'enseignement.*

louant ou en blâmant, on ne sort guère *chrétien* des écoles de l'Université.

D'un autre côté, dans les écoles religieuses non universitaires, qu'alimentent les familles catholiques, les études littéraires et classiques sont généralement très-faibles et très-mitigées. Dans l'Université, au contraire, celui qui veut travailler, trouve d'énergiques secours, et l'instruction se fait de plus en plus solide. — Voilà les deux parts.

— Il y a eu, le 16, la distribution des prix du concours général. Villemain a parlé. Lui qui excelle d'ordinaire dans ces sortes de solennités a paru, cette fois, plus embarrassé et moins vif que de coutume : son discours n'a pas de ces traits par lesquels il sait si bien relever le poli de ses paroles. Je ne sais qui l'a remarqué : « Villemain polit tellement la surface de son sujet que, comme un globe trop glissant, il finit quelquefois par lui échapper des mains. » Dans le cas présent, la difficulté de concilier la défense universitaire et le respect à la religion a pesé évidemment sur Villemain. Des petites difficultés, de celles qui tiennent au goût et que la bonne grâce suffit à délier, il s'en tire à merveille; mais, en présence des réelles, il faiblit. A la tribune politique, il a trouvé souvent des épigrammes piquantes, ou bien des paroles lucides pour des expositions d'affaires qu'il entend très-nettement; mais dans les vrais et sérieux débats, il est toujours demeuré insuffisant. On se rappelle à Paris la malencontreuse journée où il essaya de répondre à Lamartine au moment de la grande défection de celui-ci : c'était, nous assuraient les témoins, un singulier et triste spectacle que, dans une situation où pourtant il y avait, rien qu'avec du bon sens, tant et de si bonnes choses à dire, de voir un orateur aussi habile, une langue aussi dorée et aussi fine que l'est Villemain, balbutier, chercher ses mots et ses raisons; on aurait cru qu'il n'osait frapper par un reste de respect pour le génie littéraire; que l'ombre de ce génie, un je ne sais quoi, le fantôme d'*Elvire* debout aux côtés du poëte et invisible pour d'autres que pour l'adversaire, fascinait son œil et enchaînait son bras. On n'est pas plus grand, plus éloquent littérateur que Villemain; ses deux volumes les plus récents sur la première partie du xviiie siècle, qui faisaient la consolation et les dernières délices humaines de M. Manuel mourant, feront celles de tout esprit délicat et fin dans les meilleures journées de loisir. C'est une singulière organisation que celle de ce brillant et facile talent, et après l'avoir entendu nous-même, en ses beaux jours, et à écouter ceux qui l'ont pu mieux connaître, nous oserions dire : Villemain n'aime et ne sent directement ni la religion, ni la philosophie, ni la poésie, ni les arts, ni la nature. Qu'aime-t-il donc? Il aime les *lettres*, et, par elles, tout.

Et puisque nous voilà de rencontre sur un sujet si fertile, nous pousserons plus avant l'appréciation. Quelqu'un nous souffle à l'oreille une pensée : il en est des esprits comme des navires; ils peuvent avoir à bord toutes sortes de richesses plus ou moins précieuses, mais il les faut juger avant tout sur leur pavillon. (Celui de Thiers, par exemple, est légèreté, présomption, imprudence, nonobstant toutes les autres heureuses qualités.) Une fois qu'on est *à bord* et dans le détail d'un esprit, on ne le juge plus guère par cette partie essentielle, qui pourtant saute aux yeux au dehors; on est tenté de l'oublier : elle subsiste jusqu'au dernier jour et ne cesse de dominer le tout. Les détracteurs de Villemain lui ont souvent fait un sujet de reproche de ses qualités habiles de diction, comme si elles excluaient chez lui des qualités plus solides. Le vieux Michaud, l'auteur de l'*Histoire des Croisades*, ne parlait jamais de lui que comme d'un bel esprit de collége, ce qui, dans ces termes brefs, était souverainement injuste. Il n'est pas moins vrai que Villemain, au milieu de toutes les grâces brillantes et mondaines dont il a su recouvrir sa nature première, reste foncièrement un esprit universitaire, une fleur et une lumière de rhétorique et d'académie. Si on se le figure livré à lui-même, dans une époque moins remuante et moins excitée, il n'aurait rien inventé, sans doute, rien innové, il se serait tenu à orner et à célébrer.

Élève favori de Fontanes, il l'eût surpassé en tout, hormis dans la poésie.

Il eût été fort possible, par exemple, et l'on conçoit très-bien que Villemain, né en d'autres temps, et venu un peu plus tôt, n'eût jamais parlé, comme il l'a fait, de Shakspeare. Il en a parlé, parce que c'était la vogue et que le vent y poussait. Comme ce genre est son côté faible, il s'y est porté précisément avec toute sorte de démonstration et une apparence de prédilection qui, à la bien pénétrer, peut se trouver un peu vaine. Ingénieux et flexible, chatouilleux et inquiet, Villemain est l'homme qui gagne le plus à être averti : avec quelle rapidité il répare! il suit depuis des années et a l'air de devancer. Nul ne sait mieux que lui le sens de cette expression cicéronienne : *De alieno judicio pendere*. Il ne cesse à chaque mouvement de prendre son point d'appui sur le niveau d'alentour. Courtisan du goût public, il a, en un sens, raison de l'être ; son talent ingénieux s'étend ainsi le plus possible, et il en tire le plus grand parti.

Sa marche, à la suivre dans l'ensemble, serait extrêmement curieuse à noter.

On l'avait dit un peu léger d'abord, et vite il s'est fait grave. Il avait pu paraître à ses débuts assez dénué de principes politiques, il s'est empressé d'en acquérir. Il n'est que littérateur : oh! pour le coup, il va s'attaquer au Grégoire VII. Il passait pour classique, et on ne l'entend plus parler que de Shakspeare. On l'appelle académicien : il prouvera à la tribune, et coup sur coup, son éloquence politique. A force d'esprit, en un mot, et de souplesse, Villemain aura toujours toutes les qualités qu'on lui contestera. Et pourtant... ce qu'il y a de plus naturel chez lui dans tout cela, c'est son esprit, c'est la beauté de sa parole.

Villemain est le critique *progressif et évasif* par excellence.

Trois hommes éminents ont exercé la plus grande influence sur la direction des esprits et des études en France depuis vingt-cinq ans, et on peut dire qu'ils ont été véritablement les régents de cet âge : Guizot, Cousin et Villemain. Guizot avait plutôt l'autorité sobre et sévère;

Cousin éblouissait et enlevait; Villemain savait la séduction insinuante et déployait les grâces. Tous les trois, doués ainsi diversement, mais au plus haut degré, du talent de la parole, ils ont possédé moins également celui d'écrire. M. Guizot, au début, l'avait aussi peu que possible, eu égard à sa distinction; il a écrit peut-être quelques-unes des plus mauvaises pages qu'on ait lues en français (dans sa notice en tête de la traduction de Shakspeare); il s'est formé depuis au style écrit par l'habitude de la parole, et l'usage, le maniement si continuel et si décisif qu'il a eu de celle-ci, l'a conduit à porter dans tout ce qu'il écrit la netteté inséparable de sa pensée. — Cousin est peut-être celui des trois qui, sans effort, atteindrait le mieux au grand style d'autrefois et qui jouerait le plus spécieusement, plume ou parole en main, la majestueuse simplicité du siècle de Louis XIV. — Pour Villemain, par l'éclat même et les élégantes sinuosités de sa recherche, il trahit un âge un peu postérieur; il enchérit à quelques égards sur le xviiie siècle, en même temps qu'il le rafraîchit, qu'il l'embellit avec charme et qu'il l'épure. Ce sont trois grands esprits, trois merveilleux talents. M. Guizot, plus ferme, plus positif, et qui va au fait, est le seul dont la renommée aura réellement gagné à aborder la politique : pour lui, elle est devenue une grande carrière et le complément de sa destinée d'historien. Pour les deux autres, elle n'aura été qu'une diminution et une dissipation.

Quoi qu'il en soit, le caractère de professeur qui les a marqués d'abord reste empreint sur chacun des trois.

A les juger impartialement, et en n'attachant aux mots aucune défaveur, mais en y mettant tout le sens précis, on reste vrai en disant : Cousin n'est pas un vrai philosophe, pas plus que Guizot n'est un grand historien : ce sont deux très-grands *professeurs*, l'un d'histoire et l'autre de philosophie. Et de plus encore, si l'on ôte le vernis et le prestige du génie moderne, Cousin pourrait sembler proprement un *sophiste*, le plus éloquent des *sophistes* dans le sens antique et favorable du mot, comme Villemain serait le plus éloquent *rhéteur* dans le sens antique et favorable aussi. La banalité des éloges contemporains masque trop souvent ces qualifications vraies et décisives que la postérité restitue. Ce sont là du reste les plus belles gloires réservées encore aux époques dites de décadence. — A propos de cette distribution des prix de l'Université, qu'on veuille bien nous excuser d'avoir discouru un peu au long sur les trois chefs qu'elle est accoutumée dès longtemps à suivre et à reconnaître. En combinant tous nos renseignements du dedans avec notre vue du dehors, ils nous ont apparu ainsi.

— Il a été fort question de l'abbé de Genoude dans ces derniers temps. Comme il s'est mis sur les rangs pour la députation sous le patronage de Laffitte et d'Arago, les *Débats* s'en sont égayés et ils ont bien fait; ils l'ont fait de plus avec grand esprit. Genoude a le privilége de mettre les *Débats* en gaieté, de leur rendre la verve aux moments de lassitude et de disette. Quand les sujets manquent, on se jette sur le Genoude et on en taille une tranche : il y a de quoi tailler. La fortune de Genoude est une des plus singulières et des plus burlesques, en même temps que des plus néfastes, de ce temps. Il est venu jeune à Paris, de Lyon je crois; il s'appelait *Genou*. On était aux premières années de la Restauration; pour arrondir son nom ou pour le rendre moins rond, il l'a entouré de deux *de* (pardon de l'inévitable cacophonie); il en a fait *de Genoude*. Il s'est jeté dans les voies de la Congrégation et s'y est poussé en s'accrochant au pan de l'habit du duc de Montmorency, très-saint et un peu dupe; il s'est posé en traducteur de la Bible sans savoir l'hébreu; puis, plus tard, il est devenu l'homme de M. de Villèle, son organe, son conseiller, son flatteur. Par ses journaux du soir, *l'Étoile* puis *la Gazette*, il a dit et fait tout le mal possible, il a conseillé et loué toutes les mesures perverses et violentes, les censures, etc. A travers cela, il se mariait richement, il faisait sa fortune : 80 000 livres de rentes, s'il vous plaît. Or, c'est cet homme qui, depuis la révolution de Juillet, s'avise de prêcher le suffrage universel et de faire alliance avec l'extrême gauche républicaine qui ne le repousse pas. Pour couronner le tout, sa femme étant morte, il s'est fait prêtre; il publie toutes sortes de traductions des Pères qu'il commande à des jeunes gens et auxquelles il met son nom; le produit de cette espèce de librairie, servie par son journal, lui a été très-fructueux. Le marchand et le journaliste sont par lui dans le temple et montent jusque sur les degrés de l'autel. Quel scandale pour la morale publique! C'est *Tartufe* journaliste.

Lamartine lui a adressé à plusieurs reprises de trop

magnifiques vers. Quelqu'un qui l'a bien connu disait : « M. de Genoude m'est insupportable; ce prêtre gras me dégoûte; sa grosse face exprime sa logique béate; sa mauvaise foi, à la longue, a l'air d'être devenue une conviction, absolument comme un corps étranger qui, à force de séjourner dans l'estomac, s'introduirait dans l'organisation et irait se loger entre cuir et chair :

> ... et fibris increvit opimum
> Pingue...

a dit Juvénal. »

XXVII

Ce 2 septembre 1843.

ACCIDENT AU TRÉPORT. — VOYAGE DE LA REINE D'AN-
GLETERRE. — RÉPONSE D'EDGAR QUINET A L'ARCHE-
VÊQUE DE PARIS.

Il a failli arriver un bien immense accident au Tréport. Le roi et toute la famille, y compris le petit comte de Paris (il n'y avait d'absents que la duchesse d'Orléans et Madame Adélaïde) ont manqué être renversés de la voiture où ils étaient, dans l'écluse. Les chevaux, effrayés des salves de canon qu'on tirait par honneur, et aussi du bruit des eaux de l'écluse, se sont emportés. Deux ont brisé la chaîne qui fait garde-fou au pont et sont tombés ; sans la présence d'esprit, l'adresse et la vigueur extrême du postillon qui a su faire porter à temps le timon contre un pilier ou poteau, la voiture était immanquablement précipitée. Quelles bizarreries dans ces accidents où la Providence fait comme jouer pour nous le hasard ! Le duc d'Orléans, l'autre année, se tue là où il n'y avait aucun danger, ce semble : une route unie, des chevaux qui, deux minutes après, allaient s'apaiser d'eux-mêmes. Ici toute une famille échappe à la chance la plus contraire. — On n'ose se figurer les conséquences. Qu'on ne vienne pas parler des conquêtes de l'homme, de ses *assurances* contre les événements; nous ne sommes rien.

— On attend la reine d'Angleterre pour aujourd'hui samedi au château d'Eu. Viendra-t-elle faire une pointe jusqu'à Paris? Grande question; des paris sont engagés pour et contre. Dans tous les cas, cette visite de la reine d'Angleterre, qui n'est qu'un caprice de jeune femme, devient et sera un grand événement politique. Cette jeune reine s'est prise d'une très-vive amitié pour la princesse Clémentine, et de là son premier projet qu'elle a mûri dans sa petite tête et qui éclot aujourd'hui en dépit de toutes les diplomaties. Les rois avaient jusqu'ici affecté d'être personnellement peu polis envers Louis-Philippe, de ne pas lui rendre les visites qu'il leur avait fait faire par ses fils. L'an dernier, le roi de Prusse s'est arrangé et même gêné dans sa route vers l'Angleterre pour ne point passer par la France. Eh bien, voilà que brusquement la plus grosse et en même temps la plus mignonne de ces têtes couronnées arrive sans qu'à peine on l'invite, et se jette au cou du roi citoyen. Il y a de quoi faire enrager le Nord. Gare au coup de sang de l'empereur Nicolas! Il en aura, disait une femme d'esprit, une attaque de *knout*. — En attendant, la diplomatie a une mine longue d'une aune.

Les journaux vous diront les suites pour ce voyage, et il y a encore toute chance ouverte.

— Quinet a répondu à l'archevêque de Paris dans la *Revue des Deux Mondes*; vous aurez pu remarquer que quand il discute les rapports de l'Église et de l'État, sa logique n'est pas forte. Quoi ! on en sera venu à ce qu'il faut que tout le monde passe par les écoles *éclectiques* de l'État, pour éviter qu'il y ait trop de petites sectes? C'est pitoyable...

. . . .

La reine d'Angleterre est arrivée au Tréport et à Eu samedi, comme on l'attendait (voyez les *Débats* et le récit de M. Cuvillier-Fleury, l'historiographe). Le prince de Joinville était son pilote; le roi est allé au-devant, est monté à bord du yacht royal, puis a ramené dans son canot la petite reine qui s'est remise à lui. Quand on lui a parlé de Paris, elle a répondu que ce n'était pas une visite de curiosité qu'elle faisait, mais une visite d'affection. Je ne sais si on la décidera, et si on la pressera beaucoup. On n'a pas l'air de l'attendre ici. — Suivez cela dans les *Débats*. C'est le grand événement de la chronique. — Je vous le répète, elle a pris cela toute seule sous son bonnet : elle est très-liée avec la reine des Belges (fille de Louis-Philippe), elle s'est très-prise depuis, et d'un goût très-vif, pour la princesse Clémentine (duchesse de Cobourg); elle lui avait dit depuis déjà assez longtemps : « Je médite d'aller voir vos parents à Eu, laissez-moi arranger cela, et gardez-moi le secret. » La visite récente du prince de Joinville et du duc d'Aumale à Londres n'était pas pour l'inviter, comme on l'a cru. Le prince de Joinville allait étudier quelque invention de bateau à vapeur dont il s'occupe pour son métier de marin, et, une fois dans les eaux de la Tamise, ils ont été faire visite à la reine. Voilà l'exacte chronique de cette visite qui renoue les traditions du *Champ du drap d'or*. — Cela fera sourire vos républicains et, si vous le voulez, prévenez-les, en souriant vous-même, du récit que vous ferez. Nous avons été un peuple courtisan : il en reste toujours quelque chose.

— Les *Mystères de Paris*, clos sous forme de roman, vont reprendre au boulevard sous forme de mélodrame ; l'auteur s'occupe déjà à les tailler dans ce nouveau pli : industrie, industrie sur toutes les coutures.

XXVIII

Jeudi, 7 septembre 1843.

MADAME SAND DANS SON BERRY. — DÉPART DE BALZAC POUR LA RUSSIE. — MORT DE LA FILLE ET DU GENDRE DE VICTOR HUGO. — AFFREUSE CATASTROPHE. — VERS DE VICTOR HUGO. — LE DISCOURS DU CARDINAL PACCA. — SÉNILITÉ FLEURIE. — NOTES DE MON VOYAGE A ROME.

Madame Sand est dans son Berry et non pas à Constantinople. Balzac est allé en Russie, mandé, assure-t-on, pour devenir le réfutateur officiel de M. de Custine. Ce qui est certain, c'est qu'il est parfaitement impropre à ce rôle. Il ne défendrait pas mieux l'empereur de Russie qu'il n'a réussi pour le notaire Peytel.

— Le journal des *Débats* de ce matin 7 vous dira assez de nouvelles :

La triste et affreuse catastrophe arrivée à la fille

aînée de Victor Hugo, mariée il n'y a pas plus de six mois, âgée de dix-neuf ans au plus[1];

— Les inventions néo-surannées de Lamartine : la vieille réforme électorale; — le discours enfin du cardinal Pacca. A propos de cette sénilité fleurie, paterne et tout à fait romaine, voici quelques notes tirées de mon voyage à Rome : le discours de ce cardinal me les a tout à fait remises en mémoire comme très-exactes :

NOTES D'UN VOYAGEUR EN 1839.

« Rome est morte depuis quasi l'heure où Jugurtha a prononcé sur elle, en se retournant, l'anathème fameux : *O ville vénale!* etc., etc. Elle a semblé vivre à de certains moments sous de grands papes; mais c'étaient des *cabinets* superposés : comme *nation*, elle n'a cessé d'être morte. »

Et encore :

« Rome est morte et bien morte. Ce n'est qu'une

---

[1]. Vous pourriez peut-être citer les vers que Hugo avait faits pour cette pauvre jeune femme au moment de son mariage et de sa sortie de la maison paternelle :

> Aime celui qui t'aime et sois heureuse en lui;
> Adieu! sois son trésor, ô toi qui fus le nôtre!
> Va, mon enfant chéri, d'une famille à l'autre,
> Emporte le bonheur et laisse-nous l'ennui.

> Ici l'on te retient, là-bas l'on te désire.
> Fille, épouse, ange, enfant, fais ton double devoir :
> Donne-nous un regret, donne-leur un espoir;
> Sors avec une larme, entre avec un sourire.

Cette jeune femme était en effet charmante, sensée, fine, discrète et au-dessus de son âge.

grande ville de province : il y a des gardiens pour les tombeaux. A travers cela un filet courant de voyageurs et de beau monde. L'imagination comble le reste. S'il y a sous cette solitude et ce silence une vie intérieure, pontificale, à petit bruit, c'est un pouls de vieillard : on continue. Dans la politique générale du monde, Rome me fait l'effet d'avoir désormais le rôle qu'a eu en France le ministère du cardinal Fleury :

Et le garda jusqu'à *nonante!* (Voltaire).

Et encore :
« Il y avait aujourd'hui (six heures et demie), au Capitole, séance de l'Académie des Arcades : les cardinaux et les prélats en carrosse accouraient ; la place était remplie de livrée rouge. J'ai tout regardé descendre ; je me suis donné le plaisir de la parodie jusqu'au bout. Pauvre petit Capitole et assorti en vérité à toute cette gent ! On n'a pas cessé d'être au temps de Sidoine Apollinaire ; avec plus ou moins de goût, c'est la même chose depuis des siècles. Rome est finie.

» A Rome, dans cette solitude peuplée de monuments et de madones, entre le Colisée et le Vatican, chaque âme disposée à une dévotion la développe démesurément et sans que rien y fasse obstacle. C'est le séjour le plus commode à une idée fixe. On la cultive, on s'en enchante : chacun abonde à l'aise dans son sens. Les résultats pour moi sont frappants et se peuvent personnifier par quelques figures. Ici, Ingres dévot à l'antique et à Raphaël, et qui trépigne à ce seul nom ; là, Fokelberg, le sculpteur suédois, tout Grec, dont l'œil se mouillait de larmes en nous montrant l'Apollon au Vatican et les contours lointains des paysages d'Albano. Aujourd'hui j'ai visité telle princesse russe, toute chrétienne, toute catholique et propagandiste, comme les autres sont tout païens. J'ai encore visité dans son atelier Overbeck, le peintre ascétique, dévot à l'art pur chrétien. Chacun d'eux s'étonne qu'on n'habite pas Rome à jamais quand on y a une fois touché ; chacun, dans cette masse diverse, se creuse sa Rome à lui, sa catacombe, et ne voit qu'elle, et n'est troublé par rien alentour dans ce grand silence. C'est juste le contraire de Paris, où l'on est percé à jour en tous sens, à chaque heure, par l'idée du voisin. — A Rome, chacun choisit son idée et y habite éternellement. On y passe la vie à être d'accord avec soi-même, sans contradiction de personne.

» *Saint-Pierre,* que je viens de voir, m'aura appris à ne pas trop dire de mal en détail des mauvaises qualités et du mauvais goût. Il y a un certain degré de puissance, d'ordonnance et d'abondance qui couvre tout et qui désarme! Cela va ici à la sublimité. — C'est comme pour le gouvernement papal de Rome même : tout ce mélange de faux et de pompe a fait par moments une sublime grandeur. »

XXIX

Ce 25 septembre 184

UN *CATÉCHISME*, PAR M. COUSIN.—IMPORTANCE CROISSANTE DU PARTI CATHOLIQUE. — SES RELATIONS DYNASTIQUES. — POLITIQUE D'ATERMOIEMENT DU ROI LOUIS-PHILIPPE. — LA FRANCE CATHOLIQUE PAR AMBITION. — PROGRAMME DE LA LIBERTÉ DE L'ENSEIGNEMENT RÉCLAMÉE PAR LES JÉSUITES. — JANIN. — GAUTIER. — DELPHINE GAY. — M. PATIN, ETC.

La politique est à plat, les ministres sont en vacances, les reines voyagent, le duc de Nemours voyage; on harangue, on danse et l'on passe des revues. La seule chose sérieuse qui ait l'air de s'agiter en ce moment est la querelle toujours très-vive entre l'Université et le clergé au sujet de la *liberté de l'enseignement*. Cela m'a tout l'air d'une question qui vient se poser et se fonder pour longtemps et sur laquelle on n'est pas près de s'entendre. Pour la gravité, elle en vaut une autre; c'est comme chez vous cette question de la séparation de l'Église et de l'État. Mais si la question qui se pose en France a son importance extrême, elle est bien désagréable par toutes les grossièretés qu'elle soulève de la part de notre parti prêtre et de ses écrivains, les plus injurieux de tous les insulteurs en un temps et dans un pays où il y en a tant.

Le lendemain de la révolution de Juillet, Lamennais, avec son esprit rapide et impétueux, avait très-bien compris tout le parti qu'il y avait, pour le clergé, à tirer de la situation nouvelle : il voulut le ranger autour de ce drapeau de la *liberté de l'enseignement;* il voulut l'organiser en grand parti un peu démocratique à la manière du clergé belge. Mais notre clergé n'était pas assez prompt pour se prêter aussitôt à une évolution aussi hardie; il venait d'exercer et d'accaparer le pouvoir, il fut tout étourdi de le perdre, et ne s'avisa que lentement des moyens de le regagner. Lamennais s'impatienta, se lassa et décampa. Cependant son idée a fructifié, et aujourd'hui, sans qu'il y ait un vrai général digne de ce nom, l'armée catholique est assez bien rangée en bataille, réclamant cette liberté d'enseignement qui, une fois obtenue, lui rendrait toute sa sphère d'action et sa carrière d'avenir.

Que les gens du siècle et les philosophes, et les chrétiens dissidents, ne s'étonnent pas trop de retrouver le clergé français si puissant : un tel corps ne s'écrase pas aisément, il renaît bien des fois; c'est déjà beaucoup que ce clergé et les intérêts d'ambition encore plus que de conscience qu'il représente, ne soient plus qu'à l'état de *parti.* Mais ce sera un parti considérable, formidable même, qu'on aura longtemps en présence et avec lequel il faut s'attendre avoir à compter ou à lutter, selon les moments et selon le courage.

Il faut rendre aux chefs de l'Université cette justice que, depuis douze ans, ils n'ont pas abusé contre le clergé de la situation défavorable qu'avait faite d'abord à celui-ci la révolution de Juillet. Il n'est pas d'égards, de condescendances, que MM. Guizot, Salvandy, Cousin, Villemain, n'aient témoignés et eus aux divers moments pour les personnes et les établissements ecclésiastiques. Cela a paru même aller quelquefois jusqu'à la faiblesse et à la peur; ils en sont bien mal payés aujourd'hui.

On se souvient encore et l'on raconte que, dans son zèle pour la *christianisation* au moins apparente et officielle de l'Université, Cousin avait, il y a quelques années, rédigé, — oui, rédigé de sa propre et belle plume un catéchisme : cet édifiant catéchisme était achevé, imprimé déjà et allait se lancer dans tous les rayons de la sphère universitaire, quand on s'est aperçu tout d'un coup avec effroi qu'on n'y avait oublié que d'y parler d'une chose, d'une seule petite chose assez essentielle chez les catholiques : quoi donc? du *purgatoire*. Il fallut vite tout arrêter, détruire toute l'édition; les philosophes, en fait de théologie, ne pensent pas à tout.

— Aujourd'hui que les questions et les passions politiques trop flagrantes sont apaisées, qu'il y a lieu à des débats plus théoriques et de principes, que le sac de l'archevêché est oublié, et que le clergé, en reparaissant, n'a plus peur de se faire lapider dans les rues, il ose extrêmement : il ose d'autant plus qu'une portion notable s'est ralliée à la dynastie de Juillet, et qu'en réclamant ce qu'il croit son droit, il le demande de plus presque au nom des services rendus. *L'Univers*, le journal religieux, a été le premier journal catholique doctrinaire et dynastique, et c'était même là son trait distinctif au début. Ce M. Louis Veuillot, qui est une des plus insolentes plumes du parti, a été d'abord le secrétaire intime du général Bugeaud, cet agent et cette créature si robuste du régime nouveau. — Saint-Chéron, l'ancien saint-simonien et l'un des fondateurs de *l'Univers*, était un des obséquieux et des affidés de M. Guizot. En un mot, cette opposition du clergé à l'Université n'est devenue importante et considérable que depuis que le clergé se pose en auxiliaire plutôt qu'en adversaire de la dynastie de Juillet. Il a, au reste, des amis très-bien disposés et très-dévoués au sein du Château, dans la personne même de la reine, si pieuse, et tout autour d'elle : l'atmosphère intime des Tuileries est plutôt propice à certaines concessions et serait capable de les inspirer.

Le roi Louis-Philippe, dont les idées particulières sont celles du xviii° siècle, mais dont la politique vise bien plutôt à la paix du présent qu'à l'avenir et aux longues pensées, n'est pas fâché de cette grande querelle qui en ajourne de plus périlleuses et qui prouve que les temps ont changé. Puisqu'il faut un os à ronger, mieux vaut celui-là qu'un autre. Avec plus de lointaine prévoyance, peut-être il s'inquiéterait de ce qu'il y a de menaçant dans cette ambition du clergé qui se recrute de tant d'autres ambitions aujourd'hui disponibles. Mais, en homme pratique consommé, il est habitué à compter beaucoup sur le hasard qui, pour peu qu'on lui laisse de chances et d'espace, déjoue bien des prévisions et des espérances. Il ne paraît donc pas pressé de faire pencher toute la balance du côté de son Université, cette fille bien-aimée. En l'embrassant deux ou trois fois par an avec de grands témoignages dans les solennités, il est bien homme à la contenir tout doucement.

— Il peut paraître bizarre et il n'est qu'exact de dire que, dans le moment, l'indifférence même des croyances et le manque de convictions morales tournent plutôt au profit du clergé. Les carrières sont encombrées, les jeunes activités se pressent et ne trouvent pas de débouchés. Les ambitions sont excitées au plus haut degré, toutes les cupidités (*irritamenta*) fermentent. Dans un tel état des esprits, une foule de jeunes gens sont à la merci du parti qui les enrôlera et qui leur fournira carrière. Le clergé n'y manque pas; il a des sociétés actives, des ramifications jusque dans la plus jeune France. Il a ses romanciers, ses poëtes, ses économistes : celui qui se laisse enrôler est à l'instant choyé, adopté, loué par toutes les trompettes catholiques; de plus il se vend et se débite à merveille, et le grand nerf, la grande ficelle du jour, le *pecunia*, est au bout. —Tous les jours il arrive que tel jeune romancier, tel jeune économiste qui a passé par les feuilles et les feuilletons de la littérature courante vient vous déclarer qu'il ne peut plus continuer sa collaboration, parce qu'il est devenu *catholique :* cela veut dire qu'il a trouvé un meilleur placement.—Pour tout dire, les *condottieri* de plume abondent aujourd'hui, ils battent le pavé de Paris, et le clergé a moyen de les enrôler.

Louis Veuillot était un peu à l'origine de cette race des *condottieri;* sans prétendre qu'il ne porte pas dans ses excès un fond de conviction sincère, il y garde du moins et y nourrit toutes les passions et les grossièretés humaines et *inhumaines.* On ne pousse pas plus loin l'insolence et l'injure. Sa lettre à Villemain sur la liberté de l'enseignement commence en ces termes :

« Vous n'aurez point de vacances cette année, monsieur
» le ministre, ni votre successeur l'année prochaine, s'il
» plaît à Dieu, car les catholiques ne veulent plus inter-
» rompre la guerre qu'ils livrent à *l'enseignement de*
» *l'État...* »

Au nom d'un article de la Charte, au nom des serments d'août 1830, voici en fait ce que les catholiques, par l'organe de Veuillot, réclament :

1° Liberté pour tout citoyen d'ouvrir école;

2° Liberté pour tout citoyen de fréquenter telle école que bon lui semblera, et d'y envoyer ses enfants;

3° Formation d'un jury d'examen pour le baccalauréat, réunissant aux garanties nécessaires de science et de sévérité, les garanties non moins indispensables de moralité et d'impartialité, afin que devant ce jury, tout citoyen, sous le seul patronage de sa capacité et de son honneur, puisse demander le diplôme, quelle que soit l'école qu'il ait fréquentée, et quand même il n'en aurait fréquenté aucune.

— Tout cela, en principe, semble assez raisonnable et ne doit pas laisser d'embarrasser les universitaires qui, tels que Dubois du *Globe*, par exemple, ont dans le temps réclamé pour tous la liberté de l'enseignement.

Il est de fait, en outre, que pour une certaine éducation morale, paternelle, un peu aristocratique, et qui continue doucement les traditions du foyer et de la famille, les pensionnats tenus par des Pères plus ou moins jésuites sont incomparablement plus sûrs que les colléges de l'Université : ceux-ci produisent des lycéens bien appris, éveillés, de bonnes manières, et qui deviennent très-aisément de gentils libertins. Le sentiment moral inspire peu les gros bonnets, les chefs, et tout le corps s'en ressent.

Dans l'exaltation où ils sont de leur importance sociale et de l'appui qu'ils apportent au pouvoir civil et politique, les catholiques, par l'organe de Veuillot, s'écrient à la fin de cette Épître outrecuidante à Villemain :

« Si vous savez l'heure de notre défaite ou de notre
» avilissement, mettez en sûreté vos trésors. *Tout croule*
» *quand nous ne sommes plus là*. — Vingt empires dor-
» ment dans les tombeaux qu'ils nous ont creusés. »

Voilà qui s'appelle parler de soi, et sinon croire, au moins ne pas douter.

Les pièces justificatives sont pleines d'horreurs touchant les mœurs et les principes prétendus de l'Université; celle-ci en devient presque intéressante, à titre de calomniée [1] ; elle est pourtant bien assez puissante

---

[1]. Sur les mœurs pourtant (entre nous) ne pas trop crier à la *calomnie*; moi, je ne crie qu'à la *grossièreté*.

pour se défendre toute seule : laissons-la faire,— C'en est bien assez aujourd'hui sur cette grosse-querelle.

— Cousin, toujours en quête et en action, a publié, dans la *Revue des Deux Mondes* du 15, un morceau inédit de Pascal sur l'*amour* : le morceau est beau dans sa subtilité et paraît bien authentique. Le préambule de Cousin a eu d'ailleurs peu de succès, il manque de sérieux, et on y sent trop la fanfare. Mais la trouvaille a du prix.

— On annonce d'Eugène Sue un nouveau roman en feuilletons, *Le Juif errant*, ce seront les mystères du monde et de tous les pays. *La Presse* et les *Débats* se disputent ce prochain roman et on est aux folles enchères.

— Vous avez pu lire dans la *Revue de Paris*, de dimanche 24, un article de Janin sur madame de Girardin ; s'il s'est réconcilié avec Dumas, il garde une dent à *la Presse* qui s'est posée en organe d'inimitié contre lui. La belle Delphine s'en est ressentie. L'article est joli, méchant ; au reste, elle a de quoi rendre : griffes contre griffes ; combat de chatte et de matou.

— Dans son feuilleton des *Débats* de lundi 25, le même Janin parle joliment d'un vaudeville de Théophile Gautier, le plus spirituel de nos cyniques. Janin, en faisant bon marché de lui-même, dit aux autres de bonnes vérités : on retrouve là tout son meilleur esprit malicieux et sa verve. Il excelle et il est maître toutes les fois qu'il parle du gaspillage de l'esprit.

— Le troisième volume des *Études sur les tragiques grecs* de Patin a paru et complète son ouvrage : c'est celui de Schlegel refait, sans invention, avec plus de détails et bien moins de grandeur. La littérature de Patin est classique, excellente, bien digérée : il aime le délicat, mais il ne hait pas le faible. Son ouvrage, utile, instructif, serait encore plus agréable s'il était écrit avec plus de concision et, pour tout dire, avec plus de points et moins de virgules. On est singulièrement frappé, en le lisant, de la longueur interminable des phrases; Patin, qui professe avec distinction la poésie latine à la Faculté des Lettres, est un charmant et fluide improvisateur, mais il en porte trop les habitudes dans ce qu'il écrit. Ses phrases, à force de longueurs et d'incidences, ne présentent plus aucun courant. La parole et l'accent sont là pour déterminer le sens quand on a affaire à l'orateur; mais un écrivain, c'est autre chose, et je cours risque* de me noyer dans ces grandes flaques d'eau douce qui ne me portent plus en aucun sens. — Après tout, c'est un bon et méritant ouvrage, qui dispense de beaucoup d'autres et qu'il faut conseiller aux gens du métier.

XXX

Ce 30 septembre 1843.

PEU DE SUCCÈS DE LA REPRISE DE *LUCRÈCE*. — LA LIBERTÉ DE L'ENSEIGNEMENT. — MADAME DE GIRARDIN.

J'attends vainement : pas une pauvre petite nouvelle, pas un seul petit brin de mousse ou de vermisseau.

— Ce n'en est pas une de nouvelle que l'Odéon ait rouvert avant-hier 28 par *Lucrèce*; madame Dorval jouait Tullie, mademoiselle Maxime faisait Lucrèce. Cela a été froid, et même l'acteur qui jouait le père a perdu je ne sais pourquoi la tête, et au lieu de l'*assassin pâlissant*, il s'est avisé de dire *polisson*, ce qui a bien fait rire.

Le Semeur est inconséquent quand il soutient les doctrines de Quinet et de Michelet qui mènent à la non-liberté de l'enseignement, lui *Semeur* qui veut l'entière séparation de l'Église et de l'État : mais c'est ainsi qu'on fait toujours; on est pour la doctrine absolue jusqu'à ce que la passion ou l'intérêt s'en mêlent : alors on fléchit tout doucement.

Je reviens. — Le fait est qu'il n'y a pas de doctrine absolue pour les États et que tout est relatif, subordonné à l'utilité publique. — Ainsi quelle que soit la rigueur du raisonnement, il serait fatal qu'en France on laissât le clergé se fortifier et s'organiser davantage en parti. L'Université n'est pas toujours aussi intéressante qu'elle pourrait l'être ; les chefs n'ont jamais eu, depuis longtemps, ce cœur généreux, libéral, affectueux, ami désintéressé du bien, qui conviendrait dans la direction de la jeunesse, qu'avait, par exemple, le premier grand maître Fontanes, et dont l'effet moral se ferait aussitôt sentir ; ils ont été des administrateurs plus ou moins habiles et attentifs, des ministres plus ou moins accapareurs et ambitieux. Les chefs de collége, à leur exemple, sont plutôt des administrateurs, des espèces de préfets qui font plus ou moins exactement leur devoir, mais tout cela sans que le sang circule et que le cœur s'en mêle. Les études pourtant, par la bonne distribution et la discipline, se fortifient de plus en plus. La *machine* va bien. — Quant aux adversaires, au clergé, malgré les avantages partiels et paternels que peuvent présenter deux ou trois de leurs écoles, il est certain que, si on les laissait faire, ils paralyseraient le mouvement d'études et fanatiseraient ou abêtiraient les jeunes esprits. Or convient-il maintenant, par scrupule excessif et par tendresse plus que délicate de conscience, de respecter leur zèle violent et de les laisser faire, parce qu'ils sont peut-être convaincus et qu'ils argumentent assez bien du droit? — Il en sera de cette demande de *liberté illimitée d'enseignement* comme du *rappel* d'O'Connell; c'est une machine de guerre, une énormité impossible à obtenir, mais à l'aide de laquelle on se bat et on tiraille. Cela finira par quelque petite concession qu'on fera le plus tard possible.

Les vers de Musset dans le numéro du 1er octobre de la *Revue des Deux Mondes*, *Le miei Prigioni*, sont sur ce qu'il a été mis quinze jours en prison pour la garde nationale. — Il y a un article sur l'Allemagne qu'on me dit très-bon, de M. Saint-René Taillandier, auteur d'une bonne thèse sur *Scot Érigène*.

Le recueil des feuilletons de madame de Girardin a un certain succès. Janin, dans la *Revue de Paris*, a écrit sur ou contre; *Old-Nick*, dans *le National*, a fait deux grands articles comme s'il s'agissait des fortifications; et voilà la *Revue des Deux Mondes* qui met son Lagenevais[1] en campagne, son homme armé et masqué des jours de secrète justice. Tout cela au sujet d'anciens feuilletons. C'est assurément un succès, c'est un hommage du moins à la position que s'est faite l'auteur par son grand esprit. Madame de Girardin a son rang très-sûr de ce côté; sa plume est de celles qui font le mieux les armes.

---

1. C'est Charles Labitte qui est le Lagenevais de cette fois sur madame Émile de Girardin.

XXXI

Ce 4 octobre 1843.

INSUCCÈS DE *LUCRECE* A SA REPRISE.

Toujours rien. — *Lucrèce* n'a décidément reparu que pour mourir, et mourir non pas du poignard, mais de langueur, de froideur, de vieillesse déjà. C'est effrayant comme de nos jours on vit *vite* et *peu :* les œuvres comme les hommes. On se survit, on survit surtout à ses enfants. Ce sont les générations renversées. — Voilà une pièce qui, il y a six mois à peine, fait courir tout Paris et sans qu'on le convoque; elle réussit par son honnêteté même et un certain air de simplicité noble auquel on n'était plus accoutumé et qui nous reprend. Puis on en est déjà las, on n'y trouve plus rien; c'est la neige d'*antan*, la neige déjà perdue de l'autre hiver. Quand l'auteur reparaîtra dans un an ou dix-huit mois avec un nouveau drame en main, il sortira comme Épiménide de son antre, on lui demandera peut-être qui il est, ce qu'il veut : il aura tout à refaire, — surtout la curiosité si vive, si mobile, si passagère et inconstante, qui se porte toujours ailleurs, et, à tous ces titres, plus *française* de nos jours qu'elle ne fut jamais.

XXXII

Ce 6 octobre 1843.

LES MYSTÈRES DE PARIS.

Il paraît décidément que Sue, sans le vouloir, aura touché quelque fibre vive et saignante, et elle s'est mise à vibrer. L'humanité, dès qu'il s'agit d'elle, se prend vite au sérieux.

On l'a dit, on est toujours le *jacobin* de quelqu'un. — On est toujours le moraliste de quelqu'un.

Tout est relatif : peut-être, après tout, que les *Mystères de Paris* sont un livre de morale pour les personnes de la *Cité* et de la *rue aux Fèves*. Rien n'est burlesque pourtant comme ces élancements à *saint Eugène*[1] Sue, quand on sait le dessous des cartes.

1. Allusion à un article de Revue, *la Ruche populaire* (octobre 1843), dans lequel il était raconté qu'un père de famille, ouvrier, après avoir entendu lire tout haut le soir, à la veillée, par un de ses fils, le chapitre du *Lapidaire*, dans les *Mystères de Paris*, s'était écrié, en déguisant mal son émotion (il ne voulait pas laisser voir qu'il pleurait) : « Eh bien ! ma foi, c'est égal, c'est tout de

On dit qu'il a reçu, à l'heure qu'il est, plus de *onze cents* lettres relatives aux *Mystères de Paris*, magistrats qui lui soumettent leurs idées, jeunes filles qui lui offrent leur cœur. Il pourra publier tout cela en appendice. Ce ne sera pas le volume le moins piquant.

O humanité! — que tu es toujours en train de légendes, et qu'il te faut des saints à tout prix!

Enfin Béranger (grave symptôme!) est allé visiter Eugène Sue; le chansonnier populaire a semblé reconnaître le romancier populaire. On ne dit pas s'ils ont bien ri. — Ils auront fait les bonnes gens sérieux. Vivent les gens d'esprit pour suffire à tout!

même extraordinaire; et (poursuivit-il en regardant le ciel), quoique Eugène Sue fasse fondre les cœurs, ce qu'on peut demander à Dieu, c'est qu'il envoie souvent des hommes pareils sur la terre. » — Dans le même article, on attribue à Lacordaire un calembour qui n'est pas de lui : « Les *Mystères de Paris suent* le crime », aurait-il dit. C'est bien l'abbé Combalot qui a dit cela en chaire. Il a réellement fait la pointe.

XXXIII

Ce 3 novembre 1843.

LE DUC DE BORDEAUX. — CHATEAUBRIAND. — DISETTE DE GRANDS NOMS DANS LE CLERGÉ FRANÇAIS. — OPINION DE JOSEPH DE MAISTRE. — L'ABBÉ DE CAZALÈS. — M. PATIN. — LES TRAGIQUES GRECS. — SAINT-MARC GIRARDIN. — SA SÉCHERESSE D'ESPRIT. — OPPOSÉ A M. DE RÉMUSAT.

La disette de nouvelles est toujours grande, quoique le bruit augmente un peu et que les arrivants de la campagne s'informent activement de ce qui s'est passé et de ce qui ne se passe pas. Le voyage du duc de Bordeaux en Angleterre défraye la conversation d'un certain monde, qui d'ailleurs se restreint et diminue de plus en plus. M. Berryer est allé saluer son *roi*. M. de Chateaubriand, malgré son peu de jambes, va aller voir aussi son *roi* à Londres. Il est le seul qui puisse lui dire un peu nettement la vérité sur l'état du pays et sur les chances à jamais perdues. Que ce jeune prince se tienne tranquille et vive avec dignité dans un coin : son rôle est tout tracé. On le dit convenable, sensé, assez raisonnable ; il ne l'est même que trop pour nous Français, et on remarque avec ironie qu'il n'a encore fait parler de lui par aucune aventure de jeunesse ; pour un petit-fils de Henri IV et pour le fils du duc de Berry, il est le plus irréprochable des bons sujets. Il a envoyé ici un de ses anciens écuyers, M. de Locmaria, pour prendre la direction de *la Quotidienne* et chercher à remonter ce journal qui était le plus étroit et le plus bête, quoique loyal et honnête. Le duc de Bordeaux paraîtrait désirer que ses serviteurs féaux ne se tinssent plus si en dehors de toutes les affaires : « car, disait-il à l'un d'eux, si je suis un jour en position de rentrer, je ne pourrai alors m'appuyer sur vous qui aurez été absents des affaires pendant vingt ans plus ou moins. » Mais laissons ces songes, ces propos de petite cour exilée qui prend le train des Stuarts à s'y méprendre ; il n'y a plus que le grand nom de Chateaubriand qui jette un reste de grandiose sur ce débris. — Une poignée de vaniteux et même d'intrigants s'y rattachent encore, et vivent aux dépens de l'exilé. Un vieux vaudevilliste royaliste, qui n'a pas le sol, va à Londres tout exprès pour lire au prince je ne sais quelle pièce de poésie à son éloge et en tirer une gratification comme dans le bon temps.

— Herwegh, le poëte de la haine, est, dit-on, ici.

— La question religieuse, la seule sur le tapis, grossit toujours. Vous aurez lu les lettres du cardinal de Bonald et de l'évêque de Châlons [1]. Le clergé continue de

1. Le recteur du collége de Nancy n'ayant pas permis à l'abbé Lacordaire d'y venir faire des prédications, l'aumônier a reçu

se donner tous les torts par la forme. Mais le pouvoir est si peureux que ce bruit peut-être réussira, au moins pour quelque concession.

Que ce vieux nom de Bonald ne vous abuse pas. Une chose est essentielle aujourd'hui au clergé de France, c'est l'absence de noms. Il ne se recrute guère que dans le peuple et chez les paysans (*pagani*) : signe très-singulier, mais qu'on ne saurait méconnaître. Il est très-rare que dans des familles aisées, bourgeoises, moyennes, même religieuses, aucun fils se destine au sacerdoce, ce n'est plus une carrière. Il est de plus en plus rare que cela arrive dans des familles nobles, dans celles où se recrutait autrefois le haut clergé. Les hautes dignités elles-mêmes du clergé ne paraîtraient plus aujourd'hui aux enfants de ces familles nobles, d'ordinaire encore très-religieuses, une considération sociale suffisante et une compensation pour ce qu'ils perdraient. Qu'en résulte-t-il ? c'est qu'il n'y a guère que les gens de campagne, fermiers ou petits propriétaires-laboureurs, qui poussent quelqu'un de leurs fils au petit séminaire, où il est élevé le plus souvent gratis ; ils considèrent cette prêtrise comme un avancement social relativement à leur obscure condition. Mais ces enfants, même en étudiant avec soin ce qu'on leur apprend, ignorent une quantité de choses de la société et de la vie, et du monde moderne, qu'on apprend d'ordinaire *par l'air*, dans l'atmosphère générale et par les relations

---

ordre de son supérieur ecclésiastique de quitter cet établissement : pour n'être que provisoire, la mesure n'en est pas moins un défi, une menace, et non plus en paroles seulement.

de tous les jours : ils arrivent au sacerdoce, bons prêtres peut-être quant à la piété et à la connaissance théologique et liturgique spéciale, mais ignorants d'ailleurs, grossiers de manières et incapables d'agir dans une sphère un peu élevée. Là est la grande plaie du clergé français. M. de Maistre écrivait il y a bien longtemps : « Qu'on me donne la feuille des ordinations en France, et je pourrai prédire de grands événements. » Il voulait dire par là que, s'il avait vu, vers 1817, de grands noms, des enfants d'illustres familles entrer en foule dans le clergé pour réparer les brèches qu'avait faites l'impiété voltairienne de leurs pères, il aurait bien auguré de l'avenir de la religion en France. Eh bien, rien de ce pronostic ne s'est réalisé. On a cité particulièrement deux ou trois noms en tout. Depuis dix ans cet état de choses n'a point changé. Le beau monde, la haute société ont beau se vanter de remplir les églises, les confessionnaux, tant qu'ils ne rempliront pas les cadres de la milice sacerdotale, ils n'ont rien fait, et ils n'y paraissent pas disposés. Aussi la montre est-elle plus belle que le fonds. A toutes les causes qu'il y a dans le régime actuel pour être *mal élevé*, le clergé en ajoute donc une toute spéciale à son usage, et c'est ce qui explique en partie l'incroyable grossièreté de plume des feuilles ecclésiastiques en France.

Comme exception au grand fait que je signalais tout à l'heure, on cite M. l'abbé de Cazalès, fils de l'illustre Constituant; après des études approfondies qu'il est allé suivre à Rome, il a été ordonné prêtre depuis quelque temps. Il avait été le fondateur de l'ancien *Correspon-*

dant sous la Restauration, feuille grave, modérée et très-éclairée. De tels membres sont malheureusement trop rares dans le clergé français.

Ainsi on peut expliquer qu'il n'ait rien eu encore à opposer de comparable, comme talent et science, aux chefs principaux de l'Université, aux Guizot, Cousin, Villemain. Vous parliez la dernière fois d'un professeur de l'Université très-distingué, M. Patin, qui vient de compléter son ouvrage sur les Tragiques grecs : l'ouvrage a peut-être plus de valeur encore que celle que vous indiquiez. Sans doute, si on examinait la source et l'origine des diverses opinions qui y sont heureusement rassemblées, on n'y trouverait pas beaucoup d'*invention* proprement dite, mais en critique ce point est moins essentiel. Le fait est que M. Patin a recueilli, avec goût et jugement, tout ce qu'on sait et tout ce qu'on peut désirer pour le moment sur ces trois maîtres immortels, Eschyle, Sophocle, Euripide. Son livre est des plus complets; il représente le fruit de vingt années de lecture et d'enseignement. On peut dire de M. Patin, esprit de tout temps très-délicat, qu'il est arrivé à force d'études, de suite et de soin, à une grande distinction critique. C'est comme une terre peu grasse naturellement et peu féconde, une terre fine, un peu maigre, que la culture et des engrais successifs ont amendée et comme formée, et qui sur sa couche délicate, à l'abri des vents et moyennant des murailles bien exposées, porte d'aimables fleurs et des fruits assez savoureux. Son plus grand défaut, vous l'avez dit, est de ne pas distinguer net et d'un coup d'œil inexorable l'endroit où finit le délicat élégant et où commence l'élégant commun : il accorde un peu trop à celui-ci ; mais, en somme, il est au premier rang dans la seconde ligne critique qui vient après Villemain. C'est un homme instruit sans un grain de pédantisme, un esprit vif et un écrivain de la meilleure littérature.

— La *Revue de Paris* de dimanche dernier a publié un chapitre de l'ouvrage de M. Saint-Marc Girardin, autre universitaire très-spirituel, des plus distingués et des plus influents. Il est député, professeur à la Faculté des Lettres et membre du Conseil de l'Université.

L'ouvrage de M. Saint-Marc Girardin est aussi le résultat de son cours à la Faculté des Lettres depuis dix ans. Il y professe la *Poésie française*, et à ce propos toute chose. C'est un des hommes qui ont le plus agi sur la jeunesse durant cet intervalle. Homme d'esprit avant tout, M. Saint-Marc Girardin ne semble pas avoir eu beaucoup de jeunesse, ni avoir ressenti bien vivement aucune des passions qui agitent d'ordinaire cet âge et qui ont particulièrement secoué le nôtre.

De très-bonne heure il s'est posé comme un conseiller railleur, familier, de sang froid, vif et même hardi d'expression et de franc parler, et frondant les goûts et les ferveurs alors en vogue dans les jeunes générations. Si d'autres, au même moment, *soufflaient chaud* à tort et à travers, on peut dire de lui qu'il a *soufflé froid* sur la jeunesse. Il aurait trop réussi, si l'on venait à considérer ces jeunes égoïstes de vingt ans qui, sans aucune ferveur, sans même aucun des défauts de leur âge, ne songent qu'à se pousser dans le monde et à y faire leur chemin.

La morale que M. Saint-Marc Girardin a prêchée dans ses cours avec beaucoup de suite et de piquant, c'est la *petite morale*, comme il l'appelait, celle de tout le monde, celle de la société et du *grand chemin*, celle de la religion sans doute, mais celle aussi de l'intérêt bien entendu ; il sait la dose juste dans laquelle on peut combiner la générosité et l'utilité sans compromettre celle-ci ; il a constamment raillé, et souvent avec bien de la justesse, les enthousiasmes pompeux, les désintéressements à faux, toute l'exagération lyrique d'alentour. Ses raisons pouvaient sembler d'abord un peu subtiles, un peu pointues et un peu minces ; mais, l'expérience lui venant, il a grossi son fonds, et s'est élevé au moraliste. Ses idées sont fertiles ; il abonde du moins en aperçus. Littérairement, il a réagi depuis dix ans avec une grande vivacité et persistance contre le lyrisme et surtout contre le drame moderne. Hugo a trouvé en lui un adversaire peu commode et d'autant moins agréable que M. Saint-Marc Girardin l'est davantage à ses auditeurs. Cette petite guerre se passait jusqu'ici en paroles, en leçons orales : en les résumant en 1843 et en composant un livre avec son enseignement, M. Saint-Marc Girardin a bien pris son moment et s'assure d'un succès tout préparé. Il a beau jeu pour venir démontrer aussi clair que le jour que le drame de Hugo ne vaut pas celui de Sophocle, et que *le Père Goriot* n'égale pas non plus en beauté Mérope ou Niobé. Il est vrai que ces résultats si évidents sont amenés par les déductions les plus ingénieuses et les plus imprévues du monde : c'est une des formes de l'esprit de l'écrivain. Sa plume est aussi des plus vives : on ne lui reprochera pas la lenteur ni le traînant des phrases. Il les fait courtes, redoublées, lestes même. Il se plaît et excelle à un certain badinage de ton. Je ne sais quel rimeur plaisant a dit :

> M. Nisard au style rengorgé,
> M. Saint-Marc au style dégagé.

Mais c'en est assez pour annoncer un des livres qui promettent d'être des plus spirituels et des plus *actuels*, comme on dit (*Cours de littérature dramatique*). Voilà comment l'Université se défend avec présence d'esprit et avantage.

Si vous citez de Saint-Marc quelque chose de l'article très-piquant qu'il a fait il y a trois semaines environ, dans les *Débats*, sur l'ouvrage de M. de Rémusat (*Essais de philosophie*), article qui a l'air flatteur et qui est bien malicieux, ne dites rien qui ne soit bien pour M. de Rémusat, si généreux sous son scepticisme, si probe, si désintéressé, et (entre nous) si supérieur vraiment à l'autre.

XXXIV

Ce 4 novembre 1843.

LERMINIER. — LAMARTINE. — DISETTE DE NOUVEAUTÉS EN LIBRAIRIE. — M. ARTHUR PONROY. — DÉBUT DES FRÈRE ET SŒUR DE MADEMOISELLE RACHEL. — L'ESPRIT HUMAIN PEU INVENTIF. — *EVE*, PAR LÉON GOZLAN. — LA FILLE D'ALEXANDRE SOUMET. — UN POËME DE SIX MILLE VERS.

Lerminier a fait un très-bon et très-sage article sur la querelle catholique (*Revue des Deux Mondes* du 15 octobre). C'est ancien, mais il mérite éloge, il a été impartial. Il a parlé à Michelet avec autorité, en homme que la calomnie n'a pas épargné et qui ne s'en étonne plus; il a parlé de Quinet convenablement, et le jugement qu'il a porté des jésuites est, je crois, celui que l'histoire enregistrera. Lerminier, qui a été un orateur brillant, un professeur éloquent, mais hasardeux, est devenu un écrivain plein de maturité; on peut dire cela de bien peu aujourd'hui.

— Lamartine continue ses incartades et ses programmes. Il fait en politique comme en tout, de vastes plans improvisés, des esquisses rapides, crayonnées à peine; il n'achève pas. Il passe d'un épisode à l'autre. Aujourd'hui c'est le tour des Girondins. Il s'en occupe, dit-on. Je ne sais si, en écrivant leur histoire, il y lira, pour moralité, le sort qui attend tout homme éloquent, généreux, naïf, qui se croit plus fin que les violents et qui s'expose à l'occasion à être croqué par eux.

— Voilà cinq mois environ que ce que la *Revue Suisse* a appelé le *dada* de la quinzaine manque ici. Pas de nouveauté qui réveille un peu et qui recommence. En fait de publications, cela est sensible : Masgana, le Barbin des galeries de l'Odéon, se plaint de n'avoir rien de nouveau à offrir à la jeunesse des écoles qui revient la bourse bien garnie, mais qui ne l'aura pas longtemps.

— Le directeur de l'Odéon essaye de retrouver et de contrefaire son succès de *Lucrèce.* Il y a une tragédie, *le Vieux Consul* (un Marius, je crois), dont on veut faire le *Cid* d'un nouveau petit Corneille : celui-ci serait, cette fois, un M. Arthur Ponroy qui a publié incognito un volume de poésies intitulé : *Formes et Couleurs*, où il y a quelques beaux vers, mais de l'école de Victor Hugo, d'ailleurs avec beaucoup de prétention et d'emphase.

Il n'est pas jusqu'au père de mademoiselle Rachel (on l'appelle M. Félix) qui ne fasse débuter ses autres enfants, encore mineurs, à l'Odéon, espérant retrouver les succès et les profits de l'aînée. — On dit que l'esprit humain est inventif; ce qui me frappe plutôt, c'est combien il l'est peu, et combien on se traîne sur les mêmes traces et l'on épuise les mêmes moyens à satiété, jusqu'à ce que vienne quelqu'un qui *redonne du coude*, comme on dit, et qui vous retourne d'un autre côté. Ce quelqu'un-là est rare ; aussi, quand il vient, on lui dresse des autels. — En attendant, nous sommes au plus bas fond de l'ornière ; nous ne roulons plus.

— Au Théâtre-Français, hier samedi 4, on a eu la première représentation du drame d'*Ève*, de M. Léon Gozlan. Cette *Ève* est une quakeresse, une espèce de Judith qui veut tuer un ennemi et un persécuteur de sa secte, mais qui s'attendrit. La scène se passe aux États-Unis et au Canada, au commencement de la guerre de l'Indépendance. L'auteur a cru rajeunir l'éternel don Juan, le maréchal de Richelieu, le Valmont des *Liaisons dangereuses*, le roué de la Régence, en le transportant sous cette latitude. On est donc encore en pleine Régence et en orgie, mais c'est au Canada, ce qui relève la saveur de la chose et y ajoute des épices ; les quakers sont là pour faire un contraste mieux assorti. Il y a des détails spirituels, mais un ensemble désagréable, odieux. On sent la fatigue d'imagination qui ne sait qu'inventer et qui renchérit sur le connu.

— La fille du poëte Alexandre Soumet, madame d'Altenheim, vient de publier (il y a deux mois) un poëme de six mille vers, intitulé *Berthe et Bertha*. Il y a de jolis vers ; elle a du genre de talent de son père :

Ève perdit l'Éden, afin de le rêver !

C'est encore de l'école de la *Muse française* de 1824. Et qu'on dise que nous n'avons pas du nouveau !

XXXV

Ce 6 novembre 184

VENTE DES LIVRES CATHOLIQUES. — LAMENNAIS. — RAPHAËL ET RÉBECCA FÉLIX, FRÈRE ET SŒUR DE MADEMOISELLE RACHEL. — LÉON GOZLAN. — VOYAGE DE CHATEAUBRIAND A LONDRES. — VISITE D'EUGÈNE SUE A GEORGE SAND. — BÉRANGER. — QUATRE GRANDES PUISSANCES DU JOUR. — DUPIN.

Certains livres catholiques se vendent si bien en France et sont pour les auteurs d'un profit si réel, qu'on assure que M. de Lamennais, ruiné depuis longtemps, a surtout vécu et vit encore de la vente des éditions de son *Imitation de Jésus-Christ* et de sa *Journée du chrétien*. C'est la seule chose qui lui reste de son passé; ce grain de sel de l'autel sur son pain devrait le faire se ressouvenir un peu, et lui faire relire le chapitre XIV, livre III de l'*Imitation*, avec le commentaire qu'il y a joint sur les chutes par orgueil.

— Les enfants qu'on fait débuter à l'Odéon, frère et

sœur de mademoiselle Rachel, s'appellent *Raphaël* et *Rébecca*, un *Cid* et une *Chimène*, — deux *jeunes et intéressants Israélites*, comme disent les petits journaux, — deux enfants hardis et de race, qui ne doutent de rien.

— Léon Gozlan est auteur de plusieurs romans dont aucun ne se désigne bien particulièrement; mais il fait très-bien dans les *Revues* de jolis articles fantastiques qui doivent faire envie parfois à Charles Nodier lui-même, et qui sont, en effet, spirituels. Il a donné l'hiver dernier, à l'Odéon, une pièce intitulée *la Main droite et la Main gauche*, qui a obtenu un certain succès, quoique très-compliquée. C'est tout à fait un homme de la littérature du jour. (Aussi Janin et le journal *la Presse* lui sont-ils relativement très-favorables, et plus qu'il ne faudrait.)

— On dit le voyage de M. de Chateaubriand à Londres très-prochain; il se pourrait pourtant toujours jusqu'au dernier moment que la santé de l'illustre pèlerin s'y opposât.

— On parle d'une visite que M. Eugène Sue serait allé faire à madame Sand dans le Berry. Rien de plus naturel et de plus légitime. Depuis qu'Eugène Sue est devenu le romancier prolétaire, Béranger le visite, et madame Sand le reconnaît. Ce sont de grandes puissances qui se traitent désormais d'égal à égal. — Je m'étonne que Lamennais n'en soit pas. — Béranger, Lamennais, Sand et Sue, les *quatre* grandes puissances socialistes et philanthropiques de notre âge.

— Voir le *Dupin* de ce matin, 7, dans les *Débats*. Ces querelles de jésuites vont juste à cette nature avocassière et bourgeoise de Dupin, le remettent en verve et le ravigotent. Les jésuites, c'est encore là une de nos nouveautés de 1843.

Dupin : on peut le définir le *plus spirituel des esprits communs*. Aujourd'hui pourtant, dans cet éloge d'Étienne Pasquier, il a été aussi grave qu'instructif et intéressant.

Lorsque Dupin fit le discours à l'Académie française le jour de la réception de M. Molé, un plaisant disait en sortant que ce discours pouvait se définir en trois mots : *Sacoche, basoche, taloche.* C'est là *tout* le Dupin. Non pas tout, il a des parties excellentes et saines.

XXXVI

Ce 2 décembre 1843.

VOYAGE DU DUC DE BORDEAUX EN ANGLETERRE. — CRAINTES DE L'UNIVERSITÉ EN FACE DU CLERGÉ. — MONTALEMBERT. — COUSIN SUR VANINI. — CATHOLICISME ET ÉCLECTISME.

Le voyage du duc de Bordeaux en Angleterre est plus que jamais l'objet des conversations d'un certain monde, mais d'un monde bien resserré. Il a eu là-bas bien des petits ennuis; il a été prié de ne point revenir à Londres tant que le duc de Nemours y serait. La reine Victoria a pris ce voyage du duc de Bordeaux en pique, et l'a considéré comme un trouble-fête qui venait gêner la partie arrangée du duc et de la duchesse de Nemours.

Malgré tous ces petits affronts, nos légitimistes d'ici sont enchantés, heureuses gens! caractères bien faits! Les réceptions de quelques seigneurs les dédommagent de tout. — Voyez dans *la Quotidienne* les récits de l'entrevue de Chateaubriand. C'est là le seul épisode touchant. On dit que le roi Louis-Philippe a la bonté de se chiffonner de tout ce bruit des réceptions d'outre-Manche. C'est le pli de rose sous l'oreiller du trop heureux. — Il ne s'est pas délivré à Paris plus de quatre-vingts passeports pour les fidèles qui allaient visiter leur Stuart. Voilà à quoi se réduit ce grand mouvement vers l'infortune.

— Si le clergé se défend mal, il lui survient pourtant des défenseurs. Pour peu que les évêques et leurs journaux consentissent à se taire, ils ne manqueraient pas d'avocats pour plaider leur cause et même leur droit. L'article d'Émile de Girardin dans *la Presse* a été fort approuvé de bien des hommes d'État élevés, et il est probable que le clergé aurait, dans une certaine mesure, ses défenseurs, au moins à la Chambre des pairs. Si le ministre de l'instruction publique consultait ses désirs et ses craintes, il n'accorderait rien, pas même la faculté de laisser faire des bacheliers venus d'autre part que des colléges de l'Université. On craint en effet dans cette minorité si puissante que, pour peu qu'on accorde au clergé cette seule petite faculté de former jusqu'au bout dans ses écoles des élèves aptes à subir l'examen du baccalauréat, il ne fasse à l'instant une trop vive et trop redoutable concurrence aux colléges de l'Université. Le clergé peut donner l'instruction à très-bas prix; il a dans ses écoles et petits séminaires des professeurs qu'il paye peu, si encore il les paye; il reçoit volontiers gratis les enfants pauvres pour les tirer à lui. Toutes choses que n'est pas capable de faire la très-libérale Université. Celle-ci donc, toute puissante qu'elle est, craint qu'à l'aide d'une seule petite concession, le clergé ne se fortifie assez pendant peu d'années pour s'enhardir à de nouvelles demandes. Mais, si ce sont là les anxiétés réelles de plus d'un personnage universitaire éminent qui craint, comme on dit vulgairement, pour le *pot-au-feu*, il est impossible qu'à la tribune la question ne s'élève pas au-dessus de toutes ces considérations mesquines.

On annonce un écrit de M. de Montalembert sur cette question (*l'Univers* en a donné ces jours-ci, je crois, quelque chose). M. de Montalembert, arrivé trop jeune à la publicité, est un homme de conscience et de talent, mais il n'a pas évité jusqu'ici l'exagération et la violence. On peut dire de lui qu'il est né *disciple*. Il l'a été de Lamennais d'abord en politique, de Victor Hugo en architecture et en art *moyen âge* : il développe avec un zèle tranchant et avec une logique assez éclatante les idées et les thèses des autres ; mais il a peu d'idées à lui, aucune pensée intermédiaire. Il serait disciple encore, même quand il n'aurait plus de maître ostensible. Il est de la suite de Joseph de Maistre, de la famille des esprits élevés, mais arrogants! Il a publié une Histoire légendaire de *sainte Élisabeth de Hongrie*, où il y a de belles pages, mais aucune critique, même relativement parlant. Comme orateur à la Chambre des pairs, il a de l'élégance, du bien dire et une sorte de grâce altière. Il parle haut les yeux baissés, et il lance le dédain avec politesse.

— Décidément on n'a pas une activité si multiple, si infatigable, si élevée dans son objet, sans être de la volée des grands esprits. M. Cousin, comme esprit, en effet, est des plus grands. On se demande même involontairement, quand on le lit, quand on l'a entendu à ses cours d'autrefois, ce qui lui manque pour être plus, pour atteindre à ce qu'on nomme proprement *génie*. Nous avons entendu des gens qui soutenaient que ce qui lui manquait pour cela, ce n'était pas la *particule ignée*, car il l'avait, mais que c'était plutôt la *base terreuse*, le je ne sais quoi qui sert de lest et qui retient. Dans ce beau travail (sur *Vanini*), il établit de plus en plus nettement la position qu'il prétend faire à sa philosophie éclectique. Il y a eu tour à tour, dans le monde, des philosophies d'essai, de destruction, et des philosophies régulières et de fondation : il y a eu à un certain moment, comme philosophie régulière et régnante, le platonisme des Pères; puis, au moyen âge, l'aristotélisme catholique des théologiens. Ce dernier est tombé définitivement au xvi⁰ siècle, et il s'en est suivi une anarchie devant laquelle se sont essayées toutes les philosophies critiques et subversives. Descartes est revenu établir une philosophie régulière et organique qui a marché assez bien de concert avec la religion de son temps. C'est cette philosophie que M. Cousin reprend, continue, restaure, en voulant l'accommoder dans une certaine stabilité à la religion encore dominante aujourd'hui. Mais entre le premier cartésianisme et le second, entre Descartes et les éclectiques, il y a eu le xviii⁰ siècle, c'est-à-dire une époque de philosophie agressive de nouveau et subversive. Est-il possible que le cartésianisme d'après ait la même efficacité et la même innocence que le cartésianisme d'avant? L'éclectisme d'aujourd'hui n'est-il pas, sans le vouloir, une sorte de scepticisme déguisé, le seul enseignable? Tout son appareil de méthode suffit-il à masquer l'incertitude du fond? Je crois qu'il serait injuste d'imputer le scepticisme réel aux principaux éclectiques de l'école : ils ont sur deux ou trois points des convictions, des principes; ils ont foi intellectuellement à la liberté humaine et au spiritualisme de l'âme; mais, à part ces quelques points, le reste est court et le symbole intérieur pourrait sembler bien flottant. Or, en prétendant qu'une telle philosophie, construite d'ailleurs avec une admirable méthode et un air de rigueur qui séduit, doit marcher tout uniment de concert avec la religion comme le premier cartésianisme, on soutient une chose que la religion a bien de la peine à se persuader. Les protestations réitérées ne sauraient la convaincre : elle se méfie. A-t-elle tort?... Pour nous, il nous semble que ce second cartésianisme restauré et artificiel, qui voudrait donner le bras aux stoïques comme du temps de Bossuet, ne serait en réalité qu'un compagnon habile qui, tout en respectant l'autre, finirait (j'en demande bien pardon) par le dévaliser. Des deux vaisseaux qui marcheraient de conserve, il en est un (l'éclectisme) qui, insensiblement et sans même y trop viser, déroberait à l'autre une bonne partie de son équipage : cela tiendrait simplement à la communication trop libre des deux pavillons. Au bout de quelque temps de ce voyage entre bons amis, le catholicisme se trouverait fort dépourvu et amoindri : il le sent, aussi n'accepte-t-il pas les avances, et il tire à boulets contre l'ennemi qui a beau se pavoiser de ses plus pacifiques couleurs. La force des choses l'emporte. Après le xviii⁰ siècle accompli, il n'y a plus de philosophie possible si mitigée et si méthodique qu'elle soit, qui au fond et en résultat ne se trouve hostile au catholicisme.

XXXVII

Ce 3 décembre 1843.

PARADE ET COMÉDIE LÉGITIMISTES. — CHATEAUBRIAND *VIEUX BONHOMME*. — SERMENT DES DÉPUTÉS. — CONFÉRENCES DU PÈRE LACORDAIRE A NOTRE-DAME. — LACORDAIRE ET MONTALEMBERT. — IMPROVISATIONS POLITIQUES DE M. DE LAMARTINE.

Le nombre des légitimistes partis pour rendre hommage à leur prétendant est fort grossi par leurs amis d'ici. Aujourd'hui 3 décembre, il n'y avait en tout (soit à Paris, soit dans les départements) qu'un peu plus de trois cents passeports délivrés pour l'Angleterre depuis la présence du duc de Bordeaux. Mettez quatre cents en tout, et vous aurez le grand maximum de ce flot de royalisme.

Vous pourrez citer des *Débats* de ce matin la scène de M. de Chateaubriand, le *good old man*, comme disent les journaux anglais, c'est-à-dire en bon français *le vieux bonhomme*. Voilà donc où mène le comble de la gloire et du triomphe, à être traité avec révérence de *vieux bonhomme*. Oh! que Chateaubriand aimerait mieux avoir vingt-cinq ans ou même cinquante, et souffleter les impertinents qui le loueraient ainsi. Mais il faut qu'il subisse l'éloge, et qu'il s'incline pour remercier... *ó vieillesse ennemie!* Don Diègue ne devait pas être plus irrité.

The good old man! ô vanité de la gloire humaine! Cela s'appelle être à la fois couronné du chapeau de laurier et coiffé du bonnet de coton.

Ce dernier pèlerinage de Chateaubriand, ce sera après tout et pour tout résultat une belle page nouvelle des *Mémoires*. C'est encore de la littérature.

— Tout cela est une parade; ils jouent à la royauté. Ce qui est moins noble, c'est qu'on joue à ce jeu-là chez la reine d'Angleterre et malgré elle. Ce qui est moins noble encore, c'est qu'il y a là des députés qui ont prêté à haute et intelligible voix serment de fidélité à Louis-Philippe et aux institutions de juillet. C'est une triste idée qu'ils donnent là de leurs serments.

M. de Chateaubriand, du moins, est une exception; lui, il est, comme on le dit des rois, *hors de page*, il a ses licences, comme un enfant gâté de la France, comme le fils le plus brillant et le plus cher à la fantaisie de tous et à l'imagination nationale. La France est un peu amoureuse de lui, quoi qu'il fasse.

— Aujourd'hui dimanche, l'abbé Lacordaire a commencé à prêcher à Notre-Dame pour l'Avent; il continuera les dimanches suivants. Ce sont des conférences. Il ne portait pas l'habit de dominicain (grave question), mais celui de chanoine de Notre-Dame. Il a parlé des morts anciennes opposées aux morts chrétiennes, Darius, Caton, Socrate, Alexandre, que sais-je ? Il ne paraît pas qu'il ait été très-chrétien, ni même éloquent. Lacordaire a d'ordinaire de l'éclat, de l'imagination, du talent, mais un esprit peu judicieux, des rapprochements historiques forcés qui seraient plutôt saint-simoniens que chrétiens, toute l'emphase du jour : sa parole lui échappe souvent, et il ne la gouverne pas.

Aujourd'hui, il ne paraît pas du tout avoir réussi ; on ne savait à ce début sur Darius, à quoi il en voulait venir.

— Montalembert et lui sont bien de la même volée ; ils représentent l'école romantique catholique, le De Maistre après coup et, s'il est possible, exagéré ; rien qui puisse vivre et, le moins du monde, convaincre ou persuader. Avec du talent, ils manquent véritablement d'esprit, c'est-à-dire de quelque chose d'opportun, de mobile, d'approprié : ce qu'avait tant leur maître, lequel, heureusement pour lui, n'a connu aucun de ces néophytes exorbitants. Ils abondent comme à plaisir dans le tranchant, le choquant, le désobligeant. Ils heurtent le sens public.

Nous demandons bien pardon de la comparaison, mais ils sont un peu à De Maistre ce que Naigeon était à Diderot : avec plus de talent que Naigeon, mais avec autant d'absurdité, et aussi loin véritablement du maître.

Les vrais chefs savent au besoin varier, changer le front de bataille, accommoder les dispositions et l'assaut selon les difficultés du moment. Les disciples, une fois lancés, vont tout droit et ne s'arrêtent plus.

Lacordaire et Montalembert sont des restes de l'ancienne rédaction du journal *l'Avenir* qu'ils rédigeaient avec Lamennais (1832); ils sont allés faire explosion chacun de leur côté.

On peut dire *explosion*, car ce sont des esprits qui ressemblent à des *boîtes* d'un *feu d'artifice*.

La brochure de Montalembert intitulée : *Du devoir des catholiques dans la question de la liberté d'enseignement* est datée de Madère, où l'auteur est allé depuis un an pour soigner la santé de sa jeune femme.

Ce n'est pas de vérité que manque cet exposé, mais de mesure, mais de prudence, mais d'acheminement à ce qu'il veut obtenir. Vous ne sauriez croire combien de telles duretés irritent et achèvent de séparer. Le catholicisme, par ces aveux, tend à se constituer en *secte* de plus en plus.

Montalembert étale des vérités excessives, repoussantes, et qui dès lors ne sont plus des vérités; ce sont des plaies secrètes que tout le monde désire soigner et soulager, et que le grand air va irriter. Il y a dans sa brochure deux pages de personnalités injustes et amères contre Villemain, tout à fait inconvenantes de la part d'un collègue (à la Chambre des pairs) et presque d'un ami de la veille. Sa brochure fait le plus grand tort à la cause qu'il soutient, et semble le ranger définitivement parmi les esprits qui ne mûriront pas.

— M. de Lamartine continue tous les matins ses improvisations politiques : il n'y a pas de raison pour qu'il n'en paraisse pas une chaque jour ainsi durant des années. Ce sont des effusions sans travail, sans réflexion, de vagues *crayons* sur lesquels l'étude ne revient pas. C'est ainsi qu'il fait également désormais lorsqu'il écrit en vers; et l'on conçoit que l'une de ces distractions remplace aisément l'autre pour lui. Même procédé, même idée inachevée, même ampleur et opulence de paroles qui ne se comptent plus. Dans son poëme de *la Mort de Socrate*, on a remarqué que lorsqu'il était embarrassé de transitions, il mettait des *blancs* et des pages de points. — Eh bien, il fait de même dans ses exposés politiques, et, quand il arrive à la portion positive, organique, à l'indication précise des voies et moyens, il met des points et passe outre. Les grands esprits ne s'attardent pas à si peu. Les déesses et les anges marchent à fleur de terre.

XXXVIII

Ce 20 décembre 1843.

LACORDAIRE, HENRI V ET CHATEAUBRIAND. — MORT DE CASIMIR DELAVIGNE. — NOBLES PAROLES DE VICTOR HUGO SUR SA TOMBE. — CANDIDATURES ACADÉMIQUES. — *TIBERE*, TRAGÉDIE DE MARIE-JOSEPH CHÉNIER AU THÉATRE-FRANÇAIS. — ARTICLE SCANDALEUX DE JANIN.

Je commence à bâtons rompus de petites nouvelles :
— L'abbé Lacordaire continue de prêcher l'Avent à Notre-Dame devant un auditoire immense. Il a mieux réussi les autres fois que la première; il s'est relevé comme éloquence. Il est très-brillant, mais il manque de gravité et de vrai christianisme. Il flatte son auditoire, il fait des compliments à son siècle, il se dit le *concitoyen* de tout le monde, cite des vers en chaire, loue Chateaubriand en face (qui est là assis dans le *banc d'œuvre*); en un mot Lacordaire fait d'autant plus le mondain qu'il est dominicain. Il sent le besoin de se faire pardonner son habit. Cet habit de moine qui, au moyen âge, donnait de la liberté, en ôte aujourd'hui; Lacordaire s'est gêné en s'encapuchonnant. En somme, il manque de la première des qualités du prédicateur

et du prêtre, d'*autorité*. — Oh ! qu'un bon petit grain de Bourdaloue ferait bien mieux mon affaire !

— L'esclandre de Londres est fini ; cette petite expédition jacobite a jeté son feu ; dans quelques jours il n'en sera plus du tout question et on l'aura oubliée, sinon qu'il y aura un jour à la Chambre des députés quelque interpellation à MM. Berryer et consorts, qui s'empresseront de rapetisser leur voyage et d'en faire un acte de courtoisie et de fidélité toute privée. En attendant, les journaux du parti légitimiste vont se nourrir à satiété de ces souvenirs et en tirer les conséquences chimériques qui font leur ordinaire pâture.

Je vous avais dit à la date du 3 décembre : « mettez 400 pèlerins en tout et vous aurez le chiffre » ; depuis, ce chiffre a grossi ; quelques retardataires se sont émus et, comme on est badaud dans tous les temps, on s'est mis à vouloir faire le voyage de Londres puisque d'autres l'avaient fait. La *moutonnerie* et le point d'honneur ont peut-être porté le nombre à 800 : quel triomphe ! Quelle poignée de vainqueurs devant une population indifférente ou hostile de plus de trente millions d'hommes !

— Le grand événement littéraire a été la mort de Casimir Delavigne ; il a été unanimement regretté, et il était bien de voir si populaires et si solennelles les funérailles d'un homme qui n'avait été que poëte et n'avait voulu être que cela. C'est peut-être là le trait qui l'honore le plus, dans sa carrière si bien remplie et si noblement parcourue. Honoré sous la Restauration de l'amitié du duc d'Orléans, estimé de tous, poëte politique le plus en faveur dans les classes moyennes, il n'a rien pris pour lui au moment du triomphe; il a continué de cultiver les lettres et n'a pas changé de théâtre. S'il l'avait désiré, nul doute que la Chambre des pairs ne se fût ouverte pour lui. Il n'était pas très-riche, et une jolie pièce (insérée dans les *Débats* et le *Siècle* de dimanche dernier) apprend qu'il avait été obligé de vendre une campagne appelée *la Madeleine*, à laquelle il tenait. Quand on lui demandait si, pour la tant regretter, cette campagne lui rapportait beaucoup, il répondait : « Elle me rapportait... des vers. » — Il avait épousé, il y a quelques années, une dame d'honneur de la reine Hortense, et vivait fort en famille, allant très-peu dans le monde. — Victor Hugo a trouvé d'éloquentes paroles sur la tombe de son rival, et lui-même il a eu le droit de rappeler avec sentiment le coup qui venait de le frapper [1]. Ces paroles de Victor Hugo ont été accueillies de tous comme elles le méritaient; et elles ont ajouté à la consécration funèbre de ce jour. Hugo se trouve en ce moment ce qu'on appelle *directeur* de l'Académie; c'est-à-dire le président élu pour le trimestre qui finit. Ce sera lui qui naturellement sera chargé de répondre au successeur de Casimir Delavigne à l'Académie et qui devra encore une fois apprécier les titres du poëte dramatique qu'on lui a si souvent opposé. Nous-même nous y reviendrons alors [2].

---

1. La mort tragique de sa fille et de son gendre.
2. Cette réception sera un des épisodes les plus piquants de ce volume car, comme on le sait, le successeur de Casimir Delavigne à l'Académie française fut Sainte-Beuve lui-même.

(Note de l'éditeur).

La mort de Casimir Delavigne fait, avec celle de M. Campenon, une seconde vacance à l'Académie française. M. Campenon, mort il y a un mois environ, n'était qu'un poëte gracieux de l'école de Delille, et un homme de goût, né à la Guadeloupe et paresseux comme un créole. Il a écrit un petit poëme, *la Maison des champs*, et aussi *l'Enfant prodigue*, espèce d'idylle biblique. Les ambitions littéraires sont vivement excitées par ces deux vacances à l'Académie dont les fauteuils deviennent de plus en plus recherchés. On cite parmi les candidats MM. Saint-Marc-Girardin, Alfred de Vigny, Sainte-Beuve, Émile Deschamps et beaucoup d'autres. M. Vatout, député, directeur des Bibliothèques du roi, et auteur d'une *Histoire des Châteaux royaux*, est aussi fort en instance; il est homme d'esprit et joyeux convive (*good fellow*) plutôt que littérateur; ce ne serait pas une raison pour qu'il ne réussît pas. Parmi les candidatures non sérieuses, il s'en trouve toujours quelques-unes de singulières et d'inexplicables. On cite un M. Dumolard qui s'intitule le *doyen des auteurs dramatiques* et qui va faire ses visites en disant (comme au reste le disent tous les candidats) : « Je ne me présente que parce que mes amis m'y forcent : mais qu'y faire? j'ai là mon armée derrière moi, et il me faut marcher. » — Les brigues auxquelles il est presque nécessaire de se livrer pour quiconque aspire au fauteuil académique, paraissent devenir de plus en plus exigeantes et onéreuses à mesure que les habitudes politiques et parlementaires pénètrent jusque dans la littérature. Il serait temps qu'au sein de l'Académie quelque Caton le Censeur se levât et proposât à cet égard un règlement pour tempérer ce luxe d'obsessions qui est tout propre à décourager le mérite modeste.

— On a donné au Théâtre-Français *Tibère*, tragédie de Marie-Joseph Chénier, qui n'avait jamais pu être représentée jusqu'ici. C'est une étude mâle et sévère de Tacite ; les défauts de sécheresse et de déclamation n'empêchent pas cette œuvre d'être une des plus remarquables de l'ancienne école. Janin dans son feuilleton (du lundi 18) en a parlé avec une légèreté scandaleuse, en prodiguant l'insulte à l'un des hommes les plus distingués de la littérature d'alors. Marie-Joseph Chénier a eu sans doute un caractère difficile, irritable ; il a cédé parfois à de mauvaises passions, il a traversé une époque orageuse et souillée en y payant trop largement son tribut. Mais il avait une véritable énergie, des portions généreuses, un talent qui allait s'épurant avec les années : ç'a été le plus brillant et le plus ferme des disciples directs de Voltaire. Son *Épître* à ce dernier, sa *Promenade à Saint-Cloud*, sont des pièces qu'on relira toujours. Quant à cette banale accusation d'avoir trempé dans la mort de son frère André, il serait temps de laisser une si odieuse calomnie. Venir lapider sans cesse Marie-Joseph avec les ossements d'André, c'est violer soi-même la piété qu'on doit aux morts, et prendre plaisir à ce sacrilége qu'on fait mine d'exécrer.

— Le sixième volume de l'*Histoire de France* de Michelet a paru ; il contient le récit de la lutte entre Louis XI et Charles le Téméraire. Cela regarde directement les Suisses. La manière de voir de M. de Gingins n'y est pas accueillie, bien que Michelet en tienne compte. Ce volume a l'air d'un des meilleurs de l'ouvrage.

— Il a paru également un ouvrage sur les *Rapports de la littérature française avec la littérature espagnole* (2 vol. in-8°), par M. de Puibusque, ouvrage qui a obtenu un des prix que décerne l'Académie française; c'est une monographie curieuse et une sorte de dissection particulière et savamment poussée. L'inconvénient de ces sortes de travaux est de trop abonder dans un sens et de voir partout des ressemblances et des influences au lieu de s'en tenir aux seuls courants généraux, les seuls après tout qui agissent un peu grandement. Mais il est toujours temps de revenir à ce point de vue plus vrai après qu'on a profité en détail avec son auteur.

— Les Chambres vont s'ouvrir avec l'année; les retardataires qui prolongent le séjour de la campagne jusque bien avant en décembre arrivent en foule et se multiplient avec rapidité pour réparer le temps perdu. Ajoutez le mouvement du jour de l'an; jamais le courant à cette entrée du détroit n'aura paru plus tourbillonnant ni plus tumultueux. Et pourtant il n'y a rien au fond de tout cela que ce bruit même.

XXXIX

Décembre 1843.

Voici la préface d'*Ève*, de Gozlan. C'est un échantillon des bulletins d'Austerlitz, décernés par nos auteurs dramatiques à leurs acteurs : *Soldats, je suis content de vous !* Hugo a donné l'exemple. Ici cela est bouffon.

« Rien n'est doux après le succès comme le besoin de rendre justice aux artistes qui l'ont préparé avec patience, conquis avec courage, obtenu généreusement pour l'auteur. Mais aussi rien n'est plus embarrassant. On voudrait inventer des récompenses inconnues, et l'on n'a à distribuer que quelques mots flatteurs redits cent fois. *La reconnaissance vous fait un cœur de roi, et l'insuffisance vous réduit à l'ingratitude de l'éloge*[1]. Que dirai-je de mademoiselle Plessy, si admirable dans le rôle d'Ève, quand on a déjà appelé mademoiselle Mars un diamant? De madame Mélingue, cette énergique et superbe actrice qui a donné son âme à ma pièce? madame Mélingue, *présent de notre plus grand poëte dans un jour de magnifique générosité pour la Comédie française; cadeau de*

1. Style de Mascarille dans *les Précieuses ridicules*.

souverain à souverain[1]. J'avais douté de M. Brindeau; il s'est bien vengé, car il a eu tant de succès sous l'habit de Rosamberg, que maintenant c'est lui qui aura le droit à l'avenir de douter de moi. A ma prière, M. Guyon s'était chargé de rendre la calme et puritaine figure de Daniel. Je ne lui demandais que d'être ce qu'il est toujours : noble, simple, majestueux; il a été grand et beau. Je ne regretterai plus de n'avoir pas vu Talma, depuis que j'ai entendu M. Ligier dans le rôle du duc de Kermare. On a dit que le rôle du marquis de Kermare était la dernière création de M. Firmin, ce prodigieux comédien. Cela ne sera pas, je l'espère. Si, par malheur pour l'art et le Théâtre-Français, une telle menace s'accomplissait, la représentation de ma pièce se lierait au souvenir le plus triste de ma vie. Il n'y a pas de succès qui console d'une si grande perte. Je remercie MM. Mirecour, Marius, Joannis, Micheau, Robert, Leroux, Laba, Riché, de la complaisance qu'ils ont mise à jouer des rôles si au-dessous de leur talent, de leur verve et de leur distinction. Pourquoi n'est-il pas possible de n'écrire une pièce qu'après l'avoir fait jouer par les grands artistes que j'ai nommés ? On n'écrirait que des chefs-d'œuvre. Peut-être aussi n'écrirait-on rien. »

Voilà où on est venu ! Abus de la parole, de la louange ! Il n'y a plus qu'à tirer l'échelle ! Bas-Empire !

Marie-Joseph Chénier avait dit il y a déjà longtemps :

> . . . . . Un drame de nos jours
> Peut bien tomber, mais rebondit toujours.

---

1. C'est-à-dire que madame Mélingue était à un théâtre des boulevards et que Hugo l'a fait entrer aux Français pour un rôle des *Burgraves*.

XL

Fin décembre 1843.

RÉPONSE AU *JOURNAL DU LÉMAN*.

Le *Journal du Léman* nous fait l'honneur de nous citer avec éloge, et nous l'en remercions. Nous ne réclamerons que sur un point : les critiques de la *Revue suisse* peuvent être libres et familières, elles ne sont jamais *acerbes*. En parlant des écrivains français dont la réputation est assez bien *assise* pour être hors d'atteinte, le *Journal du Léman* paraît désirer pourtant qu'on les juge, c'est ce que nous faisons. C'est ce qu'on ne fait guère en France, précisément à cause de cette position *assise* qui les met hors de cause. Il est une douzaine d'hommes en France, qu'on ne juge plus, mais qu'on loue ou qu'on attaque. Leurs amis les célèbrent sur tous les tons, leurs ennemis les injurient au besoin. Nous tâchons (nous *Revue suisse*) d'en parler comme il est permis au dehors et le dos tourné, sans faux respect comme sans amertume, selon l'occasion, selon même le caprice et l'humeur. Il n'y a de critique vive et vraie qu'à ce prix.

XLI

Ce 3 janvier 1844.

ANNÉE STÉRILE. — ARTICLE DE M. PAULIN LIMAYRAC SUR LES *MYSTÈRES DE PARIS*. — BROCHURE DE L'ABBÉ COMBALOT SUR LA LIBERTÉ DE L'ENSEIGNEMENT. — PROCHAINE INAUGURATION DU MONUMENT DE MOLIÈRE. — DISCOURS DU ROI MOINS UNIVERSITAIRE QUE CELUI DE M. VILLEMAIN. — ARTICLE DE M. FORCADE SUR LE PARTI LÉGITIMISTE. — MALADIE DE CHARLES NODIER. — SYMPATHIE UNIVERSELLE ET GOUT DE LA FRANCE POUR L'ESPRIT.

Je reprends ma tâche en 1844.

— Dans la *Revue des Deux Mondes* du 1ᵉʳ janvier, nous avons un excellent article sur le parti légitimiste à Londres : voilà le vrai. — Quant à ce malheureux chiffre, j'hésite toujours : « Mettez 800, mettez 1000 ; qu'est-ce que cela fait, une centaine de plus ou de moins, en présence d'une masse de tant de millions d'hommes ? — La grande faute des légitimistes est d'être allés là se faire peser et compter », comme on l'a très-bien dit.

— L'agitation, la *trépidation* de cette rentrée d'année ne sait sur quoi se porter d'essentiel et d'intéressant. On va, faute de mieux, et si l'on n'y prend pas garde, grossir des riens. En politique, la question universitaire, et surtout la dotation pour le duc de Nemours, sont jusqu'ici les *bâtons flottants* qui ont l'air de quelque chose de loin. — Mais en littérature, il n'y a pas même de bâtons flottants ; l'*Histoire de l'Empire* de Thiers ne viendra que dans dix-huit mois ; on n'a rien, on n'espère rien pour cet hiver. Oh ! qu'une belle et bonne œuvre serait la bienvenue, et que c'est misère à ceux qui le pourraient de laisser passer de tels moments uniques de la faveur et de l'avidité publiques ! Décidément l'esprit humain est plutôt stérile qu'autre chose, — surtout depuis juillet 1830.

— Ce petit volume de Saint-Marc Girardin, agréable, mais bien mince, avec toutes ses conditions de mesure et d'assaisonnement, a fort réussi ; près de deux mille exemplaires, dit-on, se sont écoulés en un mois. Mais c'est trop vite dévoré ; ce n'est pas une pièce de résistance.

— La *Revue des Deux Mondes* du 1er donne un très-bon et judicieux article sur les *Mystères de Paris* par M. Paulin Limayrac. La *Revue suisse* voit avec plaisir qu'elle avait frappé d'avance dans le même sens et qu'en tirant *sur le temps*, elle avait atteint juste aux mêmes endroits. Cela doit nous encourager à ne pas nous croire trop provincial ni trop dupe. Et remarquez que cet article de M. Limayrac est le seul jusqu'ici qui ait traité ce livre détestable comme il convient ; si cet article n'était pas venu, il n'y en aurait eu aucun dans les journaux de Paris qui méritât de compter. Tant il n'y a plus de véritable critique organisée! — Oui, nous le répétons aujourd'hui avec toute l'autorité de la réflexion, oui, l'inspiration essentielle des *Mystères de Paris*, c'est un fond de crapule : l'odeur en circule partout, même quand l'auteur la masque dans de prétendus parfums. Et chose honteuse, ce qui a fait le principal attrait, si étrange, de ce livre impur, ç'a été cette odeur même de crapule déguisée en parfum. — Heureusement ce triste épisode du carnaval littéraire est déjà une mystification de l'autre année. On dit que l'admiration dure encore en Allemagne, et qu'elle vient seulement d'atteindre à son apogée à Vienne, où plus d'une belle dame appelle par gentillesse son petit enfant *Tortillard*. Nous ne le croyons pas.

— L'abbé Combalot vient, à son tour, de publier sa brochure sur la liberté de l'enseignement et contre l'Université. On a dit de celle de M. de Montalembert datée de *Madère* que c'était du madère *sec*. Je crains que celle de l'abbé Combalot ne soit de la grosse et très-grosse bière assez mal brassée [1]. Il ne se distingue point par le goût, par le jugement, et il a de singulières saillies d'imagination. Toute cette levée de boucliers n'accommode pas les affaires du clergé.

— On va inaugurer le monument de Molière rue Richelieu, en face du n° 34 où il habitait. Il s'est élevé des dif-

---

1. Il y a eu à Paris une fabrique de bière *Combalot*, d'un parent de l'abbé.

ficultés et une polémique au sujet de cette inauguration. Le gouvernement y serait-il ou non représenté par le préfet de la Seine? Il paraît réellement qu'on a hésité, et que, de peur de déplaire au clergé en acceptant si hautement le grand excommunié, le ministère de l'intérieur avait pensé à retirer son épingle du jeu. Dans ce cas le préfet et l'autorité municipale n'y auraient pas assisté. Le bruit qu'a fait ce contre-ordre a pourtant produit quelque effet, et le ministère s'est ravisé! Mais il paraît bien qu'il y avait eu quelque hésitation.

Ce petit fait tout littéraire peut donner la mesure de la décision et de la hauteur de vue de nos hommes d'État dans les questions de conflit qui vont se présenter.

— L'Académie française, par l'organe de M. Dupaty, a fait une motion afin de se mettre d'autant plus en avant pour Molière, lequel, en son temps, n'était pas de l'Académie.

— Voyez dans les *Débats* de ce matin (4 janvier) le discours du roi en réponse à celui de Villemain; le roi s'y montre bien moins universitaire que son ministre, et ne parle que de la nécessité d'un enseignement religieux. Lisez et notez les nuances.

— L'article sur le parti légitimiste de la *Revue des Deux Mondes* est attribué à un jeune économiste et publiciste, M. Forcade. Il répond à l'impression de bien des esprits sensés et élevés. On peut remarquer seulement que vers la fin il est bien dur pour la noblesse française, qui n'a pas été seulement en tête dans les batailles, mais aussi dans les choses de l'esprit (La Rochefoucauld, Saint-Simon.) — Le grand Condé soutenaît Boileau, et le maréchal de Richelieu appuyait Voltaire. Et de nos jours, qui donc a plus brillamment donné que ces gentilshommes, Chateaubriand, Lamartine, Bonald, etc.? Il est vrai qu'avec tout ce brillant il y a toujours eu décousu et inconséquence.

— Charles Nodier, l'aimable et charmant écrivain, est, assure-t-on, gravement malade; toute la littérature de Paris en est émue : on court à l'extrémité de Paris, à l'Arsenal, où il demeure, pour le voir, pour s'informer. Les témoignages d'intérêt sont continuels et universels, de tous les côtés, de tous les rangs. Aimable pays après tout que celui de France, où un simple homme de lettres qui ne peut rien, qui n'est rien, tient tant de place, et où se déclare si spontanément l'hommage de tous pour l'esprit, pour le talent et la grâce!

XLII

Ce 5 janvier 1844.

FÉLIX PYAT CONTRE JULES JANIN.

— Le feuilleton de Janin contre le *Tibère* de Chénier et contre ce poëte éminent a produit de l'indignation dans plus d'un cœur : voici que les représailles sont venues. Félix Pyat s'est porté pour le vengeur de Chénier : a-t-il lui-même, pour son compte, quelque dent particulière contre Janin qui l'aurait maltraité comme auteur dramatique? Je ne sais. Quoi qu'il en soit, Pyat a lancé un article foudroyant que *le Charivari*, dont il est rédacteur ordinaire, n'a pas osé insérer en son entier, mais que *la Réforme* a accueilli. Janin se l'est attiré par son feuilleton indécent. Ce sont des échantillons curieux du degré d'aménité où en sont venues nos mœurs littéraires. On n'avait pourtant rien encore écrit aujourd'hui de la force du feuilleton de Pyat. Nous ne savons comment l'*enfant gâté* avalera cette médecine.

XLIII

Ce 6 janvier 1844, onze heures du soir.

SUITE DE LA POLÉMIQUE ENTRE FÉLIX PYAT ET JULES JANIN. — MADEMOISELLE RACHEL DANS *BÉRÉNICE*.

Le numéro de *la Réforme* qui contient l'article de Félix Pyat sur le *prince des critiques* a été si vite épuisé qu'on vient de réimprimer l'article en brochure au prix de quinze centimes (trois sous), et il est à tous les étalages : c'est une exposition au pilori, c'est une exécution publique à laquelle chacun assiste en se disant : *c'est bien fait, c'est bien vrai !* Félix Pyat a été autrefois très-lié avec Janin ; il a même écrit, dit-on, dans le roman de *Barnave* de celui-ci, le chapitre de *Séjan*, de même qu'Étienne Becquet avait écrit par complaisance la préface, ce que Janin a su très-bien dire lorsqu'il a voulu se disculper ensuite de cette philippique si injurieuse à la famille d'Orléans. En voilà bien assez de ces affreux dessous de cartes. — Félix Pyat est un écrivain de l'école démocratique ; il a fait quelques pièces de théâtre qui ont eu un demi-succès. Il a de la vigueur, de la verve, mais le trait un peu gros, le ton cru, une exaltation un peu confuse et désordonnée. Cette fois il a trouvé juste et il est tombé à belles dents sur sa proie.

Mademoiselle Rachel a joué, ce samedi 6, le rôle de Bérénice pour la première fois : elle a fort réussi. Elle a paru pleine de grâce, de *vénusté*, comme toujours; dans ses airs de tête et dans sa coiffure, avec deux ou trois boucles modestes qui s'échappaient de chaque côté de dessous son diadème, on aurait dit d'un camée antique. La pièce n'a point paru trop froide, quoiqu'elle le soit, malgré tout, un peu; mais il y a encore de la passion dans cette élégie à trois personnages qui exprime si bien le premier moment du Louis XIV amoureux de la Mancini ou de la Vallière. C'est un rôle de plus pour mademoiselle Rachel, qui se trouve assez embarrassée d'en conquérir de nouveaux, et ce sera un de ses bons.

XLIV

Ce 8 janvier 1844.

Nous apprenons avec plaisir que les nouvelles de la santé du *bon Nodier* (car c'est là son nom) sont meilleures, et que ses nombreux amis espèrent posséder encore longtemps en lui un talent et un cœur qui leur seront plus chers que jamais.

— Janin a essayé de répondre ce matin à propos de *Bérénice*; mais il est bien tard pour faire l'homme de goût.

XLV

Ce 1er février 1844.

SUITES ET CONSÉQUENCES DE LA VISITE DES DÉPUTÉS LÉGITIMISTES AU COMTE DE CHAMBORD EN ANGLETERRE.—EXPLOSIONS A LA CHAMBRE.—LES *FLÉTRIS*. — GUIZOT ET BERRYER. — LOUIS-PHILIPPE ET M. DE SALVANDY. — VISITE DES ÉTUDIANTS A CHATEAUBRIAND LE *FLÉTRI*. — VIE DE L'ABBÉ DE RANCÉ. — INAUGURATION DE LA STATUE DE MOLIÈRE. — DISCOURS D'ARAGO. — ENTERREMENT DE CHARLES NODIER. — *ODES ET POEMES*, PAR VICTOR DE LAPRADE. — LES *JÉSUITES*, D'APRÈS UNE BROCHURE DU PÈRE RAVIGNAN. — PROCÈS DE JANIN CONTRE PYAT.

L'indifférence des esprits et l'insignifiance de la situation ont bien changé depuis trois semaines. On était en pleine paix, en pleine fadeur; on s'agitait, on cherchait un sujet, un prétexte. Eh bien, tout cela est trouvé et l'on jouit de l'orage. C'est le voyage de Londres qui a amené la péripétie. Ce voyage pourtant était impopulaire et plaçait dans une situation des plus fausses les députés qui se l'étaient permis. Mais, en outrepassant la mesure du blâme par le mot *flétri* (*la conscience publique* FLÉTRIT *de coupables manifestations*) qui se trouvait dans l'adresse de la Chambre et qu'adoptait le ministère, on a refait une position à M. Berryer et à ses collègues. Personne dans le ministère ni dans le parti ministériel ne tenait à ce mot *flétri* qui excédait le sentiment à exprimer; et pourtant, une fois admis, on l'a laissé par embarras de le retirer. De là, une singulière aigreur s'est ranimée entre les partis et a gagné de tous côtés dans la Chambre et dans les salons. Il suffisait d'une étincelle pour mettre le feu : l'incident de la séance de vendredi 26 est venu faire l'explosion. M. Guizot, par son admirable talent d'orateur, avait jusque-là triomphé dans la discussion et atterré véritablement M. Berryer. Une imprudence, je ne sais quelle forfanterie, un retour d'humeur pédagogique, l'a fait remonter sans nécessité à la tribune; il a prêté flanc en venant prêcher à satiété la *moralité politique*, — et le reproche d'être allé à Gand lui est venu pour réponse. On ne se figure pas l'orage d'une telle séance et la violence qui s'y est déchaînée; M. Guizot généralement est assez peu goûté; il est peu aimé même de plusieurs de ses amis politiques. On l'admire pour son talent, pour son courage; il est nécessaire, on le subit; on ne l'aime point. Cette haine des partis a fait explosion.

En résumé, M. Guizot avait montré au début de la discussion, dans sa première réplique à M. Berryer, la plus véritable, la plus énergique éloquence, la force, la sobriété, quelque chose de démosthénique et d'accompli. Dans la dernière et violente scène de vendredi, il a montré tout ce que peut la ténacité d'un homme insulté, traqué, et un invincible courage. C'est le jugement unanime même des ennemis.

Depuis lors tout a achevé de s'aigrir. M. de Salvandy ayant voté contre le mot *flétri* (car les relations particulières sont très-mêlées au monde légitimiste) a été interpellé, dans l'embrasure d'une croisée, par le roi Louis-Philippe lors de la réception des députés pour présenter l'adresse. Le roi, lui touchant le grand cordon de la Légion d'honneur dont M. de Salvandy est depuis peu décoré, lui a demandé, assure-t-on, s'il le lui avait donné pour voter contre la dynastie. Quelles qu'aient été les paroles mêmes du roi, il y a eu de sa part premier mouvement et colère. C'est presque la parodie d'Hugues Capet et d'Adalbert : — Qui t'a fait comte? — Qui t'a fait roi? — M. de Salvandy a envoyé sa démission d'ambassadeur à Turin. Les députés légitimistes de leur côté ont donné leur démission pour se retremper de la qualification de *flétris* dans le baptême d'une réélection. Voilà donc, au seul point de vue social, le monde très-agité, très-aigri, très-occupé, d'indifférent et d'ennuyé qu'il était il y a quinze jours. Il ne faut désespérer de rien en France; il y a lieu à tout en fait de ricochets.

Il est résulté de cette bizarre péripétie, à propos de *flétris*, que les républicains et les gens du *mouvement* sont, pour le quart d'heure, dans le sens et dans l'intérêt du parti légitimiste, et que la jeunesse des écoles, par exemple, est allée en corps faire visite à Chateaubriand, lui offrir compliments et hommages. Si le mot *flétri* n'avait pas été agréé par le ministère, la gauche s'en serait vite emparée et aurait alors reproché à M. Guizot d'être de connivence avec les henriquinquistes. Au fond rien de bien sérieux sous tout ce bruit. Il est bon de savoir que la scène violente de la Chambre, la scène de *Gand* avait été concertée d'avance par l'opposition : ce qui a paru une explosion instantanée n'était qu'un petit complot préparé derrière les coulisses depuis plusieurs jours. Le malheur pourtant, c'est que l'opinion publique de loin se conforme trop souvent à l'idée fausse qu'on lui imprime, et que ce qui n'est pas très-sérieux pour les acteurs, produit des sentiments vrais et passionnés dans le parterre.

— L'Histoire de l'abbé de Rancé par Chateaubriand est décidément sous presse, et on l'aura cet hiver. Il est beau que le même homme qui ouvrit le siècle en 1801 par le *Génie du Christianisme* soit celui qui, après quarante-trois ans, fournisse encore la nouveauté à la saison de 1844.

— Il y a eu l'inauguration de la statue de Molière au carrefour de la rue Richelieu et de la rue Traversière; le préfet de la Seine, l'Académie en corps, la Comédie française, etc., ont composé la cérémonie; on a fait des discours en plein air par un froid très-vif. M. Arago, qui pérorait le dernier, ayant retenu l'assemblée près d'une demi-heure, un plaisant a dit qu'on voyait bien que son discours avait été fait au *Bureau des longitudes*. Le soir on jouait *Tartufe* et *le Malade imaginaire* à tous les théâtres; c'était une fête populaire.

— Une cérémonie plus triste et très-solennelle a été

l'enterrement de Charles Nodier. Il y avait foule et des regrets universels. Il laisse une mémoire charmante et douce, il n'a trouvé dans ses nombreux amis ni un ingrat ni un indifférent.

Cette mort de Nodier fait une troisième vacance à l'Académie française : Campenon, Casimir Delavigne et Nodier. Les candidatures sont de plus en plus nombreuses et animées. Le monde, les salons prennent parti pour ou contre les candidats. Vigny, Sainte-Beuve, Saint-Marc Girardin se trouvent aux prises, et leurs noms, leurs titres sont tiraillés, débattus en tous sens. On aime et on aimera toujours en France ces sortes de comparaisons, de luttes littéraires et de tournois. Vieille histoire du sonnet de *Job* et du sonnet d'*Uranie*; ce sont nos combats de taureaux.

— Il a paru un volume de vers, *Odes et Poëmes*, par Victor de Laprade : c'est ce qu'il y a eu de plus distingué et de plus élevé depuis assez de temps. Laprade est de Lyon, comme Ponsard de Vienne : c'est le bassin du Rhône qui nous envoie ces deux derniers poëtes. Laprade, dont la *Revue indépendante* a publié plusieurs pièces recueillies dans le volume que nous indiquons, a de l'élévation surtout, de l'harmonie, une langue en général pure, une forme large, brillante et sonore; sa poésie respire un sentiment vrai et profond de la nature : il y mêle peut-être un peu trop de sacerdotal et d'*hiérophante*. On peut y désirer aussi une inspiration individuelle plus marquée, plus de passion; mais les beautés sont nombreuses, incontestables; la poésie spiritualiste a retrouvé dans Laprade un noble organe. L'une des plus jolies pièces, *A une branche d'amandier*, rappelle celle de Jean-Baptiste Rousseau : *Jeune et tendre arbrisseau, l'honneur de mon verger*, etc. Mais chez Laprade le symbole moral perce à demi transparent et donne à cette poésie gracieuse un sens intime et toute une âme.

— M. de Ravignan, jésuite et prédicateur célèbre, vient de publier une brochure qui obtient un grand succès et qui le mérite : c'est le premier écrit sorti des rangs catholiques, durant toute cette querelle, qui soit digne d'une grande et sainte cause. *De l'Existence et de l'Institut des jésuites,* tel est le titre et le sujet de la brochure de M. de Ravignan. Il s'attache par un exposé de faits à relever son Ordre des injures et des attaques auxquelles il le voit exposé. M. de Ravignan était d'abord un homme du monde, un magistrat, avocat général sous la Restauration ; il s'est converti à la suite d'un chagrin de cœur. Il raconte simplement, humblement et presque individuellement ce que c'est qu'un jésuite, cet être abominable pour beaucoup et exécré ; il analyse les *Exercices* de saint Ignace, les *Constitutions* de la Compagnie ; il suit le novice dans les divers degrés d'initiation ; il traite du gouvernement et des doctrines de l'Ordre. Ce livre est de nature à produire beaucoup d'effet ; il s'en vend prodigieusement ; cela réfute du moins en partie Michelet et Quinet. M. de Ravignan n'arrivera pas à prouver que les jésuites soient une bonne chose en France ; mais il forcera ceux qui parlent en conscience à y regarder à deux fois et à distinguer ce qui est respectable.

— Janin s'est décidé à répondre à Pyat par la voie

judiciaire et en police correctionnelle. On prépare de part et d'autre ses batteries pour ce procès qui promet d'être scandaleux bien qu'à huis clos ou du moins sans publicité. C'est la famille de Janin qui l'a décidé à se couvrir, une bonne fois, de la protection de la loi contre de telles attaques.

XLVI

Ce 7 février 1844.

PROJET DE LOI SUR L'INSTRUCTION SECONDAIRE. — CONCESSION AUX PETITS SÉMINAIRES. — RETOUR DE LA CRITIQUE AUX CHEFS-D'ŒUVRE DU XVIIe SIÈCLE.

Le projet de loi sur l'instruction secondaire, présenté par M. Villemain, est précédé d'un très-bel et très-complet historique de ce genre d'enseignement sous l'ancienne monarchie. Quant au projet lui-même, il excite bien des réclamations en sens contraire. Il y a un certain article 17 (voyez-le, sur la concession, je crois, faite aux petits séminaires de fournir des sujets au baccalauréat) qui paraît aux purs universitaires très-compromettant pour l'Université et même destructif. On doute que cet article soit adopté sans modification. Le danger de cette concession en apparence si simple, et même si incomplète, montre à quel point le clergé, dans ce genre de lutte, a des ressources et peut redevenir puissant.

— Depuis quelque temps, et surtout depuis les deux

dernières années, il se fait dans la littérature française et dans la critique un mouvement curieux qui semble annoncer qu'on entre dans une phase et dans une vogue nouvelle. Les chefs-d'œuvre du xvii⁰ siècle deviennent déjà assez anciens pour que la critique s'y applique, et non plus à la manière de La Harpe pour y chercher des modèles et des exemples à proposer aux continuateurs ou imitateurs, mais d'une méthode plus érudite et scientifique, pour y étudier la langue, le vocabulaire, le texte, relever les altérations que ces textes ont déjà subies depuis près de deux siècles qu'on les réimprime, pour y noter les variantes que les auteurs eux-mêmes avaient apportées dans les éditions premières. C'est en petit et avec plus de facilité le travail que les critiques et grammairiens d'Alexandrie exécutèrent sur les classiques grecs. Les classiques français du xvii⁰ siècle sont déjà devenus des Anciens. La critique française entre décidément dans son époque alexandrine. Il suffit de se rappeler les récents travaux de M. Cousin sur le texte de Pascal, travaux qui doivent bientôt, on l'annonce, recevoir leur complément par une publication exacte et entière du manuscrit des *Pensées*. Le *Journal des Savants* contient des articles de M. Flourens sur les diverses éditions de Buffon. M. Walckenaër entreprend un travail sur les éditions de La Bruyère. M. Aimé Martin s'évertue sur Racine. Tout le mouvement de la librairie savante, de ce qu'on peut appeler encore de ce nom, est dans le même sens. M. Cousin, qui a tant fait pour donner l'impulsion philosophique d'il y a vingt-cinq ans, paraît être celui encore qui travaille le plus à imprimer aux études littéraires cette impulsion philologique nouvelle. Après tant d'essais fastueux plus ou moins avortés et tant de théories vaines, on conçoit que la littérature du xix° siècle suscite cette critique. tout historique et positive. Grâce à elle on admirera, on comprendra d'autant mieux les chefs-d'œuvre du grand siècle qu'on se les représentera plus franchement à distance, dans le lointain où ils sont, et à leur vrai jour.

XLVII

Ce 8 février 1844.

OPINION D'UN GALLICAN SUR LA BROCHURE DU PÈRE RAVIGNAN EN FAVEUR DES JÉSUITES. — CONDAMNATION DE FÉLIX PYAT POUR DIFFAMATION ENVERS JULES JANIN. — ÉLECTIONS DE MM. SAINT-MARC GIRARDIN ET SAINTE-BEUVE A L'ACADÉMIE FRANÇAISE.

A propos de la brochure de M. de Ravignan, un homme d'esprit et de doctrine, connu par ses prédilections gallicanes et son opposition aux jésuites, disait :

« Je ne l'ai pas lue encore, mais je lui accorderai tout ce qu'il voudra *individuellement;* j'accorderai qu'il y a eu, qu'il y a des *individus* jésuites honnêtes gens, gens aimables, grands prédicateurs, grands mathématiciens, etc., etc.; mais, comme association, comme *Ordre,* ils n'ont eu que ce qu'ils méritent, car les meilleurs peuvent à l'instant devenir mauvais et funestes par leur loi d'obéissance : c'est toujours le *bâton* dans la *main de l'aveugle.* En France on a senti cela d'instinct; tout ce qu'il y a eu de généreux, de sain et d'intègre s'est du premier jour révolté contre eux ; et comme Ordre, je ne sais qu'un éloge qu'on pourrait leur donner avec vérité : il faut les louer de toutes les vertus qu'ils ont suscitées et fomentées contre eux par leur présence. »

Il nous semble qu'un tel jugement est acquis à l'histoire et subsistera, nonobstant tout ce que pourra réclamer d'adoucissements particuliers et d'égards l'apologie sincère écrite par un individu vertueux.

— Les *Débats* de ce matin 8 donnent le résultat du procès de Janin : Pyat est condamné. On a contraint la défense et on l'a enfermée dans des limites très-resserrées, comme cela se pratique dans les procès de diffamation.

— Tout à l'heure les élections académiques ont eu lieu. M. Saint-Marc Girardin a été nommé d'emblée pour succéder à M. Campenon. Le fauteuil de Casimir Delavigne a été plus disputé ; MM. Sainte-Beuve et Vatout étaient aux prises, M. Sainte-Beuve a eu dix-sept voix, et M. Vatout seize ; la majorité requise était de dix-huit. Après sept tours de scrutin, c'est-à-dire après un combat des plus acharnés, l'élection n'a pu avoir lieu et elle a été remise à un mois.

Pas de réflexion, sinon celle-ci si vous voulez : à voir les choses de loin et au point de vue du public littéraire, une hésitation si prolongée peut paraître au moins singulière.

XLVIII

Ce 4 mars 1844.

AFFAIRE D'OTAÏTI. — INTRIGUES PARLEMENTAIRES. — TALENT ÉLEVÉ DE M. GUIZOT. — LORD CHATHAM, PAR M. DE VIEL-CASTEL. — CANDIDATURE DE MÉRIMÉE A L'ACADÉMIE FRANÇAISE EN REMPLACEMENT DE NODIER. — AUTRES CANDIDATS : M. CASIMIR BONJOUR, M. AIMÉ MARTIN, M. ONÉSIME LEROY. — CORRUPTION ET VICE DE LA LITTÉRATURE.

La politique continue de prendre tout l'intérêt; à peine sorti d'un orage, on rentre dans un autre. Hier c'était le voyage de Londres qui fournissait le sujet ou le prétexte, aujourd'hui c'est l'occupation d'Otaïti. Il faut bien savoir que le fond de toutes ces discussions, qui passionnent si fort et si soudainement une Chambre et un monde qui la veille paraissaient indifférents, n'est en rien ce dont on se soucie; la question est tout entière une question de ministère. Parviendra-t-on, ou non, à donner un *croc-en-jambe* à M. Guizot, à ce ministère qui semblait si assis et si sûr de lui au commencement de la session? Dans l'affaire d'Otaïti pourtant, il y a eu quelque maladresse ou malencontre au ministère de venir désavouer l'amiral français, huit jours après que le ministère anglais avait exprimé en plein parlement ses *regrets* sur le coup de main d'Otaïti. Ceci touche toujours à cette corde de *Gand,* à cette fibre médiocrement nationale qu'on croit particulière à M. Guizot, et qui fait de lui le ministre le moins populaire qu'on ait vu depuis longtemps. Il s'en est tiré cette fois, comme toujours, par un admirable talent, par un talent qui grandit plutôt sous les attaques, et il s'est élevé, au dire de tous, surtout dans son second discours, à la plus haute et à la plus ferme éloquence. Ainsi l'espérance des adversaires est déjouée, et c'est partie remise jusqu'à quelque prochaine affaire imprévue.

— Le spectacle de ces manœuvres parlementaires, de ces luttes qui n'ont aucune grande inspiration et ne méritent pas d'autre nom que celui d'intrigue, donne un à-propos tout particulier au travail que M. de Viel-Castel vient de publier dans la *Revue des Deux Mondes* du 1ᵉʳ mars sur lord Chatham. L'exemple de l'Angleterre, qui fut bien plus longue à affermir et surtout à ennoblir son gouvernement représentatif au commencement du dernier siècle, est propre à inspirer de la patience; on en est en France au Robert Walpole : qui sait? le grand Chatham peut-être arrivera. M. Thiers voudrait bien être ce Chatham futur, ce restaurateur du sentiment et de l'honneur national. C'est déjà louable d'en avoir l'instinct. Mais, de nos jours, quel homme politique est de taille pour cela? Et puis, y a-t-il lieu encore à ces individualités nationales, exclusives, haineuses, héroïques, mais aussi injustes qu'implacables? Quelques nobles esprits prétendent qu'une autre ère commence, et M. de Lamartine, par exemple, ne rêve que l'avénement d'un grand Chatham pacifique et humanitaire. Brodez là-dessus comme vous voudrez.

— La littérature ne fournit rien et la disette réelle de bons écrits n'a jamais été plus grande. Les candidatures académiques remplissent l'intervalle. La *Revue suisse* n'en sait pas encore le résultat. Parmi les candidats nouveaux qui se sont levés pour le second fauteuil, celui de Charles Nodier, on compte M. Mérimée, qui semble désigné par l'opinion. Romancier distingué, et surtout conteur accompli, il remplacerait et pourrait célébrer avec toute sorte de convenance le plus gracieux et le plus fantastique des conteurs : il est de la famille. Il en est même à un rang plus élevé, en ce sens que plus d'une de ses petites histoires, telles que *Mateo Falcone*, *la Prise d'une redoute*, etc., sont des chefs-d'œuvre. *Colomba*, plus développée, est certainement ce qui se peut lire, dans ce genre de nouvelles, de plus intéressant, de plus profond, de plus ferme, en un mot de plus parfait. Bien qu'il ne se soit exercé le plus souvent que dans des cadres de moyenne dimension, M. Mérimée est un maître. Il vise depuis quelque temps à l'histoire, il a donné un volume sur la *guerre sociale*, et on en annonce un second sur *Catilina*; ces deux écrits ne seraient qu'une sorte d'introduction à une histoire de *Jules César*.

Parmi les autres candidats qui se lèvent et qui pourraient prêter à quelques remarques littéraires, on est en peine entre M. Casimir Bonjour, M. Aimé Martin, M. Onésime Leroy. Le premier est l'auteur de quelques comédies représentées il y a quinze ou vingt ans et déjà fort oubliées. M. Aimé Martin a débuté dans le monde littéraire il y a plus de trente ans par les *Lettres à Sophie* sur la mythologie, la chimie ; c'était le genre de Demoustier appliqué aux sciences. Il a fort connu dans sa jeunesse Bernardin de Saint-Pierre, dont il a publié la vie et les écrits, dont il a même épousé la veuve. Il peut croire avoir hérité, comme Élisée, du manteau d'Élie. Son ouvrage sur *l'Éducation par les mères de famille*, publié il y a une dizaine d'années, renferme quelques belles pages ou du moins élégantes, mais peu d'idées. Il a donné un assez grand nombre d'éditions soignées des auteurs classiques du xviie siècle, et à cet égard il s'est montré un *littérateur* instruit. — Que dire de M. Onésime Leroy, auteur de tragédies oubliées en naissant, sinon qu'il est aussi un littérateur assez instruit ? Il s'est jeté dans le moyen âge aujourd'hui à la mode ; il s'est appliqué à deux points : 1° à prouver que l'*Imitation de Jésus-Christ* est bien de Gerson, ce qui restera toujours très-douteux ; 2° à réhabiliter les vieux *mystères* ou pièces dramatiques de nos pères. Peu s'en faut qu'il ne les mette sur le chemin d'*Athalie* et n'y voie des degrés au temple. La critique, le goût et le style lui manquent tout à fait : rien que cela. Il rapporte d'ailleurs et compile d'utiles documents.

On se demande de loin comment il se fait qu'un corps éminent comme l'Académie ait le don d'attirer, de susciter des noms si secondaires, en même temps que de plus hautement désignés s'en éloignent et s'en abstiennent. Ceci tient aux causes mêmes de désorganisation et de ruine qui travaillent la littérature actuelle. La plupart des écrivains les plus lus, les plus connus du public, ceux que les lecteurs qu'ils ont si souvent charmés ou amusés nommeraient d'emblée et tout naturellement aux honneurs littéraires, manquent par malheur dans leur vie de cette considération et de cette consistance qui font qu'on soit à sa place partout. La corruption est au cœur de la littérature, et trop souvent ce n'est pas au cœur seulement qu'elle se loge, elle s'étale sur le front, elle s'affiche, elle tient boutique ouverte. De là ce fâcheux désaccord entre le talent qu'on est près d'admirer parfois, et la personne qu'on ne peut estimer comme on le voudrait. Nous ne faisons qu'indiquer la plaie; elle est profonde et serait trop facile à démontrer par des noms. Mais c'est un sujet pénible et où tous ont trop aisément leur part. Quand la rue est si pleine de boue, chacun peut être éclaboussé.

XLIX

Ce 5 mars 1844.

DE LA LIBERTÉ DE LA PRESSE EN FRANCE. — COALI-
TION ENTRE LES JOURNAUX. — LES MEILLEURS JOUR
NAUX FRANÇAIS SE FONT A L'ÉTRANGER. — BRO-
CHURE DU CARDINAL DE BONALD. — *FRANCISCUS CO
LUMNA*, PAR CHARLES NODIER.

Mon Dieu! que c'est une terrible chose que d'avoir une conscience et des scrupules! Je crains, en nommant les gens, d'être ingrat s'ils sont bien pour moi, d'être vindicatif s'ils sont mal. Je ne puis m'en tirer.

Un misanthrope disait l'autre jour :

« On croit qu'il y a liberté de la presse en France, elle n'est que sur le papier, elle n'existe pas. En littérature, c'est évident. Il y a coalition entre les journalistes. Ils se battent ou font semblant comme ces condottieri du moyen âge, sans se faire de mal. Ou encore ils font comme ces *seigneurs voleurs*, ces *Burgraves* du Rhin qui barraient le fleuve; aucune vérité ne passe. »

C'est une raison de plus pour la *Revue suisse* de donner à son public ce qui lui arrive de ces vérités non scandaleuses et désintéressées. Autrefois les meilleurs journaux français se faisaient hors de France, en Hollande, la liberté de la presse n'existant pas au dedans. Aujourd'hui c'est encore vrai.

— Il y a un nouvel écrit, une brochure du cardinal de Bonald, à propos de la loi sur l'enseignement secondaire; il paraît que c'est violent. Les écrits ecclésiastiques pleuvent, mais on ne les lit plus. On commence à être saturé de cette question. La loi est à l'étude d'ailleurs : elle est en commission à la Chambre des pairs, sous la présidence de M. le comte Molé. M. le duc de Broglie, membre de la Commission, en sera probablement le rapporteur : c'est nommer l'homme le plus capable de concilier et de balancer d'une manière équitable et consciencieuse les droits de l'État et ceux de la religion. La loi sera probablement modifiée; dans tous les cas, elle ne saurait être votée par les deux Chambres cette année. Les passions auront le temps de s'user.

— Sous le titre de *dernier roman* de Charles Nodier, on a fait un tout petit volume d'une dernière nouvelle qu'il avait écrite récemment; c'est intitulé *Franciscus Columna*. Le talent et l'originalité de Nodier s'y retrouvent tout à fait; c'est un coin de délicieux roman encadré dans de la bibliographie, et qui n'en ressort que mieux.

L

Ce 8 mars 1844.

LA LETTRE DES ÉVÊQUES AU ROI.

I

Un mot seulement sur la lettre des évêques au roi. Elle est bien rédigée, assez habile et spécieuse; mais au fond violente, pleine d'insinuations assez calomnieuses, et même d'une menace mal déguisée vers la fin. Ce que veut le clergé français, c'est la position du clergé belge, c'est d'être un grand parti dans l'État, avec qui l'on compte politiquement et qui arrive à dominer. S'il se fait, comme cela est certain, des modifications à la loi dans les deux Chambres, ce sera dans un sens tout autre que celui du clergé, ce sera au profit de l'Université et des droits de l'État.

Ces démonstrations publiques et politiques du clergé le compromettent de plus en plus. Il se fait décidément *obstacle*, tant pis pour lui.

II

Ce 9 mars 1844.

C'est le duc de Broglie qui est décidément rapporteur de la Commision de la Chambre des pairs sur l'instruction secondaire.

— La lettre audacieuse des évêques donne à penser : ils n'osent de telles choses que parce qu'ils sentent qu'il y a, à côté du roi, une conscience timide et religieuse, celle de la reine, qu'ils effrayent et qu'ils espèrent dominer.

Ils savent aussi qu'il n'y a plus en France telle chose qu'un *roi*, c'est-à-dire un gardien de la dignité et de la convenance souveraines.

Ils se rassemblent en synode et par *province* sans ordre ni autorisation, comme on l'eût fait sous Louis le Débonnaire. En Suisse de telles choses peuvent sembler toutes simples ; dans un État foncièrement monarchique et administratif comme la France, elles ont une extrême gravité.

Un des évêques signataires de la lettre insérée dans les journaux, l'évêque de Versailles, vient d'être nommé par le roi à l'archevêché de Rouen, sans doute à titre de récompense !

M. Villemain est le seul qui ait vigoureusement insisté dans le conseil des ministres pour qu'on poursuivît l'abbé Combalot[1] comme coupable de diffamation; il a obtenu, dit-on, cette poursuite contre l'avis de ses collègues et presque malgré le roi. On peut trouver singulier que l'initiative en telle matière vienne uniquement d'un homme politique qui jusqu'ici était plutôt réputé timide : c'est que les autres le sont encore plus.

1. L'abbé Combalot venait d'être condamné pour diffamation contre l'Université et autres délits de presse à quinze jours de prison et 4000 fr. d'amende.

LI

Ce 2 avril 1844.

ÉLECTIONS DE MÉRIMÉE ET DE SAINTE-BEUVE A L'ACADÉMIE. — *LE CONSTITUTIONNEL* VENDU A VÉRON. — LE COMTE ALEXIS DE SAINT-PRIEST. — LE CARÊME. — M. DE RAVIGNAN. — M. LEBRUN. — *LE JUIF ERRANT.*

Rien de bien nouveau dans ce mois; on parlait très-vivement, lors de notre dernière chronique, des élections à faire à l'Académie. Les deux choix de M. Sainte-Beuve et de M. Mérimée ont été approuvés par l'opinion. On s'accorde à penser que le tour de M. de Vigny maintenant ne sera plus reculé. L'entrée de ces hommes nouveaux semble donner le signal d'une révolution au sein de la docte compagnie : le vieux parti, dit *académique*, des rédacteurs du Constitutionnel et de ceux qui se croyaient voltairiens, a décidément le dessous.

— Il y a eu une petite révolution dans le journal même (*le Constitutionnel*); le vieux parti des Jay, des

Étienne, battu à l'Académie, a été de plus évincé de ce journal où il régnait et trônait de temps immémorial. Les bénéfices baissant, les propriétaires ont provoqué une mise à l'enchère, et le journal a été adjugé à M. Véron, ancien directeur de l'Opéra, ancien fondateur de la *Revue de Paris;* c'est une manière de financier artistique et littéraire. Il offre de gros prix aux rédacteurs ; il a pris Rolle, le rédacteur des feuilletons du théâtre au *National;* il a acquis la collaboration de madame Sand pour qui la *Revue indépendante* était une ressource un peu maigre. On met encore en avant beaucoup de noms; mais ces promesses magnifiques tiennent peu d'ordinaire, et le vieux *Constitutionnel,* en voulant se rajeunir comme Éson, pourrait bien avoir le destin de Pélias. On revient aisément aux vieilles images classiques en parlant du *Constitutionnel.*

— On parle aussi d'une autre transformation qui serait prochaine. La *Revue de Paris* quitterait sa forme de recueil et paraîtrait trois fois la semaine en feuille, de manière à servir ainsi de *chaloupe-canonnière* au gros vaisseau de la *Revue des Deux Mondes* auquel elle est liée. Il sortira peut-être quelque chose de nouveau de tout ce mouvement. La presse en a bien besoin : il ne s'y produit aucun talent remarquable depuis longtemps.

— Les Revues entrent de plus en plus dans une voie d'opposition, d'une opposition modérée, assez pratique, et qui gravite autour de MM. Thiers, Vivien. On attribue même à ce dernier la rédaction actuelle de la chronique de la *Revue des Deux Mondes,* où il aurait remplacé M. Rossi.

— La *Revue des Deux Mondes* publie un très-intéressant travail du comte Alexis de Saint-Priest sur la destruction des jésuites en Portugal, en Espagne, en France et à Rome, vers le milieu du dernier siècle; c'est pour l'auteur une occasion de soulever un coin du voile qui recouvre encore l'histoire diplomatique de ce temps-là. Les grandes figures de Pombal, d'Aranda, de Choiseul, de Ganganelli, etc., y sont dessinées à merveille. M. le comte Alexis de Saint-Priest est l'auteur d'une *Histoire de la royauté* depuis Auguste jusqu'à Hugues Capet, où il entrait beaucoup d'érudition et de talent. Dans le morceau qu'il vient de publier très à propos, il fait preuve d'un esprit fin, rapide, brillant et à la fois politique; il a été successivement ambassadeur à Rio, à Lisbonne, et en dernier lieu à Copenhague. Il est petit-fils de l'ancien ministre de Louis XVI.

— Le carême produit cette année son courant ordinaire; il y a foule de retraites, de conférences; l'abbé de Ravignan à Notre-Dame, ailleurs l'abbé Bautain et d'autres attirent la jeunesse et les fidèles. Malgré les fautes politiques des évêques, la mode néo-catholique se soutient. Tout cet hiver pourrait se résumer dans ces mots : *Suite et continuation du précédent.*

Ce 4.

M. de Ravignan pourtant a plus que de la candeur et de l'onction, il a une haute vertu évangélique, de l'austérité, de l'autorité. Il se tue à faire le bien. Il prêche depuis toute cette semaine *trois fois le jour* à Notre-Dame, à six heures du matin pour les ouvriers de la Cité, à une heure pour les femmes du monde, à huit heures du soir pour les hommes. Il crache le sang et continue jusqu'au bout, jusqu'à ce qu'il ait gravi tout son calvaire. Il y a du vrai chrétien dans une telle pratique.

— La question des jésuites, si artificielle et si factice qu'elle soit de notre temps, est enfin inoculée et, sans agiter, occupe. Les livres se publient coup sur coup à ce sujet, et se débitent et se lisent avec intérêt et curiosité. On vient de voir un homme du monde, M. de Saint-Priest, y chercher et y trouver une occasion de nouveauté, un prétexte piquant à des portraits politiques et diplomatiques. On lira dans un autre esprit le premier volume d'une *Histoire de la Société de Jésus* que vient de publier M. Crétineau-Joly : cet auteur est déjà connu par une *Histoire des guerres de la Vendée*, dont la première partie est des plus intéressantes ; il appartient au parti légitimiste et religieux ; on le loue comme écrivain plus qu'à d'autres égards ; il a eu un procès scandaleux avec M. de Genoude pour injures et calomnies réciproques, et on a été tout étonné de les voir sortir de l'audience bras dessus bras dessous. Quoi qu'il en soit, M. Crétineau-Joly a nombre de pièces inédites et rares qu'on lui fournit, et il en fait assez bon usage. Il va sur les brisées de M. Capefigue et avec plus de talent peut-être. Son premier volume de l'*Histoire des jésuites* a, dit-on, un vif intérêt. M. Libri s'occupe aussi d'un livre sur les jésuites ; on devine que ce n'est pas dans le même sens.

Au reste, la passion n'est dans tout ceci qu'à la surface, on a besoin d'occasion, de sujet pour s'occuper, pour se combattre, pour s'illustrer. Faute d'autre, la question des jésuites s'est offerte et on s'y est jeté avec activité, on l'a cultivée, on l'a réchauffée, et elle a produit. Production de serre chaude, après tout! Si elle venait à manquer, on serait fort embarrassé. On ne saurait que faire de son activité, de son talent, de ses colères.

— M. Lebrun, l'auteur de *Marie Stuart*, vient de recueillir ses œuvres complètes : deux volumes ont paru, dont le premier contient les tragédies d'*Ulysse*, de *Marie Stuart* et le *Cid d'Andalousie*, imprimé pour la première fois; le second volume contient le *Poëme de la Grèce* et des odes qui s'y rapportent, ainsi qu'un poëme sur *Napoléon*. Un troisième volume, non encore paru, donnera des poésies lyriques et plus intimes, tout à fait inédites. C'est une bonne et sérieuse publication.

— *Le Constitutionnel* de Véron doit publier *le Juif errant* de M. Eugène Sue et l'a payé, dit-on, 100 000 francs.

LII

Ce 25 avril 1844.

RAPPORT DU DUC DE BROGLIE SUR LA LOI DE L'ENSEIGNEMENT SECONDAIRE. — LETTRE DE M. DUPANLOUP A M. DE BROGLIE. — M. DE MONTALEMBERT COMPROMET SA CAUSE PAR SA VIOLENCE.

L'intérêt est en ce moment à la loi sur l'instruction secondaire. Le beau Rapport de M. de Broglie a été lu avidement malgré sa longueur, et il a excité des mécontentements en sens inverse malgré son impartialité : *malgré* ou à *cause*, et c'est bon signe que cette plainte à la fois des purs universitaires et des ultra-cléricaux. Au fond les gens sages du clergé en passeront par ce Rapport et seront trop heureux si les conclusions en sont adoptées. Leur droit y est reconnu, et ils se contenteront de cette part qui leur est faite en toute connaissance de cause. Les purs universitaires sont sérieusement blessés ; ils voulaient et ils veulent la domination pure et simple, et l'autre jour, par l'organe de M. Cousin, l'Université a paru devant la Chambre des pairs en robe presque de suppliante et d'accusée. Il faudrait que l'Université fût de bien chétive complexion pour qu'au premier petit échec (si c'en est un), au premier petit avertissement, elle tombât ainsi en défaillance.

Au reste le talent qui s'est déployé dans cette discussion et qui continue de s'y déployer est grand, et le discours de M. Cousin (son air d'oraison funèbre à part) est un très-beau morceau, très-instructif, une belle page de l'histoire de l'Université en France : en face de l'invective croissante, M. Cousin a cru devoir pencher au panégyrique.

Déjà à la Chambre des pairs, dans une discussion précédente à propos des fonds secrets, M. de Montalembert, de retour de l'île de Madère, avait incidemment soulevé cette question de liberté d'enseignement, et il l'avait fait avec tout le talent qu'on ne peut s'empêcher de reconnaître à cette parole arrogante et élégante. Le lendemain M. Rossi lui a répondu avec une justesse, une vérité, une finesse railleuse qui ont enlevé tous les suffrages ; on retrouvait dans le pair de France, devenu en ce moment l'organe de toute la Chambre, l'homme des États romains qui a vu de près l'Église et qui en a pratiqué l'histoire.

— Une lettre imprimée a été adressée à M. de Broglie par l'abbé Dupanloup, vicaire général de Paris et supérieur du petit séminaire : il y relève quelques expressions sévères du savant rapporteur sur les études des petits séminaires et leur peu de portée littéraire et classique. Cette lettre d'ailleurs est d'une grande modération de ton, tout à fait digne de celui à qui elle est adressée ; elle est, avec la brochure de M. de Ravignan, ce que le clergé a produit de plus recommandable et de plus honorable dans cette controverse.

— (26 avril.) M. de Montalembert continue par ses excès oratoires de compromettre une cause qui avait été habilement et vertement reprise en main par le comte Arthur Beugnot dans un discours plein de talent et tout politique.

Vous aurez par les journaux la clôture de cette discussion générale (à la Chambre des pairs) qui aura été pleine de lumières, de talent, de maturité (M. de Montalembert à part) et qui a vivement excité l'intérêt public. La discussion sur les articles se prolongera encore. Mais il est à croire que la loi ne sera pas votée cette année à la Chambre des députés : ainsi la lice est ouverte pour longtemps encore.

LIII

Ce vendredi, avril 1844.

DÉDICACE DE *MODESTE MIGNON*. — LE SALON DE PEINTURE. — UN PORTRAIT DE LA PRINCESSE BELGIOJOSO PAR LEHMAN. — UN TABLEAU D'ARY SCHEFFER.

Le roman de Balzac, *Modeste Mignon* (*Débats* du 4 avril), est dédié *à une étrangère, fille d'une terre esclave, ange par l'amour, démon par la fantaisie,* etc. [1].

A-t-on jamais vu un pareil galimatias ? Comment le ridicule ne fustige-t-il pas de pareils écrivains, et par quelle concession un journal qui se respecte leur ouvre-t-il ses colonnes à grands fracas ? On se demande à qui

---

1. Voici la suite : « Enfant par la foi, vieillard par l'expérience, homme par le cerveau, femme par le cœur, géant par l'espérance, mère par la douleur et poëte par les rêves ; à toi qui es encore la Beauté, cet ouvrage où ton amour et ta fantaisie, ta foi, ton expérience, ta douleur, ton espoir et tes rêves sont comme les chaînes qui soutiennent une trame moins brillante que la poésie de ta pensée, que le poëme gardé dans ton âme, semblable à l'hymne d'un langage perdu dont les caractères irritent la curiosité des savants. »

une telle dédicace aussi bizarre et si peu *française* peut bien s'adresser... Serait-ce à la princesse Belgiojoso?... Mais non, le signalement ne va que sur quelques points (*fille d'une terre esclave, l'Italie; homme par le cerveau; poëte par les rêves; à toi qui es encore la Beauté.* » On nous assure que c'est plutôt à une dame russe, madame de S...of, célèbre par sa beauté et par l'étrangeté et les fantaisies d'une grande existence. Comment autorise-t-on de pareils hommages?

Ce roman de Balzac était annoncé, il y a quelques jours, dans les *Débats*, par une lettre de l'auteur, la plus amphigourique, la plus affectée et la plus ridicule qui se puisse lire, tout cela afin de mettre en goût le public. Ceux qui insèrent de telles fadaises s'en moquent sans doute, mais ils croient qu'il faut servir au public ce qu'il demande. On est comme au café ou au restaurant, et tout caprice du consommateur est tenu pour loi.

— L'exposition de Peinture et de Sculpture est ouverte depuis un mois : tout d'abord, dans le grand salon, on distingue un portrait de cette même princesse Belgiojoso par le peintre Lehman, disciple d'Ingres et artiste d'un vrai talent. L'aspect pourtant de ce portrait est bien étrange. — Ce n'est pas un portrait, disait un spectateur, c'est une apparition ! — Si l'exposition de cette année offre peu de grandes toiles très-remarquables, on y signale une foule de paysages et de jolis tableaux de moyenne dimension. Ni Ingres, ni Delaroche, ni Scheffer, n'ont exposé; on parle beaucoup pourtant d'un tableau de Scheffer presque achevé, et qui se voit dans son atelier : *saint Augustin et sainte*

Monique, au moment de la mort de celle-ci. Le peintre, il paraît, a su s'élever à l'idéal et à la sainteté de cette situation touchante rendue avec tant de sublimité dans les *Confessions*.

— Madame Benjamin Constant s'inquiète peu de son mari, perd ses papiers et ne réclamera sans doute rien : elle est toujours bergère à soixante-douze ans.

LIV

Ce 2 mai 1844.

DISCUSSION DE LA LOI SUR L'ENSEIGNEMENT SUPÉRIEUR A LA CHAMBRE DES PAIRS. — RÉFUTATION D'UN ARTICLE DE M. ÉMILE SAISSET SUR L'ÉCLECTISME.

Je vous ai bien mal résumé la discussion de la Chambre des pairs : elle continue sur les articles de la loi, mais la discussion générale est fermée. Cette discussion a été grave, éloquente, lumineuse, assaisonnée même d'incidents. Le public éclairé y a prêté une attention qui fait honneur. Il est très-certain qu'on ne conclura pas cette année, mais les idées germeront. Plusieurs pensent qu'il aurait mieux valu en finir cette année et *bâcler* une loi pour clore la bouche aux déclamations du clergé. D'autres pensent qu'il n'y a pas d'inconvénient à attendre et que le bien se dégagera. En somme l'Université a été quelque peu atteinte. La philosophie officielle a pris d'elle-même le rôle d'accusée. Le prin-

cipe de la concurrence à côté et en face de l'Université
a été posé d'après le Rapport même de M. de Broglie ; il
est difficile que ce principe, dans de certaines limites,
n'arrive pas à triompher. Le comte Arthur Beugnot l'a
très-vivement soutenu à la Chambre des pairs et l'a
demandé illimité. Le défenseur le plus applaudi de
l'Université ou du moins de l'enseignement par l'État,
a été M. Rossi. Le comte Portalis a défendu très à propos
la tradition gallicane et remis à sa place M. de Montalembert. M. Guizot, en voulant planer sur le débat et
rester dans la sphère générale, a, contre son ordinaire,
été un peu vague. MM. Cousin et Villemain ont médiocrement réussi, et ce dernier même a paru bien souvent
faible dans ses répliques.

Au dehors le clergé a eu les deux brochures très-honorables, et d'un ton parfait, de M. de Ravignan et de
l'abbé Dupanloup.

— Les *Lettres* de M. Libri sur les jésuites et sur le clergé
ont paru : la vivacité de cet écrit semblera sans doute
peu politique aux universitaires et aux éclectiques incriminés. Mais Libri n'est pas éclectique ; c'est un philosophe du xviiie siècle qui pousse sa pointe à travers ce
débat et ne songe qu'à frapper son vieil ennemi.

— M. Émile Saisset (dans la *Revue des Deux Mondes*
du 1er mai) sera plus avoué par l'école éclectique, dont il
est l'un des jeunes membres. Il y aurait pourtant bien
des réponses à faire à certaines de ses assertions. La
Revue suisse les a faites à l'avance. Le cartésianisme
d'après le xviiie siècle, ne saurait être aussi inoffensif,
aussi sincèrement chrétien que le cartésianisme d'aupa-

ravant; et en effet il ne l'est pas du tout. M. Saisset a beau dire des injures (car il en a dit) aux sceptiques, aux matérialistes; il a beau dire que ces systèmes n'ont de prise aujourd'hui que *sur les âmes basses et les esprits obtus* (page 472), il échappe très-difficilement lui-même et les siens à ce scepticisme qui ne diffère pas notablement du matérialisme quant au résultat moral ; de plus il viole les droits de la philosophie qu'il prétend défendre en s'exprimant de la sorte sur des doctrines peu hautes et peu consolantes à coup sûr, mais envers qui les philosophes proprement dits n'ont pas à se montrer si injurieux. On pourrait, au nom même de la liberté de penser, répondre à M. Saisset : Vous n'êtes pas philosophe et votre philosophie n'en est pas une véritablement, car elle vous est commandée, car elle part d'un point d'avance déterminé (le doute méthodique), et elle arrive à des résultats d'avance assignés ; car si l'un de vous, jeunes professeurs, s'avisait d'aboutir à un résultat un peu différent, il serait à l'instant révoqué et réduit au silence (M. Cousin l'a déclaré en pleine Chambre des pairs). Or est-ce là une philosophie véritable que celle qui n'est pas libre de choisir son point de départ et d'aboutir aux résultats *quelconques* où sa recherche la conduira? Les esprits vraiment libres ne trouvent donc pas plus leur compte à l'éclectisme universitaire que les catholiques orthodoxes. La tendance de cet éclectisme a été de se rédiger en une sorte de religion philosophique officielle, il a essayé même un jour d'avoir son catéchisme. Ce sont là des objections qu'on ne lui fait pas en France et (chose singulière !) la liberté de penser, qui doit supposer possibles d'autres résultats philosophiques que l'éclectisme, n'a pas eu son organe dans la discussion.

— M. Sosthène de La Rochefoucauld, duc de Doudeauville, vient de publier un volume d'*Esquisses et Portraits,* où figurent un grand nombre de femmes du monde : le livre semble très-peu digne d'un homme, d'un gentilhomme qui doit savoir les convenances. Il faut laisser ces indiscrétions à M. Alphonse Karr et à M. Nestor Roqueplan, aux gens qui écoutent aux portes. — L'auteur a déjà publié il y a quelques années un recueil de *Maximes;* il a cru devoir cela à son nom de La Rochefoucauld. Il est dès longtemps jugé.

Ce 3 mai 1844.

OPINION DU *NATIONAL* ET D'ARMAND MARRAST DANS LA QUESTION DE L'ENSEIGNEMENT UNIVERSITAIRE. — DISCOURS DE L'ARCHEVÊQUE DE PARIS. — LE ROI EN CONÇOIT DE L'HUMEUR. — DISCOURS DE M. DE MONTALIVET, LE *FIDUS ACHATES* DU ROI. — COUSIN CONDAMNÉ A BOIRE LA CIGUË.

Le National du 3 mai est très-opposé à la philosophie universitaire ; ce n'est pas que *le National* aime le moins du monde le clergé comme bien vous pouvez croire ; c'est que le rédacteur Armand Marrast est un disciple de Condillac et de Laromiguière, et dèslors un vieil adversaire de l'éclectisme. Il y a dans cette levée de boucliers contre la philosophie de Cousin autre chose encore que des opinions et des croyances religieuses et cléricales ; il y a des rancunes philosophiques de la part des dissidents, *sensualistes*, sceptiques, etc., que l'éclectisme a toujours mal menés et méprisés avec hauteur.

— Le discours de l'archevêque de Paris au roi, à l'occasion de la fête du 1ᵉʳ mai, a donné lieu à une réplique un peu sévère. Le roi s'est fâché de ce qui avait l'air d'une leçon. En lisant ce discours assez embrouillé de l'archevêque, on se demande si l'intention était manifeste. Quelques-uns disent qu'il y avait une phrase qu'on n'a pas imprimée : « Je viens apporter ici non plus des espérances, *mais des regrets* », quelque chose dans ce sens; dans tous les cas, le roi l'a compris ainsi, et a eu un moment d'humeur.

Mais voilà que le lendemain à la Chambre des pairs (2 mai), M. de Montalivet est venu parler contre la philosophie et dans un sens qui pouvait sembler favorable au clergé. Or, M. de Montalivet est considéré dans tous ses actes et toutes ses paroles politiques comme le roi en personne dont il est le *favori (fidus Achates)*. Les paroles de M. de Montalivet, sa démarche (étant venu là, tout malade de la goutte et en s'appuyant sur sa canne) ont été interprétées comme partant de plus haut et du Château (voir *le Constitutionnel* d'hier). Il est curieux de voir comme les *Débats* d'aujourd'hui (4 mai) ont baissé le ton sur cette question universitaire qu'ils épousaient avec tant de ferveur, et comme ils se mettent à ménager leur retraite depuis que M. de Montalivet n'est pas de leur premier avis.

— Quant à la Chambre des pairs, elle continue dans sa voie d'admonestation à la philosophie et de méfiance assez marquée contre les programmes de M. Cousin qui a l'air véritablement, depuis toute cette discussion, d'être condamné à la ciguë et qui, en veine inépuisable d'éloquence, varie l'*Apologie de Socrate* sur tous les tons. Au fait, quel que soit le vote, le coup moral est porté.

LVI

Ce 5 mai 1844.

ANXIÉTÉ DES PROTESTANTS. — ATTITUDE DE MM. COUSIN ET VILLEMAIN DANS LA DISCUSSION DE LA LOI SUR L'ENSEIGNEMENT SECONDAIRE. — PEISSE.

Depuis le commencement de toute cette discussion, les protestants sont dans une anxiété extrême, ils sont comme sur les épines, écoutant toujours s'il n'est pas question d'eux, si rien ne les blesse : le fait est que dans cette grande discussion entre les catholiques et l'Université, entre la religion dominante et la philosophie dominante, personne parmi les contendants ne pense au protestantisme ni aux dissidents des diverses communions. Les catholiques réclament pour eux seuls, et les éclectiques se défendent comme ayant seuls la bonne et vraie philosophie : pour les éclectiques, les autres sectes philosophiques ne comptent pas ; pour les catholiques les autres communions dissidentes sont moins que rien. Ces hautes puissances se comportent comme de gros

États en guerre : ce qui est le plus à désirer pour les faibles, c'est qu'aucune décidément ne l'emporte ! La liberté est dans l'entre-deux. La *Revue suisse* a toujours été fidèle à cette ligne de conduite.

L'amendement du 1er article, qui enlève la rédaction du programme du baccalauréat à la seule Université et y joint le contrôle du Conseil d'État, a passé (hier 4) à la Chambre des pairs. Ainsi le vote a suivi le sens général de la discussion. Le coup est porté. — M. Cousin, dans ce dernier moment, a été éblouissant de verve et de liberté de paroles, il a captivé la Chambre, mais ne l'a pas convaincue. M. de Broglie l'a aussi admirablement réfuté.

L'attitude de M. Villemain en tout ce débat, en face de son adversaire intime M. Cousin, est particulière. C'est M. Cousin qui a, en quelque sorte, mené la discussion du côté de l'Université et qui a fait office de ministre, M. Villemain a cédé sur plus d'un point aux scrupules de la Chambre des pairs et aux amendements de la Commission. Il n'a pas consenti à suivre dans ses prévisions presque lamentables l'*imagination éloquente* de son collègue, comme lui-même s'est empressé de le dire. M. Villemain a paru dans tout ceci partagé entre la douleur de voir sa loi modifiée et l'Université un peu réduite, et le plaisir de voir la philosophie de M. Cousin recevoir une chiquenaude. Cette satisfaction et ce plaisir formaient un mélange visible en lui, ce qui faisait dire plaisamment à un de nos amis et compatriotes, le docteur R... qui a suivi de près tout ce débat, que le ministre était vraiment comme l'Andromaque de l'Antiquité, entre un sourire et une larme, δακρυόεν γελάσασα.

— Peisse est un bon esprit, mais pessimiste, instruit mais exclusif, trop chagrin pour sourire aux arts; c'est un bon esprit de *rez-de-chaussée*; il n'a jamais eu de belvéder. Bon critique d'ailleurs et judicieux écrivain.

Il est médecin, il a commencé par écrire sur Broussais et contre Gall, il est psychologue et a traduit quelque chose des Écossais, d'Hamilton, je crois. Il a été de la fondation du *National* avec Thiers, Mignet, dont il est compatriote. Il y écrivait alors des articles très-classiques contre les excès de l'école romantique et même contre ses meilleures productions. Il est devenu depuis inspecteur des beaux-arts; il vient de manquer l'Académie des sciences morales où il était très-digne d'entrer. Un critique aussi sévère que lui le définit ainsi : « M. Peisse, un de ces écrivains discrets que deux ou trois hommes d'imagination font profession d'admirer beaucoup pour se donner des airs judicieux. » — Le fait est que M. Peisse a toujours été très-vanté par ses amis Thiers et autres, comme promettant beaucoup, et qu'il a très-peu produit. Armand Carrel le citait comme un des meilleurs écrivains du temps. Dans tous les cas, la louange de Peisse est rare et a son prix : ainsi M. Gleyre doit en être très-flatté.

LVII

Ce 9 mai 1844.

RÉPONSE AU DISCOURS DE M. DE MONTALEMBERT.

Il faut être juste : le discours de M. de Montalembert (voir séance de la Chambre), à propos de l'article qui exige l'affirmation qu'on n'est pas d'une congrégation non autorisée, etc., pour être apte à enseigner, a été bien et a eu des accents de vérité, de générosité et d'élévation remarquables.

Oui, il est fâcheux que, dans un pays libre, il y ait cette trace de *test* [1] dans la loi. La défense des Ordres religieux a été en partie vraie dans la bouche de M. de Montalembert; la péroraison adressée à M. Guizot (*ad hominem*) pour preuve qu'impopularité n'est pas conviction et condamnation, a été très-heureuse, très-éloquente. Mais on aurait pu répondre sans déclamation que cet article était une précaution de haute prudence, qu'il faut

---

1. Allusion à la loi du *Test* en Angleterre.

tenir compte dans un pays des antécédents *historiques*, que les Jésuites d'aujourd'hui payent et payeront longtemps encore pour ceux d'autrefois, que la religion tout entière et son libre et paisible exercice pourraient être compromis, troublés, si on ne prenait cette mesure, et qu'enfin il est à désirer que vienne un temps où tout vestige de cette interrogation de conscience puisse disparaître : mais on ne pourrait supprimer à présent la garantie sans de graves inconvénients pour la chose sacrée qui doit être le plus chère à M. de Montalembert, et sans compromettre le gouvernement lui-même.

LVIII

Ce 4 juin 1844

L'ABBÉ DUPANLOUP. — LE *RANCÉ* DE CHATEAUBRIAND.
— GÉMISSEMENTS DES POËTES SUR LEUR JEUNESSE
ENFUIE. — *ANTIGONE*, PAR MM. VACQUERIE ET MEU-
RICE. — *LA CIGUË*, DE M. ÉMILE AUGIER.

La loi sur l'instruction secondaire est donc votée par la Chambre des pairs et dans le sens de transaction et de mitigation que nous avons indiqué. La discussion a été belle, mais, comme tant de belles choses, elle a duré trop longtemps : chaque orateur a parlé un peu trop, et on a eu le temps d'arriver à la fatigue avant la fin. C'est le propre de tout ce qui se prolonge en ce pays de France. — Cette loi, au reste, ne pourra être discutée cette année à la Chambre des députés et tout porte à croire qu'elle y sera modifiée. Ainsi on aura à revenir plus d'une fois sur ce sujet et à rouler dans le cercle des arguments. L'abbé Dupanloup, encouragé par le succès de sa première lettre au duc de Broglie, en a publié une deuxième, qui a moins réussi : personne ne sait s'arrêter à temps et ne pas abuser. — Le *Rancé* de Chateaubriand a été une déception; les articles de M. Vinet, très-beaux et très-respectueux, expriment avec discrétion ce sentiment de regret qu'ont éprouvé les personnes sérieuses.

J'ai cité, dans mon article de la *Revue des Deux Mondes*, un passage de Bossuet qui indique les conditions à remplir dans une biographie de Rancé. Voici ce passage :

« Je dirai mon sentiment sur la Trappe avec beaucoup de franchise, comme un homme qui n'a d'autre vue que celle que Dieu soit glorifié dans la plus sainte maison qui soit dans l'Église, et dans la vie du plus parfait directeur des âmes dans la vie monastique qu'on ait connu depuis saint Bernard. Si l'histoire du saint personnage n'est écrite de main habile et par une tête qui soit au-dessus de toutes vues humaines, autant que le ciel est au-dessus de la terre, tout ira mal. En des endroits, on voudra faire un peu de cour aux bénédictins, en d'autres aux jésuites, en d'autres aux religieux en général. Si celui qui entreprendra un si grand ouvrage ne se sent pas assez fort pour ne point avoir besoin de conseil, le mélange sera à craindre, et par ce mélange une espèce de dégradation dans l'ouvrage... La simplicité en doit être le seul ornement. J'aimerais mieux un simple narré, tel que pouvait faire dom Le Nain [1], que l'éloquence affectée. »

— Ce n'est ni aux bénédictins, ni même aux jésuites qu'on songe à plaire de nos jours, mais à flatter madame Sand, à ne pas choquer M. de Lamennais, à chatouiller

---

1. Cette histoire de l'abbé de Rancé par dom le Nain (le frère de M. de Tillemont) a paru, mais elle a été altérée.

M. de Béranger, leurs noms et leurs doctrines, et de là une dégradation véritable du sujet. Au reste, c'est un trait honorable pour la presse en France, que le ton respectueux et l'absence de critique au sujet de Chateaubriand. Le respect est devenu chose si rare qu'il ne faut pas le blâmer quand par hasard il se rencontre.

Pour nous qui y sommes moins obligés, grâce à notre éloignement, nous disons franchement que ce livre, que l'on concevait si simple et si austère, est devenu, par manque de sérieux et par négligence, un véritable *bric-à-brac;* l'auteur jette tout, brouille tout, et vide toutes ses armoires.

Les images les plus riantes, les plus folâtres, viennent à tout moment et se lèvent à tous les coins, derrière chaque pilier du cloître, ce qui faisait dire l'autre jour à un plaisant que c'était une vraie tentation de saint Antoine, tant il y a de diables et de jolis diables! Il semble, par endroits, que la Trappe ait des jours sur les coulisses de l'Opéra. — Mais le respect, aussi, nous interdit d'en dire davantage.

— Une seule remarque encore, puisqu'elle est générale et s'applique à toute la littérature d'aujourd'hui. Jamais, notez-le bien, en aucun temps, les poëtes n'ont mené un tel deuil de leur jeunesse enfuie et ne se sont répandus à ce sujet en de tels gémissements. Sans doute de tout temps il y a eu des regrets sur la fuite des années légères: Voltaire en cela ne faisait que suivre Horace et il l'égalait même le jour où il chantait à demi-voix : *Si vous voulez que j'aime encore...* Fontanes a fait aussi sur ce ton une pièce mélancolique et presque morose intitulée *La Cinquantaine*. Mais ces regrets discrètement touchés et une fois exprimés ont fait place, de nos jours, à un deuil public, solennel, inconsolable. Madame de Staël ne pouvait s'accoutumer à cette idée que la jeunesse s'en allait, et ce mot seul de *jeunesse*, elle le répétait souvent pour s'en donner la musique et en prolonger l'écho à ses oreilles. L'auteur de *Rancé* est allé sur ce point au-delà de tout ce qu'on aurait pu imaginer, et on peut dire que, s'il est suivi par la foule des jeunes poëtes déjà vieillissants, il mène le deuil avec des pleurs et des plaintes qui sont d'un roi d'Asie. Lisez pourtant, parcourez les œuvres de tous, vous y verrez à divers degrés les mêmes sujets de tristesse, vous y entendrez les mêmes soupirs et, par moments, les mêmes cris : « Mais toi, idole de ma jeunesse, Amour dont je déserte le temple à jamais, s'écrie George Sand dans les *Lettres d'un voyageur*, adieu! malgré moi, mes genoux plient et ma bouche tremble en te disant ce mot sans retour. Encore un regard, encore l'offrande d'une couronne de roses nouvelles!... »

En un mot, chez tous, on dit *adieu* de très-bonne heure, et on le répète très-tard, sans pouvoir se décider à se séparer. Il est tel poëte de nos jours qui a commencé d'être atteint de ce regret public de la fuite des années le jour où il a eu trente ans, et même on commence maintenant à gémir tout haut sur cette perte dès vingt-cinq. Tant qu'on est encore un peu jeune, cela va bien et a l'air d'une agréable plaisanterie, d'une piquante contre-vérité. Mais quand arrivent pour le coup les années sérieuses, quand l'*irréparable outrage* pèse et se fait sentir, oh! alors, les soupirs se changent en cris amers, et comme *la jeune Captive qui ne veut pas mourir encore*, on crie : *je ne veux pas vieillir!* On crie presque au vieillard le Temps comme madame Dubarry sur l'échafaud : « *Monsieur le bourreau, encore un instant!* »

Tel est l'effet curieux à étudier et désormais manifeste du génie lyrique dont on a abusé, de cette inspiration de pure fantaisie et de jeunesse où l'on avait tout mis, de cette lacune morale sous des airs de sentiment, de cette vie épicurienne et de plaisir sous un vernis de mysticisme et de religiosité. Là est le mal sérieux, le point à dénoncer. Jamais, dans les vrais siècles de grandes et vertueuses œuvres, on n'a songé ainsi à étaler cette plainte secrète; on travaillait, on mûrissait, et se sentir mûrir console des fleurs qu'on n'a plus : on croyait à ce perfectionnement intérieur qui va à l'inverse des grâces riantes et qui, en définitive, sait s'en passer.

> Si le soleil les a fanées,
> Elles refleuriront ailleurs!

Notre jeune siècle poétique et lyrique, par cela même qu'il ne sait pas vieillir et qu'il étale à ce degré devant tous sa misérable faiblesse, trahit son point vulnérable, l'inspiration morale positive et la foi qui lui ont trop fait défaut.

Nous demandons pardon à nos lecteurs de cette longue digression trop morale peut-être, mais nul exemple mieux que *la Vie de Rancé* ne pouvait y donner sujet et *illustrer* la démonstration.

— Le succès de la quinzaine à Paris a été véritablement

l'*Antigone* de Sophocle, mise en vers par MM. Vacquerie[1] et Meurice, et représentée à l'Odéon avec chœurs et musique. Les vers sont peu satisfaisants; on a pu les lire dans *la Presse;* on se demande comment un calque si rude, si inégal et par conséquent si infidèle de Sophocle (pour le détail), a pu faire illusion à des auditeurs français : mais que voulez-vous ? Le vent pousse à la Grèce pour le quart d'heure, et nous sommes voués dans ce siècle d'essais à toutes les renaissances. Le fait est que la pièce a sincèrement réussi : le monde s'y porte; on comprend rien qu'à voir, on devine, on est touché : la grandeur, la simplicité de Sophocle éclatent malgré tout. Au lieu de son groupe de marbre éblouissant et parfait, on a un plâtre rude, une sorte de modèle en terre; les attitudes du moins et l'ensemble des mouvements conservent trace de l'immortelle beauté. Les fins connaisseurs peuvent sourire, faire les dédaigneux, railler même tel ou tel détail; ils en parlent à leur aise, eux, ils lisent l'original; cela de leur part revient à dire : *Que serait-ce si vous aviez vu le monstre lui-même?* pour le commun des spectateurs et du public, et pour un commun même très-distingué, cet essai est utile, instructif, et donne à penser; notre éducation ainsi s'achève, notre sens critique s'aiguise en divers sens : après Shakspeare, Sophocle. Les préventions tombent, les admirations se précisent, le champ de tous côtés s'élargit. Oh! s'il venait un vrai poëte dramatique, combien il

---

1. M. Vacquerie est le frère de ce jeune époux de la fille de Victor Hugo, qui a péri, l'année dernière, en voulant sauver sa jeune femme.

trouverait la place libre et le public disposé! nous ne pouvons que lever les mains en répétant le grand refrain : *Exoriare aliquis!*

— On a donné aussi à l'Odéon une jolie petite bluette en vers, *la Ciguë*, par un jeune homme, M. Émile Augier : c'est une petite comédie, à la grecque; il y a une idée spirituelle.

Telle est à peu près la clôture de la saison, car Paris s'en va aux champs : les provinciaux abondent pour l'Exposition, mais les *naturels* prennent la poste

LIX

Ce 4 juillet 1844.

LE PROCÈS DONON-CADOT. — BALZAC A L'AUDIENCE. — DEMANDE D'ARGENT PAR LE ROI LOUIS-PHILIPPE. — CONFLIT ENTRE LES DEUX CHAMBRES AU SUJET DE LA LIBERTÉ DE L'ENSEIGNEMENT. — LES JÉSUITES ET LES JACOBINS. — RÉPONSE DE M. THIERS AU ROI. — L'ULTRAMONTANISME, PAR QUINET. — LES ACTES DES APOTRES, PAR GÉNIN. — PASCAL. — L'ABBÉ FLOTTES.

La saison littéraire se traîne comme la saison politique. Le grand événement de ces derniers jours a été le procès Donon-Cadot (ce fils qui avait fait assassiner son père et qui est absous) : voilà ce qui fait diversion au roman-feuilleton, et ce qui lui sert d'inspiration aussi. Balzac n'a pas quitté l'audience. *Le Juif Errant* d'Eugène Sue a passé presque inaperçu dans cet éclat : je ne sais s'il va se relever et regagner l'attention.

—Une impression morale très-pénible, ç'a été celle qu'a produite la note insérée au *Moniteur* et dans laquelle le roi Louis-Philippe, non content de ses millions, en redemande d'autres et raconte ses secrets de ménage, ses gênes domestiques. L'impression qu'une pareille absence de dignité et d'élévation produit en France, même sur les amis du trône, est au-delà de tout; il y a là une méconnaissance complète de l'esprit national, un oubli singulier du dégoût que l'on cause. C'est le cas d'appliquer un mot énergique de M. Royer-Collard : l'abaissement *éclate* de toutes parts, — à commencer par la tête.

— La question de l'Université et du clergé, la grande question de la liberté d'enseignement, n'est pas épuisée: la voilà portée devant la Chambre des députés. Thiers est chargé du rapport; on devine assez en quel sens il sera. Voilà le conflit entre les deux Chambres qui va s'engager. La Chambre des députés sera aussi universitaire que la Chambre des pairs l'a été peu. Il n'y a guère de solution possible de longtemps et la dispute durera. On cite de Thiers des mots assez piquants et qui lui ressemblent. Au roi qui le pressait, il y a quelques mois, de soutenir la loi telle que l'avait faite Villemain, et qui lui donnait pour raison qu'il fallait accorder quelque chose au clergé, que c'était encore quelque chose de très-fort qu'un *prêtre,* Thiers aurait répondu : « Sire, il y a quelque chose de plus fort que le prêtre, je vous assure, c'est le *jacobin.* » — Thiers aurait dit encore : « Qu'on nous donne en France les colléges des jésuites, et dans vingt ans je vous promets un Voltaire. »

— Quinet va publier un volume, résultat de ses leçons de l'année, et qui a pour titre : *l'Ultramontanisme.* — Il paraît un petit recueil périodique intitulé : *Les Actes des*

Apôtres, dirigé contre le parti prêtre, et rédigé anonymement par M. Génin, ancien professeur de l'Université à Strasbourg et rédacteur du *National :* c'est âcre, violent et du pur XVIIIe siècle.

Ainsi la guerre dure et se régularise, et on se tire des coups de fusil journellement, même quand il n'y a pas de grande bataille rangée.

— La question de Pascal menace de se raviver ou plutôt, nous l'espérons, promet de se terminer. On annonce la publication d'une édition définitive des *Pensées*.

Au même moment, dans un Recueil intitulé : *Revue du Midi*, et qui se publie à Montpellier, un professeur de philosophie, l'abbé Flottes, plaide en faveur de Pascal contre Cousin ; il a déjà publié deux articles développés, et en promet un troisième. L'abbé Flottes veut justifier Pascal, non-seulement de toute accusation de fanatisme (et il a bien raison en cela), mais encore de toute pensée et presque de toute émotion sceptique (ce qui est plus contestable). L'abbé Flottes appartient à cette honorable et finissante lignée de l'ancien clergé français qui associait sans trop de peine une certaine philosophie et un certain rationalisme avec le catholicisme ; il est de ceux qui auraient écrit volontiers sur le *christianisme* de Bacon et des autres grands hommes. Il est de ceux qui verraient volontiers des chrétiens, même chez les philosophes modernes qui le sont si peu. Il ne paraît pas se douter des orages qui assiégent les âmes à de certaines hauteurs. Texte en main et armé de logique, il nous démontre des choses qui restent assez douteuses et ouvertes à la conjecture. Mais il est modéré, il est poli, il est judicieux dans une certaine portée; c'est un dernier et faible écho de ce qu'aurait été la voix de l'ancien clergé français dans cette querelle.

LX

Ce 6 juillet 1844.

PROCÈS LACOSTE. — MADAME LAFARGE. — SUCCÈS MALSAIN DE COUR D'ASSISES. — PRÉTENDUE DÉCOUVERTE DU CŒUR DE SAINT LOUIS. — POLÉMIQUE ENTRE M. LETRONNE ET M. LE PREVOST.

Le journal *la Presse* et un journal des tribunaux, *le Droit*, viennent, dit-on, de faire marché avec le chemin de fer d'Orléans pour recevoir par un *convoi à part* des nouvelles du procès Lacoste qui va se débattre dans le Midi : madame Lacoste est, comme madame Lafarge, une jeune femme qu'on accuse d'avoir empoisonné son vieux mari. Belle pâture! Ces deux journaux promettent par ce moyen de rendre compte des débats 24 heures avant les autres. Voilà de ces émotions dont on est avide désormais : la publicité des cours d'assises va de pair avec les romans-feuilletons. Le succès des *Mystères de Paris* est du même ordre que celui de madame Lafarge. La rue, l'antichambre, et trop souvent le salon ne retentissent que de cela. Ainsi les Romains et Romaines couraient aux combats de bêtes, aux jeux de gladiateurs. Si quelque chose pouvait faire douter à jamais en France de la reprise possible de l'art dramatique, ce serait la passion croissante de ces représentations judiciaires : le théâtre n'a plus rien à faire, ce semble, qu'à leur ressembler : ce qu'il fait. Se peut-il que ce soit au lendemain d'un succès d'*Antigone* que l'on coure à Donon-Cadot? Sont-ce les mêmes personnes? Enfin le fait est manifeste et le goût public déclaré. Ce qui n'est pas moins grave, c'est que ce sont ces mêmes personnes émues qui jugent, qui jugent par la personne des jurés. Ainsi, à ce procès Donon, il y a eu, dans le prononcé des jurés, contradiction manifeste et véritable trouble, lorsque, après avoir déclaré le jeune Donon innocent (ce qui *aggravait* nécessairement le crime de son accusateur Rousselet), ils ont ensuite déclaré celui-ci coupable, mais avec des circonstances *atténuantes*. En un mot, dans ce mélange et cette intervention sans frein de la passion publique aux représentations judiciaires, il y a ruine pour l'art, danger pour la justice, perversion de la morale moyenne en ce qu'on initie chaque classe aux émotions fortes.

La *Revue de Paris*, d'aujourd'hui 6, signale quelque chose de ces inconvénients.

— Il a paru il y a quelque temps un piquant volume de M. Letronne, intitulé : *Examen critique de la découverte du prétendu cœur de saint Louis, faite à la Sainte-Chapelle le 15 mai 1843, etc.* En travaillant à la restauration de la Sainte-Chapelle, les architectes trouvèrent en effet à cette date un cœur dans une boîte de fer blanc sous une dalle du pavé de l'abside. Grand émoi! Le ministre de l'intérieur, l'archevêque, furent informés : jusqu'à plus ample examen, on déposa le cœur dans l'armoire de fer des Archives du royaume dont M. Letronne est garde général. On demanda de plus à celui-ci un Rapport qu'il fit en peu de pages, démontrant l'impossibilité que le susdit cœur fût celui de saint Louis. Cette conclusion pouvait sembler dans le goût de celles de M. Letronne, qui aime à les faire négatives ou dubitatives à l'égard surtout des choses réputées saintes : elle souleva de nombreuses réclamations. Une foule de personnes, qui donnent dans la réaction religieuse du jour, se mirent à désirer que le cœur en question fût précisément celui de saint Louis ; il ne s'agissait plus que de trouver des raisons. Elles ne manquent jamais, comme on sait. M. Auguste Le Prevost, membre de l'Académie des Inscriptions, homme instruit et bon antiquaire à l'endroit du moyen âge, écrivit au *Moniteur* pour tâcher de réfuter M. Letronne et pour repousser le philologue helléniste qui venait ainsi porter ses habitudes sceptiques et faire l'intrus au centre du moyen âge. La première lettre de M. A. Le Prevost fut suivie d'une autre ; les imaginations s'enflammèrent, et il fut, à un certain moment, décidé par acclamation que M. Letronne était battu et que c'était bien le vrai cœur de saint Louis qu'il gardait bon gré mal gré, dans l'armoire des Archives. M. Letronne a beaucoup d'ennemis comme tout critique de mérite ; chacun de ses ennemis se trouva aussitôt converti en un partisan du cœur de saint Louis.

Bref ces partisans en dirent tant qu'ils finirent par se contredire, par se réfuter eux-mêmes, et que M. Letronne qui les avait laissés se réjouir et triompher revint lentement à la charge, et n'eut pas de peine à les battre tous en confirmant toutes les conclusions de son premier Rapport. C'est des diverses pièces de ce plaisant débat qu'il vient de composer un volume aussi instructif qu'amusant, et dont il tire pour moralité qu'il faut en toute question préférer la meilleure critique à la méthode *fantastique*.

« On le voit, dit-il à propos de son premier adversaire (M. A. Le Prevost), on le voit s'échauffer graduellement à chacune de ses lettres. Dans la première il se borne à montrer que mes conclusions sont trop *absolues* et qu'on peut y opposer quelques considérations propres à les affaiblir. Dans la deuxième le ton s'élève, l'enthousiasme se montre ; aussi les erreurs deviennent plus graves ; c'est là qu'on trouve des phrases éloquentes, à l'occasion d'une *croix grecque* gravée sur la pierre qui recouvrait la boîte. Cette croix où, dans son enthousiasme, *il reconnaît une main du XIII*ᵉ *siècle*, ayant par le fait été tracée sous les yeux du *citoyen Terrasse* (garde des archives judiciaires) *en l'an XI de la République française une et indivisible*, fera désormais pendant avec le *camp de Caligula* et le *prætorium* du bon Oldbuck de Monkbarns[1]. Dans la troisième lettre, la question prend une importance excessive ; elle est *proclamée* une *cause toute nationale*, à laquelle de *nobles et pieuses intelligences* portent le plus vif in-

---

1. Dans le roman de *l'Antiquaire*.

térêt. C'est là que, se débattant contre des difficultés inextricables, le savant auteur quitte à la fin le terrain historique, et, transportant la question au milieu des nuages, il recourt aux *voies étranges, mystérieuses, inconcevables de la Providence*, qualifiant de *miraculeuse* une découverte qu'avait amenée fortuitement, deux fois de suite[1], la pioche d'un maçon. Quand on en vient là, toute discussion est superflue ; et, en vérité, du moment qu'il croyait nécessaire d'implorer le *Deus ex machina*, contre la règle de l'art, *Nec Deus intersit*, il aurait mieux fait de couper court tout de suite aux difficultés historiques, en admettant que le cœur de saint Louis, s'envolant miraculeusement de Monréale à Paris, à travers les airs, était venu s'enterrer lui-même dans la Sainte-Chapelle, à l'insu de tout le monde, gardant un incognito que personne ne pouvait violer. — On voit qu'avec un peu d'aide, quelque chose d'analogue à la *Sainte Ampoule* pouvait nous être rendu ; et, à l'heure qu'il est, il y a des gens qui ne me pardonnent pas d'y avoir mis obstacle. »

On a là un échantillon de la manière piquante et incisive de M. Letronne, et de la façon dont il dissèque ses adversaires peu agréablement pour eux.

— La traduction d'*Antigone* a paru en petit volume, dédiée au *roi de Prusse* et avec une préface emphatique et fausse. On y grossit toutes les horreurs et les trivialités qu'on s'efforce de voir dans le Théâtre grec pour en faire une défense du Théâtre romantique moderne. On y

---

1. Une première fois on avait trouvé ce même cœur en l'an XI (1803), mais on l'avait remis en place, et le citoyen Terrasse avait alors fait tracer cette croix byzantine.

défend *les Burgraves* et *Lucrèce Borgia* à l'aide des chefs-d'œuvre antiques : les jeunes auteurs ne s'aperçoivent pas que c'est parce qu'ils ont *ensauvagé* Sophocle et lui ont imposé des contre-sens de couleur et des traits de moyen âge, qu'ils parviennent ensuite, tant bien que mal, à en faire un patron à leur idole-monstre. La noble et touchante figure d'*Antigone* devient ainsi un pendant d'*Og* et de *Magog !*

LXI

Ce 4 août 1844.

LES FÊTES DE JUILLET. — CURIOSITÉ SANS ENTHOU-SIASME. — ARTICLE DE LERMINIER SUR *L'ULTRAMON-TANISME* DE QUINET. — RÉMUSAT SUR JOUFFROY. — SAINTE-BEUVE SUR DAUNOU. — *HISTOIRE DES ÉCOLES D'ALEXANDRIE*, PAR M. JULES SIMON. — JASMIN.

Nous avons eu les fêtes de juillet; c'est la plus belle illumination qu'on ait eue depuis quatorze ans. Jamais dans une foule on n'a vu moins d'enthousiasme et plus de curiosité.

Je ne sais encore ce que je vous écrirai pour la chronique. Il n'y a rien, de moins en moins. Nous sommes dans un intervalle de générations : il n'en pousse aucune, et les nôtres sont à bout.

La littérature et toutes choses donnent aussi peu que possible; il ne se publie rien de nouveau et les étalages des libraires de l'Odéon ne se sont pas rafraîchis depuis un mois. Les illustres feuilletons eux-mêmes languissent;

le Juif Errant aux abois s'est jeté sur les jésuites, matière un peu vieille et qui redevient un peu coriace. — *L'Ultramontanisme* de Quinet a été fort sévèrement et fort judicieusement jugé par Lerminier dans la *Revue des Deux Mondes*; Lerminier qui a, lui aussi, en son temps, connu les ivresses de la popularité et qui en a eu ensuite les déboires, était en mesure de faire la leçon à Quinet là-dessus: tout le détail de cet article et les remarques sur cette érudition confuse et fougueuse ont beaucoup d'à-propos et un grand caractère de raison. C'est déchoir d'ailleurs pour un homme aussi élevé que Quinet que de se faire en 1843 un controversiste anti-catholique. L'auteur d'*Ahasvérus* avait mieux à faire que de se jeter sur les jésuites comme l'a fait l'auteur du *Juif Errant*.

— Ce même n° de la *Revue des Deux Mondes* peut montrer combien l'invention devient rare et combien la critique est obligée de se replier et de vivre sur soi : ce sont des amis qui se prennent à parti et s'analysent : Lerminier sur Quinet, Rémusat sur Jouffroy, Sainte-Beuve sur Daunou. — Nous faisons cette remarque, non point pour nous plaindre, car nous nous accommodons très-bien de ces judicieux et ingénieux retours, mais il est impossible de ne pas voir que la critique, qui a besoin de pâture et qui ne trouve guère où fourrager, se replie en pays ami. L'article de M. de Rémusat a de très-belles pages sur les jeunes *chefs de file* d'opinions sous la Restauration (ainsi à la fin de la page 435 : *Élevés loin de Paris*, etc. *Esprits étendus, mais positifs*, etc., c'est *Thiers*. De même qu'à la page suivante 436 : *déjà les mécomptes*, *etc.*, c'est Jouffroy. De même qu'à la page

437, *dans une région sociale différente*, etc., c'est lui-même, Rémusat, un des plus charmants causeurs et des plus fertiles.)

— L'article de M. Sainte-Beuve sur Daunou nous a appris à bien fixer nos idées sur un savant et un écrivain dont on avait beaucoup parlé dans ces derniers temps, depuis sa mort; il en avait été fait tant d'éloges qu'on se demandait naturellement ce qui avait manqué à un homme qui avait été aussi profond érudit et aussi habile écrivain pour arriver à plus de célébrité et à plus de résultats notoires. Nous voyons aujourd'hui, d'après le portrait, que ce qui a manqué à Daunou, c'est l'*invention*. De plus son talent littéraire si réel s'est tenu toujours dans une espèce de teinte obscure où l'on conçoit très-bien qu'il se soit dérobé. On dirait volontiers de ses travaux, de ses articles, et de l'effet qu'ils produisent : « si l'on s'attend à les trouver pesants, on les trouve fins; et si l'on est très-averti que c'est fin, on les trouve un peu ternes ou même pesants. » En somme, malgré la distinction et le soin du détail, nous le concevons très-bien d'après l'article, rien de ce qu'a écrit ou pensé le docte écrivain ne passe une certaine médiocrité. Mais une quantité de traits secondaires assemblés et resserrés sur un fond très-fixe constituaient en sa personne une rare et même une tout-à-fait unique originalité.

— Parmi les publications sérieuses, il faut noter *l'Histoire de l'École d'Alexandrie*, par M. Jules Simon, le suppléant de M. Cousin à la Faculté des Lettres; le tome Ier vient de paraître; il contient Plotin et sa théorie. « C'est moins, dit l'auteur dans sa préface, la reproduction de mon cours qu'un ouvrage sur le sujet qui a fait la matière de mon enseignement. » L'auteur y travaille depuis plusieurs années.

— Jasmin, le poëte d'Agen, est allé faire visite aux Champenois, à Épernay où son fils est établi; il y a été fêté et a répondu par une jolie chanson française (il faut savoir pour le piquant que son fils est à la tête d'une fabrique de *bouchons* pour les vins de Champagne). Jasmin n'a fait que passer à Paris une couple de jours, mais non pas sans y lire à quelques amis un nouveau poëme : *Marthe l'innocente*, en trois chants, qui n'excitera pas moins d'enthousiasme que ses aînés. Jasmin, au milieu de ses airs d'improvisation, travaille beaucoup ses poëmes : il est de l'école qui fait difficilement des vers faciles, et qui revient par le *goût* à la *nature*. Il y a à cet égard, et sous l'enveloppe gasconne, du Béranger en lui. Je ne sais qui a dit qu'il était plus véritablement de l'école d'Horace que M. de Lamartine : ce n'est que vrai. — D'ailleurs, il est le rhapsode triomphal du Midi et y remporte des succès qui semblent fabuleux de loin, mais qu'explique le caractère de ces populations en même temps que celui du poëte. Jasmin a tous les dehors de l'acteur méridional, bonne taille, œil noir, charbonné, le geste, une poitrine de fer, et une finesse d'homme d'esprit qui voit tout et se possède au milieu de ses apparentes turbulences. Il est homme à déclamer durant quinze jours de suite, en plein air, du matin au soir, et sans lasser les autres ni lui-même. Il y a quelques mois, une église manquait à Vergt en Dordogne, ou plutôt la cloche de cette église, car on avait pourvu au reste par souscription : il n'y avait plus que le clocher à bâtir. Jasmin s'est dévoué, il a donné une séance à Vergt, et la souscription a dû payer les frais du clocher. Dans cette séance tout-à-fait grandiose, il était entouré (entr'autres *notabilités*) de six évêques, venus là pour consacrer l'œuvre pie du poëte. Il a débité, indépendamment de ses autres poëmes, une pièce de vers sur la circonstance : *Un prêtre sans église*, qui a électrisé l'auditoire. La séance publique avait lieu le soir dans une salle improvisée sous la halle :

> Six mille âmes et plus qui saluent la croix
> Étayée de six évêques,
> Deux cents chanoines alignés,
> Musique de messieurs, musique de soldats,
> Et le prêtre au milieu.

Jasmin avait, je crois bien, tout cela à sa séance, les chanoines, les évêques et la musique du 65ᵉ régiment. Tout cela se passait il y a juste un an (fin de juillet 1843).

Il avait récité la veille cette pièce au banquet des évêques, avant de la dire à la séance publique. Au sortir de ce dîner, le spirituel évêque de Tulle, M. Berthaud, qui devait prêcher le jour même sur l'infinité de Dieu, a trouvé qu'il était mieux de prêcher sur le thème de Jasmin, et le sermon a également roulé sur le prêtre sans église. Ce sont là de nobles et touchantes associations qui font remonter la poésie à son origine. Jasmin est, ne l'oublions pas, un homme des plus estimés; c'est un honnête homme, dans la vraie acception du mot; et dans cette bouche de l'homme du peuple et du barbier d'Agen, les belles paroles, même gasconnes, ont toute leur valeur.

LXII

Ce 5 août 1844.

BÉRANGER, CHATEAUBRIAND ET LAMENNAIS. — *LES GRANDS JOURS D'AUVERGNE*, DE FLÉCHIER. — *UNE PROVINCE SOUS LOUIS XIV*, PAR M. THOMAS. — *POURVOI EN CASSATION*, BROCHURE DE FÉLIX PYAT CONTRE JULES JANIN.

Béranger, Chateaubriand et Lamennais se voient volontiers et avec plaisir chez Béranger à Passy : le malin chansonnier fait son *métier de diable*, comme il dit, en les conviant chez lui, sur son terrain. Ils s'y plaisent et s'y sentent à l'aise : le chevalier et le prêtre rendent les armes au siècle. On fera un jour un curieux livre avec le titre d'*Entretiens de ces trois hommes;* un futur philosophe y fera entrer tout ce qu'il voudra.

— On a publié des *Mémoires de Fléchier sur les Grands jours tenus à Clermont en Auvergne* en 1665-1666. C'est M. Gonod, bibliothécaire de la ville de Clermont, à qui l'on doit déjà un bon travail sur l'*Art poétique* d'Horace, qui a procuré cette publication d'un manuscrit oublié. Le livre est très-intéressant, comme peinture de mœurs. Fléchier, âgé de trente-trois ans alors, fit le voyage d'Auvergne avec M. de Caumartin, maître des requêtes, dont il élevait le fils. Il décrit à merveille le pays, les habitants, les mœurs, les ridicules : les petites histoires galantes et romanesques, même les petites historiettes un peu gaies y sont racontées avec complaisance et politesse. Cet agréable livre rafraîchira la réputation de Fléchier et l'*Oraison funèbre de Turenne* ne sera plus que sur le second plan : ainsi vont les temps et les vogues diverses.

— M. Thomas, jeune professeur à Dijon, a publié un volume qu'on dit piquant, intitulé : *Une province sous Louis XIV.* C'est la restitution, pièces en main, de la province de Bourgogne dans la dernière moitié du XVIIe siècle. M. Thomas, en fouillant dans les archives très-riches de Dijon, a trouvé de quoi retracer et raconter l'époque par la bouche des contemporains mêmes. Ce sont là de bons travaux, et auxquels excelle l'esprit de notre temps.

—Félix Pyat, condamné pour diffamation envers Janin, a publié, sous le titre de *Pourvoi en cassation*, une petite brochure dont l'idée est piquante. Il a fait imprimer en regard sur deux colonnes les palinodies de Janin sur tous les sujets. Pas un mot n'est de Pyat. C'est Janin qui fait tous les frais de la défense.

LXIII

Ce 6 août 1844.

LE JUIF ERRANT. — LES JÉSUITES. — ALFRED DE VIGNY. — RÉPONSE DE M. LE PREVOST A M. LETRONNE. — FLOURENS. — MORT DE FAURIEL.

A propos des Jésuites, *Le Juif errant* ne réussit pas ici, on en a assez des Jésuites. Quoi! à Lausanne on en serait là! C'est retarder. Laissez ici le *Journal des Débats* s'escrimer contre les Jésuites, et M. de Molènes relever le gant de Voltaire en y mêlant beaucoup de musc. C'est bien peu imiter Voltaire que de faire cela. Que ferait donc Voltaire de nos jours? Oh! je ne sais quoi, mais tout autre chose.

— Le critique de la *Revue de Paris*, H. B., est M. Hippolyte Babou. La politique y est faite par Lerminier.

— Les vers d'Alfred de Vigny, *Lettre à Éva*, n'ont pas semblé continuer les poëmes philosophiques mieux qu'ils n'avaient commencé; c'est élevé, c'est distingué assurément, mais d'une distinction qui se raffine de plus en plus et d'une élévation qui s'évapore. On se demande quelle est cette *Éva* à qui l'on écrit une *lettre;* ce n'est donc pas, comme il semblerait, une *Muse* et un pur idéal. Mais, si ce n'est pas la *Muse* même, il est peu idéal de vouloir aller avec elle dans cette *Maison du Berger* où il est dit qu'on ne peut se tenir debout[1] et où d'autres détails peu platoniques sont légèrement sous-entendus. Ce n'était pas la peine de se montrer si sévère tout à côté contre Anacréon et contre Horace, ainsi que le poëte n'a pas craint de le faire. On se demande quand on a lu ce poëme, comme au reste après avoir lu presque tous ceux de M. de Vigny : Est-ce idéal? est-ce réel? est-ce de la vie? est-ce du nuage?

Cette poésie-là me paraît comme de l'albâtre assez artistement travaillé, mais pâle, sans couleur; la vie et le sang n'y circulent pas. Parfois on aperçoit derrière comme une rougeur due à quelque lampe artificielle, et cette rougeur aussitôt s'évanouit.

Quand je dis *assez artistement* travaillé, il faut pourtant des réserves, car on trouverait dans cette pièce d'étranges obscurités et des incorrections incontestables. Ainsi, page 315, dans la strophe :

> Mais à moins qu'un ami menacé dans sa vie
> Ne jette en appelant le cri du désespoir,
> Ou qu'avec son clairon la France nous convie, etc.

Il faudrait absolument : *ne* nous convie.

— M. Auguste Le Prevost vient de publier une *Réponse à l'écrit de M. Letronne* sur le *cœur de saint Louis;* cette

---

1. Son toit n'est pas plus haut que ton front et tes yeux.

réponse, très-modérée et qui contient quelques considérations générales fort judicieuses à propos de la méthode critique exclusive de M. Letronne, mérite qu'on la lise. Nous y reviendrons peut-être, mais nous l'indiquons du moins comme dernière pièce du procès.

— M. Flourens vient de recueillir ses articles du *Journal des savants* sur *Buffon* : *Histoire de ses travaux et de ses idées*. Ce petit volume, fort net et fort instructif, fait suite à ceux du même auteur sur Cuvier, sur Gall. L'un des deux secrétaires perpétuels de l'Académie des sciences et membre de l'Académie française, M. Flourens, aspire à devenir un écrivain, et il y parvient.

— L'auteur du recueil des *Chants populaires de la Grèce moderne* et de l'histoire de la *Gaule méridionale*, Fauriel, vient de mourir. C'est une vraie perte. Érudit inventif et original, il est apprécié ainsi par la *Revue des Deux Mondes* :

« L'écrivain à qui Cabanis adressait sa fameuse Lettre des *Causes premières*, l'ami dont Manzoni écoutait l'inspiration et à qui il se faisait honneur de dédier sa meilleure pièce, l'homme que madame de Staël consultait sur la littérature allemande, qui donnait à M. Cousin le goût de la philosophie ancienne, à M. Raynouard celui des troubadours, à M. Augustin Thierry celui des races du moyen âge, à M. Ampère celui des littératures comparées, l'homme, enfin, qui a su inspirer tant d'illustres amitiés et coopérer par ses conseils à tant de monuments aujourd'hui célèbres, ne peut manquer de laisser des regrets profonds dans tous ceux qui ont eu l'honneur de le pratiquer. »

LXIV

Ce 5 septembre 1844.

LES VACANCES DE L'ACADÉMIE. — PRIX SUR *VOLTAIRE* DÉCERNÉ A M. HAREL. — MADEMOISELLE GEORGES. — *ANTIGONE*, DE MM. MEURICE ET VACQUERIÉ. — CHATEAUBRIAND ET L'ABBÉ DE SERRES. — *LE GÉNIE ET LA FICELLE.* — MOT D'UN BARBIER SUR *LE JUIF ERRANT*, EN RASANT UN PAIR DE FRANCE.

La littérature est plus en vacances que jamais ; l'Académie vient de prendre les siennes en donnant sa séance solennelle où elle distribue prix de vertus et prix d'éloquence. L'un et l'autre genre sont, quoi qu'on fasse, toujours un peu faux à l'Académie. Être vertueux pour être récompensé et surtout pour être préconisé en public, c'est drôle. Être éloquent sur des sujets difficiles et sérieux, de manière à plaire à la majorité de quarante membres qui pensent différemment sur toute chose et qui particulièrement ne sauraient être d'accord en matière de goût, c'est à peu près impossible. Les vrais talents s'y risquent peu d'ordinaire ; ils y préludaient volontiers autrefois. Cette année, le prix sur *Voltaire* a été accordé à M. Harel, écrivain d'environ cinquante-cinq ans, et qui semble débuter un peu tard. M. Harel est un *homme d'esprit*, c'est la qualification invariablement attachée à son nom. Il a débuté plus sérieusement vers 1815. Il a eu un moment qui promettait dans la politique ; il a été préfet fort jeune. Sa conduite bonapartiste dans les Cent-jours l'a fait proscrire, comme on disait, par les Bourbons ; sa carrière alors a été brisée. Il s'est jeté dans la littérature polémique, a écrit dans *la Minerve*, s'est essayé au théâtre. C'est de ce côté qu'il a surtout versé. S'étant attaché à la belle et célèbre tragédienne, mademoiselle Georges, il a exploité avec habileté divers théâtres, et pendant quinze ans on l'a vu toujours aventureux, toujours debout, ressemblant à un général qui, le plus souvent battu et sans troupes, trouve moyen de tenir le pays et de subsister par prodige. Sa réputation d'esprit n'y a pas perdu. Depuis quelques années, il a quitté les directions de théâtre et est revenu à la littérature par quelques comédies, et enfin par cet *Éloge de Voltaire*. Le côté habile, les procédés de direction et d'exploitation d'esprit public, le chef de parti et l'*homme d'affaires* dans Voltaire y sont très-bien démêlés, assure-t-on, autant qu'on en peut juger par des fragments de lecture. La littérature proprement dite y semble tenir moins de place, et ce n'est pas un mauvais point de vue peut-être quand il s'agit de Voltaire et que l'espace vous empêche de tout dire. Un travail complet sur Voltaire serait au reste l'histoire du XVIIIe siècle lui-même. Tout autre *Éloge* ou *Discours* demeure nécessairement superficiel. Entre nous, les Revues ont été trop sévères pour lui : jalousie de théâtre.

— A propos de théâtre, ou plutôt sans aucun propos, un mot sur cette pièce d'*Antigone* encore et sur la prétention qu'ont affichée les jeunes traducteurs dans leur préface. Ils veulent absolument voir dans la pièce grecque une autorité et un précédent direct pour les drames d'aujourd'hui, et non-seulement quant à la franchise et la crudité des actions, mais quant au style, *mélange*, assurent-ils, *de naïveté et de recherche;* tellement qu'*ils ont pu entrer tout droit chez le poëte d'Antigone en sortant de chez le poëte de Falstaff* (ces messieurs ont en effet traduit et arrangé pour la scène quelque chose de Shakspeare). On a déjà réfuté en partie cette fausse vue qu'ils ont trop suivie d'ailleurs dans le système de leur traduction : en les lisant, et si l'on ne revenait au texte ancien, on serait tenté de croire par moment qu'ils ont raison. Un critique (que nous croyons M. Philarète Chasles) a déjà relevé dans la *Revue de Paris* quelques-unes des infidélités de la traduction, infidélités qui tendent à *parodier* à la moyen âge l'expression de la simplicité et de la passion antiques. Il nous revient à l'esprit deux exemples de ce genre de défaut systématique, dont les traducteurs, peu versés sans doute dans la langue et la littérature grecques, paraissent avoir été dupes eux-mêmes. Dans l'un des chœurs, au moment où Hémon sort désespéré et furieux contre son père, et va rejoindre sa fiancée Antigone, déjà condamnée, la troupe des Thébains entonne naturellement un hymne à l'Amour, à l'invincible Amour qui règne sur toutes choses et à l'abri duquel n'est aucun des dieux ni des mortels ; *et celui qui l'a au cœur est insensé.*

ὁ δ'ἔχων μέμηνεν.

Et les traducteurs disent : Amour, etc., etc.,

> Qui prends, qu'on rie ou bien qu'on pleure,
> Lançant tes traits sans savoir où,
> Les dieux à jamais, l'homme une heure !
> (Amoureux, c'est-à-dire fou !)

Qui ne voit que ce n'est pas là une traduction, mais une parodie. Cette *démence sacrée*, cette *sainte fureur* qui saisit les hommes ou les dieux et qu'exprime le mot μέμηνεν, se change en ce terme burlesque de *fou* qui tombe à la fin du vers, comme dans cette ballade du *fou de Tolède*, de Victor Hugo, où du moins l'effet est à sa place. Il y a du *Triboulet* en perspective dans la traduction ; chez Sophocle, s'il passe quelque chose au fond, c'est l'antique *Ménade*.

Autre exemple : lorsque Créon revient désespéré, apportant le cadavre de son fils dans ses bras, on accourt lui annoncer, comme dernier surcroît de malheur, que sa femme vient de se tuer : et on apporte celle-ci sur le théâtre. On lit dans la traduction :

CRÉON

> *Ho ! l'autre !* — ô destinée amère,
> A qui de mourir à présent ?
> Ici le fils, et là la mère !
> Hélas ! hélas ! gloire éphémère !
> *Ma pauvre femme !* hélas ! mon sang !

Or le texte dit :

« Hélas ! cet autre malheur, le voilà, je le vois, malheureux ! Quoi encore ? Quel autre coup m'est réservé ? j'ai dans mes mains mon fils mort tout à l'heure, ô malheureux ! et je vois en face de moi la morte. Hélas ! hélas ! pauvre mère ! Hélas ! mon enfant ! »

Il y aurait dans le texte *ma pauvre femme !* que cette traduction ne rendrait pas fidèlement le cri, en y joignant je ne sais quelle tournure bourgeoise : mais ici c'est gratuit : il y a dans le texte *malheureuse mère !* Les traducteurs ont à plaisir vulgarisé ! — Ils avaient besoin de ce procédé pour en venir à leurs conclusions et fins. Mais le piége est un peu gros, on aurait dit autrefois *grossier*.

— Le procès d'*embauchage* par le parti légitimiste (voir les *Débats* du 30 août) a révélé de curieux détails ; les lettres saisies chez le duc d'Escars et produites au procès en sont la partie la plus intéressante, et on peut croire que, même pour le ministère public, le fond de l'affaire n'a servi que de cadre à la production de ces lettres. On y voit avec douleur combien M. de Chateaubriand, malgré son grand nom et ses talents, est dupe des hommes d'esprit et des meneurs de son parti. La lettre suivante d'un abbé Serres en dit plus qu'on ne se serait permis d'en conjecturer. L'illustre écrivain sera-t-il enfin une bonne fois guéri ? — Cette lettre est adressée à M. le duc d'Escars ; — l'auteur est premier vicaire de la paroisse Saint-Thomas d'Aquin :

« (10 décembre 1843). Je sors de chez le *Génie*, et je ne puis résister à l'envie de vous faire savoir que j'ai été assez content de lui. J'ai tort, peut-être, de dire assez, car c'est beaucoup avec un homme comme lui, et après tout ce qu'il m'a dit du prince; il m'en a fait un bel éloge... C'est l'homme du temps, a-t-il dit, c'est le véritable Roi de l'époque... Il a tout ce qu'il faut pour réussir... Les obstacles sont grands; mais s'il y a une circonstance favorable, elle est certainement pour Henri V... Maintenant, lui ai-je dit, il faudrait faire fructifier ce voyage par une publication, comme autrefois *le Conservateur*. C'est ici que je l'ai trouvé rebelle et presque révolté.

» Cependant si cette première manifestation, qui a si bien réussi et qui a généralement imprimé une direction très-heureuse à l'opinion, ne laisse aucune trace sensible, elle tombera dans l'oubli; et dans un mois d'ici il ne sera plus question de rien. Si nous n'avons pas tout ce que nous désirons du *Génie*, nous avons du moins quelque chose; mais ce qu'il y a de mieux, à mon avis, ce sont les bons termes sur lesquels il est maintenant avec notre Henri; il est désormais à ses ordres, il ira partout où on l'appellera, et quand on l'appellera. Ce sera le moyen de le tenir *en laisse* par une correspondance suivie et qui soit de nature à pouvoir être publiée dans les journaux, afin qu'il soit presque toujours en scène. Je m'empresse d'ajouter encore que nous avons le plus grand besoin de l'appui de madame de Chat... Elle est persuadée que son mari doit toute sa réputation à ses conseils. De là jugez combien un billet du prince et un petit cadeau apportés par madame la duchesse de Lévis, qui s'acquitte si bien de toutes les commissions qu'on lui donne, nous feraient de bien! Par ce moyen nous fixerions l'inconstance de notre homme, et nous aurions en main un aiguillon qui le tiendrait toujours en haleine. »

Grand homme ou du moins grand poëte, génie régnant, vous avez le manteau de pourpre et vous vous y drapez, et nul trône en effet, de nos jours, n'est plus légitime que le vôtre. Et voilà qu'un doigt obscur vient y tracer sensiblement pour tous la corde du tissu et vous tire à vue d'œil par la *ficelle*. C'est bien le cas de redire, comme vous l'avez écrit tant de fois d'après un plus sage : *Vanité des Vanités!*

Nous ne savons l'effet que produisent de près ces sortes de révélations : il est possible qu'elles frappent moins des personnes qui vivent de longue main dans les coulisses. Mais pour nous du dehors, habitués à vivre en plein air et qui tenons encore à la beauté des perspectives, l'effet, il faut l'avouer, est déplorable!

Cette petite comédie pourrait s'intituler : *le Génie et la Ficelle*.

— *Le Juif Errant* de M. Eugène Sue ne se relève guère et le succès est très-compromis, ainsi que l'argent des libraires. — L'autre jour un barbier rasait un pair de France; on parlait du *Juif Errant;* le barbier, grand admirateur des *Mystères de Paris*, et qui l'est bien moins des derniers feuilletons, s'écria : « C'est bien mauvais, je ne reconnais pas *mon Sue*. »

LXV

Ce 6 septembre 1841.

ÉLOGE DE VOLTAIRE. — FAIBLESSE ET SOUPLESSE DE
M. VILLEMAIN. — L'ACADÉMIE NOUS TROUVERAIT BIEN
SUISSES. — UN CAS DE GUERRE AVEC L'ANGLETERRE.

J'oubliais ceci :

— La Suisse a été très-largement partagée à la séance de l'Académie française : on a remarqué que le Père Girard tenait, dans le discours de M. Villemain, beaucoup plus de place que Voltaire. Ce n'est pas à nous de nous en plaindre. On nous assure pourtant que la disproportion semblait plus grande encore à l'audition qu'à la lecture. L'éloquent secrétaire perpétuel, au moment où il posait la couronne sur le front du lauréat, avait tout l'air de s'en laver les mains : « Vous allez entendre, » Messieurs, l'éloge de Voltaire, nous ne pouvons nous » empêcher de le couronner, mais rendez-nous cette » justice, ce n'est pas certes nous qui l'aurions fait. » Tel était le sens et des paroles et du geste, nous assure-t-on, de M. Villemain dans cette position délicate pour le chef de l'Université. Il s'en est tiré, comme toujours, avec esprit et souplesse ; mais n'y aurait-il pas à la fin un moyen bien plus simple de se tirer de tous ces pas périlleux, c'est-à-dire avec fermeté, en homme sûr de soi qui fait la part et qui l'impose ?

L'Académie nous trouverait sans doute bien *Suisses* de parler ainsi.

— On assure que nous venons d'échapper à un cas de guerre avec l'Angleterre, que la crise était des plus graves et que cela n'a tenu qu'à l'épaisseur d'un cheveu. La situation était délicate sans doute, mais il y avait de fins joueurs qui, de part et d'autre, ne voulaient rien brouiller, et la crise n'était pas de cette violence aveugle et populaire qui entraîne malgré eux les gens sages. Ainsi le danger d'une collision était moindre que les parties intéressées ne le faisaient.

(Je vois, dans les *Débats* de ce matin 6, que ce n'est pas encore conclu, mais ce sera sans doute le 15, et à moins de soubresauts tout à fait hors de prévision, la note subsiste.)

— Tout ceci restant vrai, il faut reconnaître d'ailleurs que l'idée d'une rupture possible est entrée dans beaucoup d'esprits des deux côtés de la Manche, qu'en France comme en Angleterre on se familiarise insensiblement avec cette possibilité, ce qui n'était pas il y a quelques années. L'avenir peut donc être moins garanti que le présent.

LXVI

Ce 6 octobre 1844.

HISTOIRE DU CONSULAT ET DE L'EMPIRE, PAR M. THIERS. — *LE LUTRIN* DE BOILEAU CITÉ PAR SCHLEGEL. — DÉCOUVERTE HISTORIQUE DE M. MONMERQUÉ. — UNE LONGUE SUITE DE ROIS ILLÉGITIMES EN FRANCE. — LE PETIT ROI JEAN Ier. — SCEPTICISME HISTORIQUE. — BADAUDS COMME DES BYZANTINS. — *PROPOS DE TABLE* DE LUTHER. — *POETÆ MINORES*. — ANDRÉ CHÉNIER. — LATOUCHE. — JULES LEFÈVRE. — ULRIC GUTTINGUER. — *MADEMOISELLE DE LA SEIGLIÈRE*. — *LE JUIF ERRANT*. — ALEXANDRE DUMAS.

Il n'y a rien, et rien de moins en moins en littérature. On ne dira pas de cette saison qu'elle a porté une grande moisson de poëtes (*magnum proventum tulit*); évidemment il faut que les dernières générations qui ont donné aient été un grand effort pour que la nature se repose ainsi; il faut que les années d'auparavant aient tout pris, et nous finirons par croire que 1829 fait époque. Le seul point d'espérance, le seul *grain* orageux ou plutôt lumineux qui s'aperçoive à l'horizon et en rompe la monotonie est l'*Histoire du Consulat* de M. Thiers, laquelle décidément s'imprime, et dont les trois premiers volumes (contenant cette Histoire du Consulat tout entière) paraîtront ou à la fin de l'année ou tout au commencement de l'autre.

Que dire du menu butin littéraire qu'on pourrait glaner çà et là? De pures vétilles. A propos du cœur de saint Louis et de cette discussion entre M. Letronne et ses adversaires, un journal citait dernièrement le mot de Schlegel. Le grand critique de Bonn écrivait à M. Letronne, pour toute réponse au livre qu'il avait reçu de lui, quelques vers français dont on cite les deux premiers :

> On a donc retrouvé dans la Sainte-Chapelle
> Le magnanime cœur du perruquier l'*Amour*...

Schlegel sait son *Lutrin*. C'est une jolie plaisanterie et très-française. — Dans une des dernières séances publiques de l'Académie des Inscriptions, M. Monmerqué a lu ou plutôt a dû lire (le temps l'en a empêché) une dissertation historique assez piquante *sur le sort du petit roi Jean I*^{er}. Ce petit roi de France, fils posthume de Louis le Hutin, ne vécut que peu de jours; lui-mort, le trône appartenait naturellement à Philippe le Long, l'aîné de ses deux oncles. Il résulte des documents de M. Monmerqué puisés surtout à des sources italiennes et dans une charte du tribun Rienzi, il résulte aussi de ses

inductions, d'ailleurs assez obscures et timidement déduites, que cet enfant pourrait bien n'être pas mort au moment où on l'a cru, qu'il y aurait eu substitution pour le soustraire aux intentions funestes des intéressés et de la comtesse d'Artois particulièrement : « Qui ne recule-
» rait (écrit M. Monmerqué, qui ne recule que par poli-
» tesse) devant ce fait et ses conséquences? Philippe le
» Long, Charles le Bel, Philippe de Valois et toute cette
» branche des Valois... n'auraient régné que par le droit
» d'une ancienne possession ; et cette immense irrégula-
» rité se serait prolongée jusqu'en la personne de Henri III.
» Ce ne serait que Henri IV qui, descendu de Robert de
» France, sixième fils de Louis IX, aurait enfin fait rentrer
» la couronne dans la lignée directe du saint roi. »

Le fait est qu'une quarantaine d'années après la mort ou la prétendue mort de ce petit roi Jean, parut en France un aventurier qui se donna pour lui, qui raconta toute une histoire romanesque à laquelle plusieurs puissances et personnages politiques d'alors ajoutèrent foi, notamment Rienzi. Voilà un beau champ ouvert aux amateurs du scepticisme historique.

— A propos de M. Monmerqué, il vient de publier dans les *Débats* (du 4 octobre) un petit billet italien (inédit) de madame de Sévigné et un autre de madame de Grignan. Nous raffolons plus que jamais de ces petites trouvailles et nous appelons bijoux les moindres chiffons, comme des gens dont le grand siècle est déjà loin. Nous devenons, si nous n'y prenons garde, *badauds* comme des *Byzantins*.

— On vient de publier dans le format Charpentier une traduction assez complète (bien plus complète que celle déjà donnée par Michelet) des *Propos de table* de Luther. On ne saurait rendre l'effet que produisent en français ces plaisanteries parfois plus que rabelaisiennes et si chères aux premiers disciples du grand réformateur : — Luther, O'Connell, — propos de table, propos de meeting, bouffonnerie, grossièreté, nationalité, religion, éloquence !... tout cela correspond assez, chez tous deux, qu'en dites-vous? et l'un peut aider à expliquer l'autre.

— M. Audin, catholique zélé, qui a déjà donné une histoire (très-partiale) de Luther et de Calvin, vient de publier celle de *Léon X* : ici il est plus intéressant parce qu'il apporte, au milieu de son flot de louanges, quantité de renseignements puisés aux sources italiennes, bien que sans y joindre aucun contrôle de critique. Mais le livre se lit avec intérêt, et le côté littéraire de l'époque est assez vivement rendu.

— Les poëtes émérites continuent de ramasser leurs vers, de faire leur *gerbe*, ou tout simplement leur *botte*. M. Paulin Limayrac vient de consacrer un article des *Poetæ minores* (qualification qui les fait crever dans leur peau) à deux poëtes déjà sur le retour, M. de Latouche et Jules Lefèvre.

Latouche est l'éditeur premier d'André Chénier ; il aurait bien voulu passer tout bas pour n'y avoir pas nui et pour en avoir fait plus d'un vers. Mais depuis qu'on connaît les siens propres, il n'y a plus moyen de se faire illusion. Les amis de Latouche ont, pendant des années, raconté à l'oreille des crédules toutes sortes de petites historiettes sur ce Chénier-Latouche. Béranger qui aurait autant aimé qu'on n'admirât pas si fort André Chénier (c'est une petite faiblesse chez un grand poëte), se faisait volontiers sous cape l'écho de ces inventions très-flatteuses pour l'éditeur. Par malheur Latouche a publié, pour son compte, des vers distingués sans doute, mais maniérés, obscurs, tortillés, qui le remettent à sa place d'homme d'esprit à qui l'instrument est décidément rebelle. C'est un homme qui aurait pu, avec plus de travail et un meilleur esprit, jouer un rôle remarquable dans la littérature. Il a ou il avait des éclairs de nouveauté, de passion, des étincelles d'originalité, surtout une foule de traits heureux, spirituels, malins, de mots qu'il arrange, qu'il aiguise, même lorsqu'il les emprunte, car Latouche manque d'invention et emprunte le plus souvent. Il a emprunté (pour ne pas dire plus) à Hoffmann, alors peu connu en France, un conte qu'il a intitulé *Olivier Brousson*, sans dire d'où il l'avait pris. Il a emprunté à la Correspondance de l'abbé Galiani avec madame d'Épinay le sujet et le cadre de sa Correspondance romanesque de *Carlin et de Ganganelli*. Il a même emprunté à Millevoye ce trait malicieux qui termine une Épitre à un poëte amateur; ce dernier avait demandé bonnement à Latouche une préface en vers pour mettre en tête de son recueil de poésies, et le malin introducteur mystificateur lui disait :

Imprimez-les vos vers et qu'on n'en parle plus !

Latouche s'est rendu célèbre dans la littérature d'il y a quinze ou vingt ans par une foule de traits pareils, malicieux et même (quelques-uns disent) méchants : il a drapé les ridicules de la *jeune* École d'alors dans un article critique, intitulé *la Camaraderie;* mais il a oublié de dire que ces ridicules de coquetterie et de cajolerie poétique, il les avait autant que personne partagés, caressés, — sauf à les dénoncer ensuite avec esprit, avec fiel aussi et âcreté. Latouche a publié autrefois *Fragoletta*, roman brillanté et lascif, et dans les derniers temps une foule de romans politico-républicains qui n'ont eu aucun succès. Il habite volontiers dans le petit hameau d'Aulnay où demeura autrefois Chateaubriand; et il s'intitule *le Paysan de la vallée aux loups*, jouant ainsi au *Paul-Louis vigneron* et se croyant un *Paysan du Danube*. Au plus fort de *ses* affectations rustiques, il rédigeait *le Mercure de France* ou le *Figaro*.

— Puisque nous en sommes à cette histoire ancienne, il faut achever. Nos documents sont bons, et nous-même nous n'avons sur plus d'un point qu'à consulter nos anciens souvenirs. Ce sont d'humbles *post-scriptum* à ce qu'on imprime à Paris. — Jules Lefèvre est un poëte qui mérite des égards, de la considération : il a quelque chose d'élevé, le culte de la muse et des nobles sentiments; mais on n'a jamais rien vu de plus fatigué ni de plus manqué en général que ses efforts poétiques. Comme il est très-érudit, il ramasse, traduit, combine des vers et des images de tous les côtés de l'horizon; jamais rayons n'arrivèrent plus brisés que les siens à l'œil du lecteur. Le vieux Du Bartas est un cristal limpide auprès de lui. — Jules Lefèvre date de 1820 ou 1821; il fut l'un des premiers débutants de cette génération, et il en est toujours resté l'un des plus méconnus.

Un de ses poëmes avait pour titre : *Le clocher de Saint-*

Marc : on a dit plaisamment que ce clocher lui était tombé sur la tête, et pour comble de malheur, ce fut sans bruit.

C'est de lui ce vers naïf et douloureux :

> Il est dur d'être seul à sentir son génie.

Il en a fait bon nombre de mémorables et qui le peindraient dans sa nature distinguée, laborieuse et malheureuse :

> La rose a des poisons qu'on finit par trouver.

et encore :

> On meurt en plein bonheur de son malheur passé.

Son recueil énorme et magnifiquement imprimé prépare, par ses obscurités, ses enchevêtrements et ses prétentions de style, bien des tortures aux *Saumaise futurs*, si tant est qu'ils veuillent s'y appliquer comme à l'un des classiques florissant en 1844.

— Un autre poëte, moins docte, plus facile et souvent aimable, Ulric Guttinguer, connu de nous pour avoir chanté autrefois notre lac, et qui vient aussi de rassembler ses vers en un seul volume sous ce titre : *Les Deux Ages*, cite, dans sa préface que nous avons sous les yeux, un passage de Jules Lefèvre, en l'accompagnant d'éloges qui prouvent au moins que tout n'est pas épine dans le sentier : il accorde sans hésiter à son confrère non-seulement la conscience poétique noble et puissante (ce qui n'est que juste), mais encore le génie intime et pénétrant. — Nous ne nous chargeons que de noter en courant : les Aristarques de l'avenir décideront.

— *Mademoiselle de la Seiglière*, roman de Jules Sandeau, dans la *Revue des Deux Mondes*, plaît généralement et réussit. — *Le Juif Errant* achève de révolter.

— De tous les feuilletonnistes-romanciers, c'est encore Alexandre Dumas qui l'emporte pour le quart d'heure, avec sa verve intarissable et son entrain, du moins amusant. Il emprunte, il copie ses histoires de partout, mais il les copie d'une encre coulante et d'une plume rapide. Voir ses feuilletons des *Débats*.

LXVII

Ce 8 octobre 1844.

VOLNEY, PLAT COURTISAN DE NAPOLÉON. — LA TASSE DE CAFÉ. — ARTICLES DE MOLÈNES CONTRE MÉRIMÉE. — *LA FEMME DE QUARANTE ANS*, PAR M. D'ONQUAIRE.

La Presse a publié dans les premiers jours d'octobre une lettre de Volney à Bonaparte, sur sa santé ; cette lettre doit être de peu postérieure au retour de l'expédition d'Égypte. Le général irrité, ambitieux, malingre, suivait un mauvais régime, et Volney se fait son médecin conseiller. Volney, esprit exact et ferme, était fort plat courtisan. Lemercier (Népomucène) racontait l'avoir vu, après un dîner chez Bonaparte, et tandis que celui-ci causait, l'arrêter par le bras au moment où il allait boire son café trop chaud, prendre la tasse, la poser sur un guéridon, et de temps en temps, quitter la conversation pour s'assurer du degré de chaleur de la tasse, puis la rapporter au général qui avait continué de causer avec feu sans trop s'apercevoir de ce manége. — La lettre publiée rentre bien dans le sens de cette anecdote.

M. G. de Molènes continue dans les *Débats* (8 octobre) ses feuilletons sur ou contre Mérimée, dont *le Semeur*, dans les derniers temps, a si judicieusement parlé, et que M. Vinet, dans son cours, a qualifié : *cet esprit exquis et dur*. C'était bien la peine à M. de Molènes de s'ériger en juge si sévère et si tranchant des hautes qualités de Mérimée pour venir donner soi-même dans des affectations d'immoralité, comparer tout d'abord les femmes à des *chevaux du bois de Boulogne*, et finir par citer des vers de *la Pucelle*.

Ces jeunes auteurs ont de l'esprit, mais absence complète de naturel. Ils se croient les fils de Voltaire, et ils ne sont que les imitateurs d'Alfred de Musset.

— On vient de recevoir, à la Comédie française, une comédie intitulée *La femme de quarante ans*, d'un M. d'Onquaire ; on en attend beaucoup, et on se demande si ce n'est pas un auteur comique qui nous vient : *Di omen... advertant !*

LXVIII

Ce 2 novembre 1844.

HISTOIRE DU CONSULAT ET DE L'EMPIRE, PAR M. THIERS. — LAMARTINE. — VENTE DE SES ŒUVRES. — INFLUENCE DE LA FORTUNE SUR LES MŒURS LITTÉRAIRES. — BALZAC, *MESSER MILIONE*. — JACQUELINE PASCAL ET M. COUSIN. — L'ÉCLECTISME. — *PORT-ROYAL* DE MODE A PARIS. — ŒUVRES DE NICOLE AVEC UNE INTRODUCTION DE M. JOURDAIN. — LES *NUÉES* D'ARISTOPHANE A L'ODÉON. — M. HIPPOLYTE LUCAS. — RÉSURRECTION DE LA *NÉMÉSIS* DE BARTHÉLEMY.

L'*Histoire du Consulat* s'imprime toujours : M. Thiers corrige et recorrige, il y met tous ses soins ; il vient de revenir à Paris pour suivre l'impression de plus près. Les prix qu'on lui paye pour cette Histoire semblent fabuleux. Il paraît bien que, sans exagération, on la lui paye *cinq cent mille francs :* il en a déjà reçu, dit-on, la moitié. On lui a de plus acheté, comme instruments de travail, pour *treize mille francs* de cartes, collections, livres, etc., en tout *cinq cent et treize mille francs*. Les éditeurs ne font probablement pas un mauvais marché malgré ces dépenses : il s'est vendu, de l'*Histoire de la Révolution française*, 80 mille exemplaires en tout. Le succès de l'*Histoire du Consulat et de l'Empire* ne saurait être moindre : on peut même dire que ce succès est décidé et comme tout fait à l'avance, quel que soit le mérite de l'ouvrage : on ne jugera qu'après, on dévorera et on admirera d'abord. Le vent du siècle est à Napoléon, et la plume de Thiers, comme sa parole, est celle qui voltige le mieux au vent du siècle. — Le Voltaire de ce temps-ci, c'est un peu M. Thiers.

En fait de ventes à haut prix, on annonce aussi celle des Œuvres de M. de Lamartine. L'illustre poëte, rival de M. Thiers, aurait conclu un marché non moins fabuleux, non moins excellent : il a vendu, assure-t-on, ses œuvres passées, présentes et futures : le libraire aurait acheté la *source* même avec tout ce qui en pourra jaillir. Moyennant cette somme considérable (on ne dit pas le chiffre précis), l'illustre poëte aurait pu rétablir, ajoute-t-on, une fortune qu'on disait fort endommagée et retrouver cette noble aisance de grand propriétaire qui lui sied si bien :

> Des bois dont le murmure et l'ombre sont à moi.

Il vient de faire, pour sa santé, le voyage d'Ischia où il a pris les eaux, il est revenu par Florence, et rapporte, dit-on, des fruits nouveaux de son inspiration dans ces contrées déjà chantées par lui et gardiennes de ses plus beaux souvenirs [1].

— Il est impossible pourtant de ne pas remarquer l'influence que doivent exercer de tels coups de fortune sur les œuvres littéraires qui en dépendent. Ceci bouleverse toute l'économie domestique et, pour ainsi dire, le régime de la littérature. L'écrivain heureux passe, bon gré, mal gré, à l'état de fermier-général, et trop souvent il acquiert les défauts en même temps que les bénéfices industriels. Je ne veux pas dire que l'écrivain goûté et dévoré du public doive renoncer à des profits légitimes pour laisser un libraire s'enrichir à ses dépens. Mais il n'en demeure pas moins fâcheux et tout à fait contraire à l'esprit même des lettres qu'on arrive à s'enrichir à ce point par elles. Cela crée une atmosphère malsaine pour le talent. Même lorsque l'écrivain reste poëte, c'est-à-dire insouciant, libéral et prodigue, même lorsqu'il dissipe, il est désastreux pour son talent qu'il ait tant à dissiper. Ce qui fait l'esprit et le fond de moralité des Lettres, ce n'est pas tout à fait, je le sais bien, la frugalité un peu rustique des Caton l'Ancien et des Fabricius; la Muse, sans se corrompre, peut se permettre certaines élégances et délicatesses ; on peut dire même

---

[1]. Nous voyons que M. de Lamartine se *justifie* dans les journaux amis d'avoir écrit un seul vers durant ce dernier voyage, et même depuis longtemps : nous avons en conséquence à lui faire réparation de l'en avoir soupçonné. Ce sera donc quelque ouvrage politique ou (qui sait?) philosophique qui l'aura occupé, car nous tenons d'une personne qui l'a rencontré dans ce voyage et qui passait au retour par nos contrées, que l'illustre écrivain, chaque matin, *méditait* quelque chose.

qu'elle en vit. Mais, sous peine de se pervertir, elle ne saurait passer au delà : l'*aurea mediocritas*, entendue aussi largement qu'on le voudra, est son domaine naturel. Autrement comment pouvoir exprimer en toute sincérité certains sentiments, certaines vérités nobles, désintéressées, naturelles, qui sont l'âme même de toute généreuse poésie ? On est toujours plus ou moins comme Sénèque, prêchant la pauvreté sous des lambris dorés, ou comme Salluste, refaisant à plaisir de l'austérité antique au sortir des orgies et des dilapidations. En un mot, on peut soutenir, sans crainte de calomnier son temps, qu'il y a un rapport assez exact entre l'état des *mœurs* littéraires et le taux des profits qu'on tire des lettres ; les plus grandes fortunes correspondent à des époques de décadence. Nous nous rappelons très-bien, en énonçant cette loi fâcheuse, que Byron, Walter Scott, Chateaubriand, sont ou étaient au nombre des enrichis ou de ceux qui auraient dû l'être ; des sommes immenses, produit de leurs œuvres, leur ont passé par les mains ; mais ces grands exemples même ne font que nous confirmer dans la triste conséquence que nous tirons. Soit qu'on dépense simplement, soit qu'on dissipe, le talent, au cœur même, s'en ressent. Voltaire, qui s'était enrichi par d'autres voies, savait très-bien l'influence de la richesse sur les *mœurs* de la littérature (je prends *mœurs* dans le sens que lui donnent les rhéteurs), et quand on venait lui faire de grandes phrases à la Jean-Jacques, il vous répondait par *le Mondain*.

Notez encore l'action séductrice que les trois ou quatre grandes fortunes littéraires d'un temps exercent sur la foule des jeunes gens et sur les rangs secondaires de la littérature. Balzac a dit que les *trente mille livres* de rente de l'abbé de Tiron (au XVI° siècle) avaient fait faire bien des mauvais sonnets et envoyé bien des pauvres poëtes à l'hôpital ; on peut à plus forte raison appliquer la même parole aujourd'hui : des poussées de jeunes gens qui n'ont qu'une ambition ardente et nulle vocation spéciale se jettent dans les Lettres comme dans une carrière où l'or se ramasse pêle-mêle avec la gloire : ils confondent d'abord l'âpre soif du lucre et du plaisir avec l'étincelle sacrée et l'on sait ce que devient celle-ci. De là tant de scandales.

Ce qui est la passion plus ou moins cachée de beaucoup se trouve représenté assez au naïf et sous forme de manie dans les écrits d'un homme de Lettres célèbre de ce temps. Nous parlions tout-à-l'heure de l'ancien Balzac ; mais qu'on lise le Balzac d'aujourd'hui, le fécond auteur de tant de romans bien commencés et mal finis. Ses personnages sont dotés presque invariablement de plusieurs *millions* : il ne compte que par sommes immenses, fabuleuses, on dirait qu'il a toute une alchimie secrète à son service, qui ne cesse de fournir l'or et de battre monnaie pour ses héros et ses héroïnes. Eh bien, c'est le secret du cœur qui échappe en cela à la plume de l'écrivain ; il ne fait que traduire naïvement dans ses récits romanesques les vœux, les espérances, les illusions de plus d'un grand homme en herbe et de plus d'un millionnaire en fumée. On donna autrefois à Marc-Paul le sobriquet de *Messer milione* à cause des histoires merveilleuses et incroyables qu'il racontait de ses voyages : on pourrait donner le même surnom au Balzac d'aujourd'hui, et il ne fait que représenter en cela le rêve et la chimère de maint confrère. Un grand amour de l'or et une excessive vanité littéraire, tel est le véritable alliage.

— M. Victor Cousin continue ses excursions actives et intéressantes à travers la famille Pascal. Sous le titre de *Jacqueline Pascal*, il vient de recueillir en un volume toutes les pièces, lettres, relations, concernant cette sœur de Pascal qui mourut religieuse à Port-Royal. Les pièces originales intégralement reproduites sont réunies ensemble par des pages de texte assez peu nombreuses, mais pourtant suffisantes pour supporter l'ensemble, pour le faire valoir, et offrir aussi le cachet brillant de l'écrivain. M. Cousin, en terminant, conclut : « Selon nous, Pascal est l'exagération de Port-Royal comme Port-Royal est l'exagération de l'esprit religieux du XVII siècle... » Puis il montre le XVIII siècle réagissant en sens tout opposé : « Aujourd'hui, dit-il, le XIX siècle a devant
» lui la dévotion sublime mais outrée du XVII siècle,
» et la philosophie libre mais impie du XVIII ; et il
» cherche encore sa route entre ces deux siècles... Son
» caractère distinctif qui déjà[1] commence à paraître,
» consiste précisément à fuir toutes les extrémités qui
» jusqu'ici ont séduit et entraîné l'esprit français... Est-il
» donc impossible de s'arrêter sur la pente des systèmes
» et de concilier tout ce qui est vrai et tout ce qui est
» bien ? au fond, la vraie sagesse, c'est la modération en
» toutes choses. »

1. *Déjà!* il est, ce semble, bien temps.

Certes, une telle tentative est honorable, une telle perspective ainsi présentée est spécieuse : mais est-ce là véritablement aller au fond des choses? est-ce pénétrer le sens intime et le but de la religion? est-ce procéder même dans le sens d'une vraie philosophie? n'est-ce pas s'en tenir à des combinaisons sensées, prudentes, *françaises*, en effet, mais tout extérieures? Certes, Hegel n'aurait pas moins à y répondre que Pascal. Concilier en ce sens-là la religion et la philosophie, n'est-ce pas les prendre par un côté tout politique et empirique, et les abdiquer foncièrement toutes les deux? En ce qui est de la religion, M. Cousin ne cesse de répéter que Port-Royal représente le *stoïcisme* chrétien : ces assimilations rapides, sans être fausses, ne sont pas suffisantes et ne sauraient se donner comme définitives. Le stoïcisme en effet n'avait pas la *charité*, et Port-Royal faisait tout, même ce qui peut sembler le plus rigoureux, en vue de la charité et de l'amour des hommes en Jésus-Christ. Ce seul point, qui est capital, déplace à l'instant le centre et ruine le parallèle! La philosophie moderne a bien de la peine à ne pas oublier naturellement cette *charité* qui est le cœur du christianisme en son sens divin. L'éclectisme, qui touche à tout, n'a pas mis jusqu'ici le doigt sur le grand ressort de rien. — Quant à ce que pourrait objecter d'autre part une philosophie originale et convaincue contre cette manière de prendre un peu à un siècle et un peu à un autre pour se composer une doctrine raisonnable, nous ne nous en chargeons pas et nous laissons ce soin aux doctes Allemands de Berlin ou de Kœnigsberg, et aux professeurs comme Rosenkranz, qui sont en train de s'en acquitter à merveille.

Le livre sur *Jacqueline Pascal* est d'ailleurs une très-bonne publication, qui réunit à l'intérêt du fond les qualités littéraires, et cette sorte de prestige éloquent que la plume, comme la parole de M. Cousin, porte partout avec elle.

Quant au sujet de Port-Royal, il est décidément devenu de mode à Paris, depuis le temps où nous entendions ici même[1] un cours qui nous en entretenait les premiers.

— On vient de publier en un volume un choix des *OEuvres philosophiques et morales* de Nicole, avec une Introduction par M. Jourdain, professeur de philosophie. Le choix est bien fait, mais l'Introduction pourrait être plus approfondie.

— Ce qui n'est pas moins de mode à Paris pour le quart d'heure, c'est évidemment le Théâtre grec et la Grèce bien ou mal entendue. L'Odéon, alléché par son succès d'*Antigone* de l'an dernier, vient de donner les *Nuées* d'Aristophane. Tout mutilé, tronqué et gâté que cela peut être, la pièce a réussi et a fait rire : il faut que ces Anciens soient bien robustes pour résister à un pareil traitement. Le public, il est vrai, s'y prête avec une curiosité digne d'être mieux servie. Cette fois l'*arrangeur* d'Aristophane est M. Hippolyte Lucas, rédacteur ordinaire des feuilletons de théâtre au *Siècle,* et qui n'a d'ailleurs en rien, nous dit-on, la prétention de savoir le grec : il semble en

---

1. Sainte-Beuve fait allusion ici à son propre cours de Lausanne sur *Port-Royal.*

vérité que ce soit la condition la moins requise pour traduire ces grands poëtes d'autrefois. Ces messieurs auront entendu dire que le célèbre Monti s'était admirablement tiré de sa traduction d'Homère sans lire directement dans l'original : mais nos arrangeurs ne sont pas des Monti.

— Parmi tant de résurrections dont on essaie, en voici une sur laquelle on ne comptait guère : la *Némésis* de Barthélemy ressuscite [1]. Le poëte ou plutôt le rimeur satirique va inonder le feuilleton une fois par semaine de ses alexandrins vengeurs et vertueux. Il faut savoir que l'incorruptible auteur de la *Némésis* a cessé autrefois ses pamphlets hebdomadaires parce qu'il s'était raccommodé avec le gouvernement qui se montra touché de son silence. Bref, il se trouva que ses opinions, au matin, avaient changé. Depuis lors, Barthélemy s'était livré à des traductions en vers (telles que celles de l'*Énéide*), à des poëmes descriptifs (tels que celui de la *Syphilis* d'après Fracastor, *proh pudor!*) [2] ; il associait tout cela, rimait comme un ouvrier à la journée, et la seule différence, c'est qu'on ne parlait plus de lui et qu'on ne le lisait pas : son talent n'étant plus porté par des sujets actuels était retombé dans le vulgaire du métier. Il est bien difficile qu'il le relève aujourd'hui ; de quel droit va-t-il apostropher les vices politiques pour les stigmatiser ?

---

[1]. Voir *le Siècle* d'hier, 3 novembre.

[2]. Ce poëme descriptif, effrayant à lire, a été commandé, nous assure-t-on, à Barthélemy par un riche médecin empirique, M. Giraudeau de Saint-Gervais, homme d'esprit, qui a vu là un beau sujet d'enseigne.

Il faut au moins un semblant, un masque de front austère, quand on se mêle de satire; autrement c'est du cynique tout pur.

Barthélemy a débuté avec son compatriote Méry (de Marseille) par des pamphlets satiriques en vers, *la Villéliade, la Peyronéide;* le descriptif richement appliqué aux députés du centre et aux *voltigeurs* de la Restauration y était assez piquant : d'ailleurs nulle invention, rien du *poëte;* il n'y avait que de l'esprit de détail, et le trait du pamphlet. On s'est souvent demandé comment ces *jumeaux* de Marseille (Barthélemy et Méry) pouvaient composer leurs vers à deux : rien n'est plus facile à concevoir quand on les lit. Leur vers est doublement bourré, *chargé*, et, pour ainsi dire, *rimé à deux coups.* Ils excellent à la manœuvre. On sent que c'est une gageure, une émulation entre deux ouvriers habiles, et que c'est à qui renchérira sur l'autre. Au reste, tout ce métal sonne creux, n'est pas de bonne trempe : je ne sais qui disait que cela lui faisait l'effet d'un beau fusil à deux coups, mais en *fer blanc.* Méry est un spirituel conteur et improvisateur : on lit de ses feuilletons agréables et tout émoustillés dans *la Presse ;* il a le genre d'esprit *marseillais* au plus haut degré. Plus avisé et plus fin que Barthélemy, on assure qu'il était à côté de lui dans l'ancienne *Némésis* sans paraître. Nous avons été fort étonné de lire dans un des derniers volumes de poésies de Victor Hugo : *Méry, fils de Virgile!* Quoi! le chaste, le pieux, le sensible Virgile! Méry a de tout autres qualités; il pourrait tout au plus être dit *fils de Stace* à titre d'improvisateur.

En résumé ce couple méridional, ce *par nobile fratrum*, Barthélemy et Méry, a du trait, de la main d'œuvre, de la facture; ce qui lui a toujours manqué, ç'a été l'invention, l'élévation et le sérieux.

LXIX

Ce 5 novembre 1844.

ANIN. — LES *NUÉES* D'ARISTOPHANE. — FÉLIX PYAT. LA POLITIQUE CHOME.

— La politique, à tort ou à raison, est de plus en plus morte en ce moment en France. Les journaux ne savent plus trop à quoi se prendre pour faire de l'opposition : ils se chamaillent du mieux qu'ils peuvent. *La Presse* est en grande querelle avec la *Revue de Paris* sur l'Espagne et sur tout. On remarque depuis quelque temps le rôle politique singulier que prend *la Presse*, journal jusque-là très-pacifique et conservateur. Ce rôle très-hostile à l'Angleterre est, on ne peut s'empêcher de le remarquer, des plus favorables à l'intérêt russe. Tout ce qui peut remettre en question l'union de la France et de l'Angleterre et envenimer la fameuse *entente cordiale* un moment si compromise, est directement selon le cœur et le jeu de la Russie.

— Janin, dans son feuilleton (de lundi 4) sur les *Nuées*

d'Aristophane, trahit sa peur qu'il ne s'élève un tel auteur comique qui dise des personnalités : il a l'air de plaider pour lui et de se prendre pour Socrate; c'est comique. Mais il n'est pas besoin d'un Aristophane : Félix Pyat a suffi pour cette exécution.

LXX

Ce 5 novembre 1844.

INSUCCÈS DES *NUÉES*. — UN ARTICLE DE M. DE RÉMUSAT DANS *LE CONSTITUTIONNEL*. — CONSIDÉRATIONS SUR L'ESPRIT DU TEMPS. — MOLLESSE ET APOLOGIE. — OPTIMISME.

Aristophane, qui, tout massacré qu'il était, avait paru réussir à la première soirée et avait fait rire, n'a pas tenu aux représentations suivantes; et l'on peut dire que les *Nuées* ont crevé. Il est temps qu'on renonce à des tentatives qui, pour avoir tout leur prix, ont besoin de science, de talent et de religion littéraire : ici ce n'était qu'une grossière et informe spéculation.

— On lit dans *le Constitutionnel* du 5 novembre un article de M. de Rémusat sur la littérature actuelle. Dans cet article le spirituel écrivain a l'air d'épuiser toutes les formes ingénieuses et subtiles de raisonnement pour faire l'apologie de ce qui se passe dans les journaux et dans les feuilletons.

Il y a des considérations très-fines sans doute sur l'esprit du temps, mais on est surpris de cette excessive indulgence, et il semble que le moment est mal choisi pour venir absoudre ce qui se dispense très-bien d'autorisation. Le lieu n'est pas mieux choisi peut-être, puisque c'est dans *le Constitutionnel* que paraît la lettre de M. de Rémusat, à côté du *Juif Errant*. Nous aimons de loin à croire qu'il y a quelque malentendu dans cette insertion, et que la lettre de M. de Rémusat, qui n'est donnée qu'en *fragment*, ne contient pas toute la pensée de ce digne et sérieux écrivain. C'est déjà trop pourtant qu'on puisse lire ces pages, et douter si elles ne sont pas une pièce justificative, un plaidoyer pour le moins très-superflu. Pourquoi, se demande-t-on, ce faux air de mollesse et d'apologie de la part d'un philosophe qui soutient en toute occasion la cause de la conscience humaine, de la morale spiritualiste, et qui, hier encore, réfutait Cabanis dans la *Revue des Deux Mondes*? Quel que soit l'optimisme dont se piquent quelques gens d'esprit, ce qui nous semble à nous une vraie calamité publique de ce temps-ci, c'est la facilité avec laquelle les talents supérieurs eux-mêmes tournent au sophisme.

LXXI

Ce 2 décembre 1844.

TRANSFORMATION DU JOURNAL *LA PRESSE* ET DES MŒURS LITTÉRAIRES. — SON PROSPECTUS. — CHATEAUBRIAND, ALEXANDRE DUMAS, NAPOLÉON, PRINCIPAUX COLLABORATEURS. — INFLUENCE SUR LES LETTRES.

Le réveil d'hiver a commencé. — La grande nouvelle qui domine toutes les autres est celle de la transformation du journal *la Presse* qui vient d'augmenter son format, d'abaisser son prix, et de prendre d'un grand coup de filet la masse et l'élite des écrivains. En effet, selon que l'annonçait le journal *le Globe* du 24 novembre, *la Presse*, par une spéculation audacieuse, vient d'acheter tout ce qu'il y avait d'écrivains *sur le marché;* elle les a achetés à tout prix et comme à perpétuité; elle a fait comme ces riches capitalistes qui, pour être maîtres de la situation, achètent tout ce qu'il y a d'huiles ou de blés et accaparent, sauf à revendre ensuite en détail aux petits marchands. Si vous voulez, par exemple, vous petit journal, journal moins riche que *la Presse*, donner à vos abonnés de l'Alexandre Dumas, *la Presse* vous en recédera pour tant : car elle a acheté tout ce que peut faire et signer Alexandre Dumas pour douze ou quinze ans, elle en a plus qu'elle n'en peut consommer, mais c'est par elle et par ses conditions désormais que vous devez en passer. Au reste, toutes les explications industrielles que nous pourrions donner en diraient moins que le prospectus publié par *la Presse* elle-même dans son numéro du 1er décembre, et ses colossales annonces ici même dans tous nos journaux. Elle a en tête de sa liste Chateaubriand et Lamartine. Lorsque nous exposions, dans notre dernier numéro, les inconvénients pour la littérature de ces achats à l'enchère, de ces taux prodigieux, disproportionnés, qu'on met aux œuvres, nous ne faisions que pressentir ce qui éclate aujourd'hui. En effet, comme les capitalistes qui ont acheté et payé des prix *fous* les œuvres de Chateaubriand et de Lamartine ne savent de quelle manière y trouver leur compte par les voies d'écoulement ordinaires, ils sont obligés de recourir à des moyens insolites, et le plus insolite de ces moyens est assurément de revendre en sous-main, de *sous-louer*, en quelque sorte, ces œuvres pour qu'elles paraissent d'abord en feuilletons. On aperçoit aussitôt quels inconvénients en résultent pour des œuvres vraiment élevées ou chastes, et faites pour être lues avec sérieux et avec ensemble. Mais il y a pis ; car, en paraissant dans un journal quotidien politique, ces œuvres des grands écrivains servent avant tout d'appât et d'amorce à des doctrines et à des entreprises dont le but principal peut être funeste ou du moins directement opposé aux vues mêmes de ces écrivains. Nous disons ceci particulièrement en idée de M. de Chateaubriand ; car Lamartine, on le sait, abonde et verse sans aucune réserve dans le sens du journal *la Presse*. Mais Chateaubriand, le voilà devenu, presque sans le vouloir, le compère d'une entreprise politique qui lui est antipathique ; voilà que son livre mystérieux d'*Outre-tombe* va servir, en quelque sorte, de miroir à prendre les alouettes, c'est-à-dire à faire des chalands à M. Émile de Girardin. Tranchons le mot, tout cela est triste et honteux pour les Lettres, et nous avions grand'raison d'insister sur la nécessité pour le véritable homme littéraire et pour le poëte de modérer ses goûts, ses désirs de bien-être matériel, et de se tenir dans une certaine médiocrité, nourrice des bonnes et saines pensées.

— Comme M. Thiers va publier l'*Histoire du Consulat* dans quelque temps, on espère exciter par là Chateaubriand à détacher de ses *Mémoires* toute la partie relative au duc d'Enghien et au Consulat ; le désir de rétablir les faits à son point de vue et la démangeaison de contredire Thiers feraient ainsi passer l'illustre écrivain sur la détermination, qu'on disait invariable, de ne rien laisser publier, avant sa mort, de son livre tant convoité.

— *La Presse* annonce aussi un *Mémorial de Sainte-Hélène* refait par le général Montholon : on ajoute que c'est Alexandre Dumas qui prêtera sa plume, pour plus d'authenticité, aux souvenirs du digne général ; et « *la*

Presse, dit *le Globe*, s'extasiait l'autre jour sur le style de ce dernier. Quelle comédie! et peut-on se moquer du public avec plus d'aplomb! » Malgré ces petits intermédiaires inévitables, on peut dire que Napoléon est désormais un des trois collaborateurs en chef de *la Presse*.

— Les éloges qu'on se décerne à soi-même dans ce prospectus sont le suprême du genre : Alexandre Dumas y est à la fois comparé, égalé à Walter Scott et à Raphaël! Madame Émile de Girardin y devient tout simplement une madame de Sévigné : «... talent que nous dirions être la *métempsycose* de madame de Sévigné, si on pouvait croire à la transmigration des intelligences. » Les rédacteurs de *la Presse* se traitent déjà comme en famille. Madame Émile de Girardin, en particulier, la patronne du lieu, ressemble, nous le reconnaissons, à madame de Sévigné, à ce génie de femme si franc, si cordial et si sensé, à peu près aussi exactement qu'Alexandre Dumas ressemble à Raphaël.

— La prétention affichée et proclamée par *la Presse* de devenir le *premier* journal politique et littéraire est un coup direct porté aux *Débats*, et un coup dont ce dernier journal aura quelque peine à se relever, s'il ne change d'allure. Il n'est que trop vrai, en effet, que le *Journal des Débats*, depuis des années, ne cesse de contrevenir et de faire défaut de plus en plus au rôle important qu'il lui convenait de tenir : *la Presse* dit très-insolemment de lui : « Il a l'expérience de la vieillesse, mais il en a aussi
» la corruption, l'ironie et la stérilité. Chose remarquable,
» sa rédaction se renouvelle souvent, elle ne se rajeunit
» jamais. » Depuis que la rivalité de *la Presse* a com-

mencé de poindre, le *Journal des Débats* n'a cessé, par son dédain, ses airs de grand seigneur, et son peu de zèle à rallier les éléments de résistance, de faire tout ce qu'il fallait pour favoriser les progrès de l'adversaire : ses inconséquences et ses déviations, dans la ligne des doctrines littéraires et philosophiques, sont perpétuelles. C'est lui, d'ailleurs, qui, le premier, n'a pas craint d'inoculer à un public jusqu'alors plus sobre les émotions dépravantes des *Mystères de Paris* ; il a nourri imprudemment le monstre, et il en est menacé aujourd'hui.

— La *Revue des Deux Mondes* et celle *de Paris* ne sont pas moins atteintes et menacées par cette vaste coalition de littérature industrielle ; mais on peut dire du moins, à l'honneur de ces deux Recueils, qu'ils ont prévu dès longtemps le mal et n'en n'ont pas attendu l'assaut pour le dénoncer et lui faire bonne guerre. De loin, à nous humbles esprits, il nous semble que, malgré tout, la partie n'est point perdue pour la cause des Lettres honnêtes et sévères, et que ce drapeau si bruyamment déployé par des spéculateurs intrépides peut au contraire servir de signal à tous les esprits modérés et sains, à tous les talents restés sérieux et dignes, pour s'unir, se serrer en groupe, et pour résister à un coup de main qui tend à changer ainsi de fond en comble le régime et les conditions vraies de la littérature.

LXXII

Ce 4 décembre 1844.

M. AMÉDÉE POMMIER. — M. D. NISARD SUR DESCARTES. — M. GALOPPE D'ONQUAIRE. — LETTRE DE CHATEAUBRIAND. — *LE JOURNAL DES DÉBATS.* — ALEXANDRE DUMAS. — M. BULOZ. — MOT DE CHATEAUBRIAND. — MOT DE M. THIERS.

La *Revue des Deux Mondes* publie une satire de M. Amédée Pommier sur les *trafiquants littéraires*; ces vers-là, pour n'en rien dire davantage, nous semblent bien crus et d'une verve terriblement *latine*. Il en est d'assez piquants :

> Autrefois on faisait ses ouvrages soi-même,
> On portait sur ce point le scrupule à l'extrême;
> Maintenant on s'y prend de tout autre façon...
> . . . .
> Car les livres nouveaux que Paul met en lumière
> Sont combinés par Jean et sont écrits par Pierre.
> . . . .
> Un ouvrage, à présent, c'est l'enfant de Ninon,
> Equivoque produit que chacun a pu faire,
> Dont, à la courte paille, il faut tirer le père.

M. Amédée Pommier, nous dit-on, a déjà publié beaucoup de recueils de vers et plusieurs ouvrages, le *Livre de sang*, les *Océanides*, etc., dans lesquels il y avait de grands excès du mot propre et des descriptions impitoyables de crudité : c'est un converti qui revient à mieux et qui s'amende, qui se fait satirique un peu dans le genre, mais dans un meilleur sens que Barthélemy. — Quoi qu'il en soit, c'est moins par des satires directes, ce nous semble, qu'il faut combattre l'ennemi, que par des exemples plus calmes et en continuant de marcher de plus en plus, et chacun de son mieux, dans sa direction littéraire, sans s'en laisser détourner. Patience et courage. Le public finira par faire leur part aux talents sincères et modestes qui ne viseront qu'à se perfectionner.

— On lit dans cette même *Revue* un morceau important de M. Nisard sur l'influence de Descartes dans la littérature française. C'est un chapitre de l'ouvrage qui paraît en même temps : *Histoire de la littérature française;* les deux premiers volumes sont en vente. On peut déjà augurer les qualités et les mérites qui ne sauraient manquer à cette publication. M. Nisard est un écrivain de talent, sérieux et peut-être un peu trop occupé de le paraître, qui s'attache à faire valoir les grandes figures, à défendre et à venger les réputations classiques, à démontrer en toutes choses, à glorifier les propriétés et les avantages de ce qu'on appelle l'*esprit français*, c'est-à-dire raison, clarté, etc. Ce morceau même sur Descartes déclare assez l'esprit de l'ouvrage, et bien qu'on puisse craindre qu'il n'y ait dans cette façon de voir un peu de construction *a posteriori* et que ce soit se montrer, nous le croyons, par trop satisfait de soi-même et de sa propre littérature, on recherchera justement l'ouvrage de M. Nisard qui comble une lacune dans l'enseignement; les cours de M. Villemain en effet ne forment pas une histoire littéraire complète, et M. Ampère néglige de continuer la sienne qu'il n'a pas poussée au-delà des origines.

— La comédie sur laquelle on comptait beaucoup au Théâtre Français, *Une Femme de quarante ans*, a réussi, et a paru agréable, mais non pas aussi neuve qu'on aurait pu le croire d'après les promesses. Ce n'est pas encore un Molière ou un Beaumarchais que nous devrons à M. Galoppe d'Onquaire, pas plus que l'on n'a encore un Corneille en M. Ponsard.

— Voir la lettre de Chateaubriand publiée dans *l'Univers* du 3 décembre. Je la lis dans les *Débats* de ce matin 4 [1]. Cette lettre ne change rien à ce que nous avons dit, elle prouve seulement qu'on n'a pas consulté M. de Chateaubriand pour disposer cette publication par feuilletons. Tout ceci confirme la vérité de nos réflexions

---

[1]. Voici cette lettre : « Fatigué de bruits qui ne me peuvent atteindre, mais qui m'importunent, il m'est utile de répéter que je suis resté tel que j'étais lorsque, le 25 mars de l'année 1836, j'ai signé le contrat pour la vente de mes ouvrages avec M. Delloye... Rien depuis n'a été changé ni ne sera changé, avec mon approbation, aux clauses de ce contrat. Si, par hasard, d'autres arrangements avaient été faits, je l'ignore. Je n'ai jamais eu qu'une idée, c'est que tous mes ouvrages posthumes parussent en entier, et non par livraisons détachées, soit dans un journal, soit ailleurs.

» Je tiens plus que jamais à cette idée.

» CHATEAUBRIAND. »

de tout à l'heure [1]. L'auteur, en mettant ses œuvres à des prix si exagérés, se livre par là même aux bailleurs de fonds et se dessaisit, en quelque sorte, de ses droits paternels sur l'œuvre.

Tel qu'il est, et avec tous les défauts et les infractions qu'il se permet, le *Journal des Débats* reste le journal le plus décent, le seul même en France qui continue de respecter jusqu'au sein de la publicité certaines habitudes de bonne compagnie, et il est à souhaiter que, dans cette lutte contre *la Presse*, il réussisse à garder sa prééminence.

Ce 5.

La quinzaine promet d'être bruyante; mais vous avez les éléments.

Les *Débats* publient ce matin la réponse de M. Dujarrier, gérant de *la Presse*, à la lettre que les catholiques et les royalistes avaient arrachée à Chateaubriand. Que tout cela est triste! La *Revue de Paris* de ce matin contient d'assez bonnes réflexions.

La *Démocratie pacifique* (journal fouriériste), d'hier 4, contenait contre Buloz un article d'Alexandre Dumas qui est bien la plus grossière philippique qu'on puisse imaginer : tout cela grandit Buloz et le pose en homme public.

Mais quelles mœurs littéraires et quand on sait les mobiles de ces attaques!

1. Voir la chronique précédente (2 décembre 1844).

Ce 8 décembre.

Un des écrivains monarchiques et religieux était allé chez Chateaubriand au sujet de ces tristes débats d'argent; et voyant le portrait de Fontanes : « Où est la critique de M. de Fontanes, monsieur le vicomte?

» — Fontanes! s'écria Chateaubriand : les misérables! ils ne savent plus même son nom! ».

Thiers, indigné de ce débordement, disait l'autre jour que s'il n'était pas lié par des traités pour cette histoire à écrire, il briserait sa plume de dégoût et de honte, de voir la littérature descendue si bas.

— Ces mots-là des chefs indiquent l'effet produit sur bien des esprits et sont d'un bon augure : il y aura avant peu réaction vers le bien.

LXXIII

Ce 5 janvier 1845.

LE JOUR DE L'AN. — MM. DUFAURE, MOLÉ, GUIZOT, BILLAULT. — FOLIE DE M. VILLEMAIN. — FÉLICIEN DAVID.

La chronique de cette quinzaine sera simple. Il n'y a rien eu de littéraire : le jour de l'an ajourne tout, et on laisse passer ce flot avant de rien lancer. Le monde politique pourtant a eu ses commotions, et quand, une fois, il se met en branle, il ne chôme jamais. L'ambition n'a pas de jour de l'an. Le ministère Guizot a été menacé tout d'abord, dès le premier jour de la session, par la nomination de M. Dufaure comme vice-président de la Chambre des députés, et par la *quasi*-nomination de M. Billault. Ces noms, de loin, disent peu de chose et sont assez ternes : de près, ils essayent de prendre de la couleur et de faire nuance en se rapprochant de celui de M. Molé. Mais ces détails de loin n'ont aucun intérêt, à moins qu'il ne sorte un résultat ; et quoique le ministère Guizot soit menacé, il est probable qu'il s'en tirera encore pour cette fois. Ç'a été là, quoi qu'il en soit, la grande préoccupation politique qui a fait concurrence aux bonbons.

Mais l'autre nouvelle qui a préoccupé tous les esprits, depuis quelques jours, a été l'événement fatal arrivé à l'homme le plus littéraire de France, à M. Villemain. Cette raison si nette, si rapide, si brillante, et qui avait longtemps gardé jusqu'au sein des affaires une sorte de fraîcheur inaccoutumée, s'est tout d'un coup troublée et couverte d'un voile sinistre. L'impression que cette nouvelle a causée a été véritablement de la consternation. Chacun se demandait ce que c'était que la raison humaine en la voyant chanceler ainsi comme la flamme sur le candélabre d'or. Dans un temps où l'on n'a plus d'oraisons funèbres de Bossuet, de tels événements en tiennent lieu et disent assez lequel est *le seul grand*. Il nous est arrivé quelquefois de nous exprimer avec liberté et franchise sur M. Villemain, qui malheureusement n'avait pas toujours une volonté égale à ses lumières; mais ce que nous n'avons jamais contesté ni méconnu, c'est qu'il est le plus grand *littérateur* proprement dit du temps; c'est que s'il fallait chercher une définition précise de ce que c'est que *talent*, il ne faudrait pas le demander à un autre que lui; c'est que, enfin, comme professeur en ces belles années 1826-1830, il a donné à la jeunesse et au public lettré les plus nobles fêtes de l'intelligence qui, dans ce genre de critique et d'histoire littéraire, aient jamais honoré une époque et un pays. On est tenté d'en vouloir à la politique d'avoir ainsi détourné de sa voie, abreuvé et noyé dans ses amertumes, une nature si fine, si délicate, si faite pour goûter elle-même les pures jouissances qu'elle prodiguait.

— On ne fait que parler aussi (car on trouve moyen à Paris de parler de bien des choses) d'une symphonie d'un jeune compositeur nouveau, M. Félicien David, ancien saint-simonien; on en dit des merveilles.

LXXIV

Ce 2 février 1845.

IMPOPULARITÉ DU MINISTÈRE GUIZOT. — RÉTABLISSEMENT DE M. VILLEMAIN. — RÉCEPTION DE M. SAINT-MARC GIRARDIN A L'ACADÉMIE FRANÇAISE. — RÉPONSE DE M. VICTOR HUGO.

La politique a été très-vive ce mois-ci; le ministère Guizot s'est trouvé plus malade qu'il ne le croyait, et il a failli succomber sur l'affaire de Taïti; il serait même tombé s'il avait interprété le sentiment public, mais ce sont des choses que les gouvernants n'entendent pas à demi-mot. Le ministère reste donc, mais atteint gravement, et, selon toutes les prévisions, mortellement blessé : *hæret lateri lethalis arundo*. L'endroit de la blessure est précisément un point d'honneur national.

— La grande et bonne nouvelle littéraire est le rétablissement de M. Villemain; la médecine, cette fois comme tant d'autres, a été mise en défaut, mais dans un sens plus favorable que d'ordinaire : elle pronostiquait au plus grave, et la nature l'a déjouée. Cette raison lumineuse et rapide a repris tout son jeu et sa vivacité; dès que l'attention et le travail suivi seront possibles, la littérature et ses douceurs achèveront vite et confirmeront, tout le fait espérer, une guérison qui a été accueillie avec un sentiment de joie universel. M. Villemain a quitté l'hôtel du ministère de l'instruction publique, et il s'est logé dans une petite maison à Chaillot, espèce de village à l'intérieur de Paris; il se promène tous les jours en voiture et reçoit avec plaisir les nombreuses visites qui ne cessent pas et auxquelles il suffit avec sa grâce accoutumée.

— Le 16 janvier a eu lieu la réception tant attendue de M. Saint-Marc Girardin à l'Académie française; les discours du récipiendaire et de M. Victor Hugo ne donnent pas tout à fait, à la lecture, l'impression de la séance. Les personnes qui y ont assisté assurent que M. Victor Hugo n'a pas eu sur M. Saint-Marc Girardin tout l'avantage et toute la prépondérance à laquelle il visait. Le sujet était l'éloge de M. Campenon, sujet fort mince et fort maigre en vérité; il a fallu, de part et d'autre, se jeter sur les lieux communs, et les prétextes mêmes n'abondaient pas, tant M. Campenon avait été sobre et avait gardé toute sa vie un *silence prudent.* L'intérêt piquant et dramatique de la séance était que M. Saint-Marc Girardin avait pour titre principal de son admission à l'Académie un ouvrage sur l'*usage des passions dans le drame,* où M. Hugo avait reçu du critique plus d'une épigramme : on voulait voir comment le poëte, directeur de l'Académie, répondrait dans un sujet si délicat où il se trouvait juge et partie. Les négociations et les tentatives de conciliation avaient été longues et avaient duré, dit-on, près d'un an. M. Saint-Marc Girardin, vers la fin de son discours, avait assez délicatement touché cette situation en disant :

« Et pardonnez-moi, messieurs, si le souvenir de nos jeunes princes [1] me ramène naturellement vers ces écoles d'où ils sont sortis, vers ces lieux où j'ai mes plus doux devoirs, où il m'est donné de vivre avec les jeunes gens, et d'observer l'avenir de la patrie à travers le leur ; là aussi je vois la jeunesse toujours favorable aux bons sentiments et aux nobles pensées, toujours aisément émue quand on lui parle des saintes obligations de la famille ou de la gloire de la France ; bienveillante, j'ai droit de le croire, pour ceux qui l'instruisent, pour ceux même qui l'avertissent. Oui, j'aime dire hautement devant vous, messieurs, combien, depuis quinze ans que je m'entretiens avec eux, nos jeunes étudiants m'ont rendu facile et doux l'accomplissement des devoirs du professorat, combien ils m'ont fait chérir ces causeries familières qui parfois aussi pourtant ont leurs difficultés ; *car j'y dois critiquer quelquefois ceux que je voudrais toujours admirer* [2]. Chargé de diriger la marche encore incertaine de tant de jeunes esprits, c'est vers l'Antiquité ou vers le XVIIe siècle que j'aime à les conduire, comme vers le modèle qui trompe le moins. Mais nous saluons les modernes en passant, et nous y revenons avec empressement, quand nous avons touché le but et affermi notre jugement. Dans nos écoles, messieurs, nous croyons à

---

1. On loue toujours les rois et les princes à l'Académie française : c'est de rigueur.   S.-B.

2. Ici, dit-on, un geste de l'orateur avait indiqué celui qu'il *aurait voulu toujours admirer*.   S.-B.

la gloire littéraire du XIXe siècle, et nous en sommes fiers, nous admirons beaucoup et nous espérons beaucoup, mais nous faisons en sorte d'élever l'admiration par la critique et de féconder l'espérance par l'étude. »

M. Victor Hugo, en répondant, a eu un vrai succès dans la première partie de son discours ; mais bientôt un grand lieu commun sur les femmes a un peu dérouté les auditeurs ; puis est venu l'éloge des lettrés, et une espèce de tableau idéalisé de ce que c'est que l'Académie ; c'était tout à fait une transfiguration. La voix grave de l'orateur ajoutait, nous écrit-on, à la solennité du langage, et on pouvait croire par moments qu'on entendait moins le directeur de l'Académie française s'adressant à un spirituel confrère, que le président d'une loge de francs-maçons recevant un nouvel initié. Ainsi M. Hugo disait sans sourire :

« Dans cette position nouvelle, votre horizon, monsieur, s'agrandira. Vous embrasserez d'un coup d'œil à la fois plus ferme et plus étendu de plus vastes espaces. Les esprits comme le vôtre se fortifient en s'élevant. A mesure que leur point de vue se hausse, leur pensée monte. De nouvelles perspectives, dont peut-être vous serez surpris vous-même, s'ouvriront à votre regard. C'est ici, monsieur, une région sereine. En entrant dans cette compagnie séculaire que tant de grands noms ont honorée, où il y a tant de gloire et par conséquent tant de calme, chacun dépose sa passion personnelle, et prend la passion de tous, la vérité. Soyez le bienvenu, monsieur. Vous ne trouverez pas ici l'écho des controverses qui émeuvent les esprits au dehors, et dont le bruit n'arrive pas jusqu'à nous. Les membres de cette Académie habitent la sphère des idées pures. Qu'il me soit permis de leur rendre cette justice, à moi, l'un des derniers d'entre eux par le mérite et par l'âge. Ils ignorent tout sentiment qui pourrait troubler la paix inaltérable de leur pensée. Bientôt, monsieur, appelé à leurs assemblées intérieures, vous les connaîtrez, vous les verrez tels qu'ils sont, affectueux, bienveillants, paisibles. »

— On a cru voir dans certains de ces passages des admonitions tombées de haut sur la critique, cette tracassière des grands hommes. M. Charles Labitte a pu dire (*Revue des Deux Mondes* du 1er février) que M. Hugo dans son discours atteignait par instants à l'éloquence, mais jamais à l'urbanité.

Cet article de Labitte est très-spirituel, donnant peut-être par son étendue un peu trop d'importance et de façade à son objet, mais prouvant très-bien à quel point M. Saint-Marc Girardin est en littérature même autre chose qu'un littérateur; c'est un moraliste, et encore plus un politique, un esprit pratique, habile et positif jusque dans ses badinages. La morale elle-même, qu'il affecte, est chez lui une forme plutôt qu'un but, ou du moins il vise non pas tant à atteindre les vrais ressorts de l'homme qu'à user et à jouer de ces ressorts pour l'art de la vie. C'est un aimable et piquant professeur de savoir-vivre et de *conduite*, comme M. Labitte l'a très-bien nommé...

LXXV

Ce 6 février 1845, au soir.

RÉCEPTION DE M. MÉRIMÉE A L'ACADÉMIE FRANÇAISE.

La séance pour la réception de M. Mérimée a eu lieu le 6; le discours du récipiendaire a complétement réussi. M. Mérimée avait à louer Charles Nodier, et l'on attendait beaucoup d'un tel sujet; il s'en est tiré en étant très-simple, très-fidèle historien, et en serrant du plus près qu'il a pu le modèle un peu fantastique; ç'a été une autre manière d'être charmant; mais M. Mérimée l'a certainement été; on n'a jamais mieux réussi à l'Académie, en étant moins académique; il n'a fait aucune concession au genre et il en a triomphé; il est resté dans sa propre manière, avec son genre d'*esquisse* précise, voisine du fait, son ironie contenue, sa fine raillerie qui ne sourit pas, mais dont le public n'a rien laissé échapper. Ce public d'Académie est un public très-délicat, très-disposé à goûter tout ce qui est bien; c'est un public resté Français. Décidément les séances d'Académie française sont plus en vogue que jamais; et ces sortes de joûtes de beaux esprits semblent devenues une fête aussi nationale en France que les combats de taureaux peuvent l'être en Espagne.

— Nous allions oublier de dire que le discours de M. Étienne (auteur des *Deux Gendres*), qui répondait à M. Mérimée, a été lu par M. Viennet, en l'absence de M. Étienne indisposé. Cette réponse a été jugée convenable et suffisante; c'est tout ce qu'on en peut dire; mais tout l'honneur de la séance a été pour le récipiendaire. Quelqu'un disait en sortant : « Nodier avait mêlé la *fée* à tous ses récits, à tous ses souvenirs; Mérimée a supprimé exactement cette fée, et il a su plaire. »

— On peut remarquer aussi ce qu'il y a eu de piquant, de hardi et d'habile, de la part de M. Mérimée, à faire applaudir à l'Académie l'Éloge de Rabelais, de ce grand écrivain *dont on ne peut lire tout haut une seule page*. Sans en avoir l'air, l'auteur d'*Arsène Guillot* et de *Clara Gazul* faisait accepter sa propre justification.

Une autre remarque nous est suggérée encore; c'est que dans ce discours d'Académie, M. Mérimée ne s'est en rien départi de ce trait essentiel de sa nature qui perce dans toutes les productions de son talent : la peur d'être ou de paraître dupe en admirant. Il n'a pas voulu être ou paraître dupe un seul instant, même dans un éloge académique. C'est là de la fermeté qui tient peut-être à un faible, et un genre d'audace bien que née d'une peur. Tout cela rend ce discours sobre très-piquant.

LXXVI

Ce 4 mars 1845.

RÉCEPTION DE M. SAINTE-BEUVE A L'ACADÉMIE FRANÇAISE. — *HISTOIRE DU CONSULAT ET DE L'EMPIRE.* — PROCÉDÉ AMÉRICAIN.

La grande nouvelle littéraire de ces derniers jours a été la réception à l'Académie de M. Sainte-Beuve. Cette solennité, retardée depuis près d'un an, était attendue avec une impatience extrême qu'un si long intervalle n'avait pas lassée. Voici ce qu'écrivait madame Émile de Girardin dans un de ses *Courriers de Paris,* à la veille du grand jour; amie particulière de M. Victor Hugo, elle semblait d'avance, par le ton de son épigramme qui voulait être injurieuse et qui n'était que flatteuse pour M. Sainte-Beuve, indiquer que ce tournoi ne se passerait peut-être pas jusqu'au bout en toute courtoisie :

« On se dispute, on se bat pour aller jeudi à l'Académie. La réunion sera des plus complètes, il y aura là toutes les admiratrices de M. Victor Hugo, il y aura là toutes les protectrices de M. Sainte-Beuve, c'est-à-dire toutes les *lettrées* du parti classique. Qui nous expliquera ce mystère? Comment se fait-il que M. Sainte-Beuve, dont nous apprécions le talent incontestable, mais que tout le monde a connu jadis républicain et romantique forcené, soit aujourd'hui le favori de tous les salons ultra-monarchiques et *classiquissimes*, et de toutes les spirituelles femmes qui règnent dans ces salons? On répond à cela : Il a abjuré. Belle raison ! Est-ce que les femmes doivent jamais venir en aide à ceux qui abjurent? La véritable mission des femmes, au contraire, est de secourir ceux qui luttent seuls et désespérément; leur devoir est d'assister les héroïsmes en détresse; il ne leur est permis de courir qu'après les persécutés; qu'elles jettent leurs plus doux regards, leurs rubans, leurs bouquets, au chevalier blessé dans l'arène; mais qu'elles refusent même un applaudissement au vainqueur félon qui doit son triomphe à la ruse. Oh! le présage est funeste ! Ceci n'a l'air de rien, eh bien ! c'est très-grave; tout est perdu, tout est fini dans un pays où les renégats sont protégés par les femmes; car il n'y a au monde que les femmes qui puissent encore maintenir dans le cœur des hommes, éprouvé par toutes les tentations de l'égoïsme, cette sublime démence qu'on appelle le courage, cette divine niaiserie qu'on nomme la loyauté.

» Vicomte CHARLES DE LAUNAY. »

Ceci devenait vif, comme l'on voit, et peut du moins
donner idée de la curiosité publique. Tout s'est passé
dignement et avec une parfaite convenance, qui n'a pas
nui à la vivacité du jeu. Il s'agissait pour M. Sainte-
Beuve de célébrer Casimir Delavigne devant Victor Hugo
et, comme il le disait en souriant à l'un de nos compatriotes, de *louer Racine devant Corneille*. Il n'est pas
un seul instant sorti de son sujet, et a su marquer au
passage son opinion tout en satisfaisant aux conditions
académiques et en parant aux dangers de son vis-à-vis.
— On peut dire que si sa louange a été extérieure, sa
critique a été intestine. Casimir a été proprement le
poëte de la classe moyenne, il lui allait en tout ; elle ne
laissa jamais rien échapper de ses mérites, car rien chez
lui ne la dépasse, tandis que Béranger, le poëte du peuple
ou des malins, et Lamartine, le poëte des âmes d'élite,
échappent aux classes moyennes à chaque coup d'aile.
Eh bien, cette qualité *moyenne* de Casimir Delavigne
est marquée adroitement dans tout le discours de
M. Sainte-Beuve et y règne comme une veine continue,
en même temps que les qualités morales et affectueuses
du poëte y sont rendues avec relief, avec émotion. Il
en résulte un ensemble fidèle, quelque chose de ressemblant même à travers les couleurs flatteuses. La
seconde partie de la carrière de Casimir Delavigne, dans
laquelle le poëte n'avait cessé de transiger, est franchement séparée de la première, où du moins il était un
disciple original des maîtres. Dans cette seconde moitié,
Casimir Delavigne s'attache à servir les goûts du public
plutôt que les siens propres ; il côtoie et suit, il ne pré-

cède pas ; c'est le poëte obséquieux. On lit cela à travers les éloges de M. Sainte-Beuve, qui a maintenu ainsi son rôle de critique en le voilant. Le débit du nouvel académicien a, nous dit-on, un peu surpris là-bas par sa facilité et son aisance. Ces discours académiques inspirent toujours un grand effroi, même aux hommes habitués à paraître ailleurs en public ; la quantité de femmes et de *chapeaux roses* qui émaillent l'auditoire ne nuit pas à ce genre d'émotion. Pour nous qui savons que M. Sainte-Beuve s'est aguerri parmi nous et dans son cours de Lausanne, nous ne sommes pas si étonnés qu'il n'ait pas tremblé devant son public de Paris ; notre public, après tout, en vaut bien un autre.

M. Victor Hugo a eu de très-belles parties dans son discours qu'il a débité trop pompeusement. Sa peinture de la gloire de Casimir Delavigne, contrastant avec cet amour de l'obscurité, a eu du charme, ce qui ne lui arrive pas toujours, et, quand il a caractérisé M. Sainte-Beuve poëte, il a montré de la délicatesse. Le morceau sur Port-Royal a réussi, quoique un peu fastueux, mais il fallait bien traduire cette fois Port-Royal à l'usage de l'Académie et du monde : *ad usum sæculi*. M. Royer-Collard, nous dit-on, a paru content ; c'est l'oracle en ces matières. Au lieu de la reliure janséniste noire et sombre, nous avons ici un *Port-Royal* en maroquin rouge, splendide et doré sur toutes les tranches : qu'importe, pourvu que cela excite un plus grand nombre à le connaître et à le lire ? M. Royer-Collard savait certes bien ce qui manquait au fond de cette peinture, mais il l'a jugée suffisante et allant au but. Une allusion heureuse de

M. Victor Hugo, qui dit que les doctrines de Port-Royal sont encore aujourd'hui la lumière intérieure *de quelques grands esprits*, a dû achever de bien disposer le vieux maître. Le morceau final sur les *Messéniennes* et sur le lendemain de Waterloo a été applaudi, tout en paraissant un peu exagéré. En un mot, chacun des deux orateurs a eu son succès ce jour-là, et l'Académie française n'avait pas offert depuis bien longtemps une fête si goûtée du public, si brillante et si remplie; les femmes s'étaient logées jusque derrière le fauteuil de M. Victor Hugo : et si l'on voyait dans une tribune réservée les personnes de la famille royale, on se disait qu'au cœur de l'assemblée était madame Sand. M. Villemain, enfin rendu aux Lettres et applaudi par trois fois à son entrée, siégeait à côté de M. Victor Hugo.

— L'*Histoire du Consulat* de M. Thiers doit paraître chaque matin; les deux premiers volumes ont déjà paru en Amérique. On s'était arrangé avec un libraire américain pour lui envoyer les bonnes feuilles et lui permettre de publier la traduction là-bas en même temps que l'ouvrage paraîtrait en France. Il a abusé de cette confiance et a publié à la fois texte et traduction. Voilà un joli procédé bien américain.

LXXVII

Ce 5 avril 1845.

HISTOIRE DU CONSULAT ET DE L'EMPIRE, PAR M. THIERS. — ARTICLE DE M. VILLEMAIN SUR CET OUVRAGE. — ESPRIT DES INSTITUTIONS MILITAIRES, PAR LE DUC DE RAGUSE. — MORT D'ALEXANDRE SOUMET. — JULES DE RESSÉGUIER. — LATOUR DE SAINT-IBAR. — VIRGINIE.

La grande nouvelle littéraire, l'unique nouvelle est la publication des trois volumes de l'*Histoire du Consulat* par M. Thiers. Le succès est complet et il a surpassé encore l'attente. L'intérêt du sujet est grand, et l'historien a rempli tout ce sujet par sa lucidité parfaite, par son impartialité élevée, et par l'innombrable quantité de notions précises et nouvelles qu'il a su combiner et conduire. Ce livre est en effet admirablement composé et *conduit ;* on ne se perd pas un seul instant dans les détails, quoique il y en ait beaucoup en chaque branche spéciale, en finances, en administration, en stratégie, mais le tout est ramené à l'ensemble et concourt à la marche générale. Un sentiment élevé d'intelligence et d'impartialité circule à travers l'ouvrage et fait honneur au cœur aussi bien qu'à l'esprit de M. Thiers : il y a, sans aucune affectation, la dignité convenable à l'histoire. Quelques nobles mouvements naturels et simples viennent par endroits donner jour aux émotions que fait naître un tel spectacle : l'historien, sans intervenir trop fréquemment, est loin d'être impassible. Espérons que l'esprit public et patriotique en France en recevra une heureuse influence. Le style est ce qui, dans l'ouvrage, paraît laisser le plus à désirer; le plus souvent on n'y songe pas, tant ce style est simple, facile et courant. Pourtant de notables négligences s'y décèlent par places, et surtout, après le premier volume, on s'aperçoit qu'il y a trop d'abondance et de longueur. L'écrivain, qui avait d'abord visé à plus de concision, est revenu à sa facilité extrême; et c'est par ce seul côté peut-être que l'entière dignité de l'histoire n'est point remplie. Quant au fond des jugements, il satisfait en général, même ceux d'entre les témoins et acteurs survivants qui seraient tentés d'épiloguer le plus : il y a quelques points seulement où la critique porte avec raison. Ainsi l'on trouve que Sieyes est d'abord surfait, et qu'à cette date du 18 brumaire comme dans tout le débat de Constitution qui a suivi, il n'avait déjà plus ce crédit que l'historien lui prête. Sieyes, en 1800, était déjà frappé de ridicule; voilà ce que disent les témoins bien informés de ce temps-là. — On trouve aussi que Fouché est jugé un peu favorablement et avec trop d'indulgence; le portrait de M. de Talleyrand, très-agréable, n'est lui-même qu'ébauché; l'historien, si bien au fait des secrets les plus honteux, ne peut tout dire; mais ces portraits sont touchés avec infiniment d'art et de goût. On trouve enfin que M. Pitt n'est pas bien compris, et sur ce point on a complétement raison. La gloire de M. Pitt, c'est d'avoir sauvé son pays d'une révolution, et d'avoir en partie sauvé l'Europe. Il a fait comme un homme qui, voyant un violent incendie dans la maison voisine, a l'énergie et la présence d'esprit de sauver sa propre maison séparée par un simple mur mitoyen, et qui a de plus le courage d'aller au secours des maisons d'en face elles-mêmes menacées. M. Pitt a compris du premier coup d'œil que Bonarparte avait du *gigantesque* dans l'ambition, et qu'on ne pouvait s'en remettre à sa modération pour pacifier le monde. Il a donc lutté, il est mort à la peine, mais l'avenir lui a donné raison, et sa politique a triomphé en définitive à Waterloo. C'est triste pour la France, mais c'est glorieux pour M. Pitt, et M. Thiers, qui a si bien compris et a su honorer par ses jugements impartiaux les autres adversaires de la France, a manqué ici à cette disposition à l'égard du plus grand de ces adversaires. Nous ne saurions, au reste, mieux faire que de reproduire sur ce point comme sur plusieurs autres les observations pleines de justesse de M. Villemain. Ce dernier, en effet, a donné dans le journal *la Presse* du 29 mars un article très-spirituel sur les volumes de M. Thiers. Depuis qu'il est revenu à la santé, M. Villemain redouble, nous dit-on, de vivacité et d'esprit; il est comme ces coursiers généreux qui, ayant bronché un moment, se redressent et reprennent le galop avec plus de frémissement et de vigueur. Cet article de *la Presse* est remarquable à plus d'un titre. L'épigramme s'y glisse à côté de l'éloge; l'éloge y est pour beaucoup de monde, pour M. Thiers, pour M. de Lamartine, pour M. Hugo, pour M. de Chateaubriand, pour M. Pasquier, pour tous en un mot, excepté pour M. Guizot, auquel son ancien ou plutôt son récent collègue garde une rancune qui n'est peut-être pas suffisamment justifiée et qu'il serait plus digne de contenir [1].

— Il est un genre de critique que peu de personnes s'aviseront de faire à l'ouvrage de M. Thiers : le courant des idées est si changé en France, et les esprits sont tellement tournés à une admiration presque sans réserve pour la force et pour l'organisation, qu'on remarque à peine la sévérité que montre l'historien contre la résistance politique du Tribunat. La liberté proprement dite a peu de faveur en France depuis quelque temps. Des lecteurs plus fidèles aux souvenirs *libéraux* et moins désabusés sur le compte de ces doctrines auraient droit de s'étonner pourtant de la facilité avec laquelle l'historien absout le héros. Il y a quelques remarques improbatives sans doute; mais elles ne tiennent pas longtemps devant cette violence glorieuse du César qui brise tout ce qui s'oppose à ses desseins. Napoléon est un homme à la façon de César en effet, et qu'on doit louer comme tel; mais il n'est pas comme Charlemagne, il ne cherche

---

1. Sainte-Beuve renvoie ici aux passages de l'article de Villemain concernant Sieyes, Guizot et Pitt.

pas à éveiller le genre humain, à le rendre libre, juste, moral dans la belle acception du mot. Le pouvait-il faire dans les circonstances où il est venu? c'est une question qu'il devient même inutile de se poser, puisqu'il ne le pouvait certainement avec sa nature personnelle et avec la forme absolue de son génie. Qu'on ne s'étonne donc point que, même à son moment le plus glorieux, il y ait eu des âmes élevées, des âmes d'élite, amies de la justice et du droit, qui se soient dit entre elles comme Cicéron à Atticus: *Sibi habeat suam fortunam. Unam me hercule tecum apricationem in illo Lucretino tuo sole malim quam omnia istiusmodi regna; vel potius mori millies quam semel istiusmodi quidquam cogitare.* — Ce que madame de Staël, écrivant à Tracy ou à Cabanis en 1802, aurait traduit ainsi: « Qu'il ait pour lui sa
» fortune! mais certes j'aimerais mieux une seule pro-
» menade avec toi dans tes bois d'Auteuil que tous ces
» règnes usurpés; ou plutôt j'aimerais mieux mourir
» mille fois que de penser une seule fois quelque chose
» de tel. » — M. Thiers oublie trop qu'il a pu y avoir de ces âmes et qu'il s'en est rencontré en effet dans l'opposition d'alors. Mais tout le monde l'oublie aujourd'hui.

— Le duc de Raguse vient de publier sous ce titre, *Esprit des institutions militaires,* un volume plein de feu, d'intérêt, de science et d'agrément; il rend accessibles au lecteur une foule de questions qui semblaient du ressort des hommes spéciaux; il fait comprendre la guerre, l'empereur, Wellington, le génie de la France et de l'Angleterre. C'est un livre à lire.

— La mort frappe coup sur coup au sein de l'Académie et parmi les générations dont le tour ne semblait pas encore venu. M. Étienne, poëte comique distingué sous l'empire et organe spirituel de l'opposition libérale dès les débuts de la Restauration, pouvait sembler avoir rempli sa tâche ; mais M. Soumet, mort ces jours derniers, appartenait par son talent et par ses succès à une école qu'on est encore accoutumé d'appeler l'école moderne. M. Patin a parlé à merveille sur sa tombe, bien qu'avec l'extrême indulgence qui est de rigueur en de tels moments. M. Soumet était un poëte habile, rompu à l'art des vers, mais pauvre d'idées et infecté de faux goût. Il suppléait trop souvent à cette disette d'idées par des conceptions enflées et étranges au fond desquelles on sentait l'absence de sérieux : c'est le défaut radical de sa *Divine Épopée*, au sujet de laquelle M. Vinet a dépensé, dans *le Semeur*, tant de bon esprit et de victorieuses raisons sans parvenir à entamer la conviction de l'auteur. M. Soumet, nous dit-on, dans la vie privée, avait de l'esprit, de la grâce, une sorte de courtoisie romanesque qui se conciliait d'une manière assez aimable avec les vanités du poëte et de légers ridicules. Sa bibliothèque, nous dit un journal, se composait en tout de six ou sept ouvrages : Homère, Virgile (l'*Énéide*), la *Jérusalem* du Tasse, les *Lusiades* de Camoëns, la *Messiade* de Klopstock, et la *Divine Épopée*, qu'il ajoutait l'autorité à cette illustre famille : une *plume d'aigle*, présent d'un ami, et avec laquelle il avait écrit cette *Divine Épopée*, était suspendue comme trophée au-dessus de l'œuvre. Sa *Clytemnestre*, moins pompeuse, laissera plus de souvenir ; elle a marqué un moment dans les fastes dramatiques de la Restauration.

— Jules de Rességuier, un poëte assez agréable et très-maniéré, a fait autrefois, dans une pièce adressée à Soumet, ce vers qui peint en un trait le défaut de celui qu'il croit louer :

> Et c'est peu qu'ils soient beaux, tes vers, ils sont charmants!

On dira tant qu'on voudra que c'est là le *dulcia sunto* d'Horace. Ce mot *charmant* qui veut surenchérir sur le beau, peint à merveille la mignardise et le faux goût venant gâter des inspirations qui promettaient d'être belles. Ce *charmant* chez Soumet revient tous les trois ou quatre vers, qu'il s'agisse de tragédie ou d'épopée; on pourrait appliquer encore à sa manière pompeuse, sonore et creuse, à son vers spécieux et brillant, le *bellum caput, sed cerebrum non habet* du fabuliste : *belle forme, mais vide d'idées!*

— Il y a eu le samedi 5 avril, au Théâtre-Français, un succès de tragédie nouvelle : *Virginie*, par M. Latour de Saint-Ibar. Il paraît que mademoiselle Rachel y a été très-belle et créatrice. Il devient très-évident que le public français revient plus que jamais aux Grecs et aux Romains, dont on l'avait vu si dégoûté il y a quelques années. Le Tite-Live a remplacé les chroniques du moyen âge; il est vrai que les dramaturges romantiques en France avaient si mal lu et étudié ces chroniques qu'ils n'en avaient tiré que le grossier et le repoussant. Ce n'est pas ainsi qu'avait fait Manzoni en Italie, dans ses deux beaux échantillons de *Carmagnola* et d'*Adelchi*.

LXXVIII

Ce 5 mai 1845.

LA QUESTION DES JÉSUITES A LA CHAMBRE DES DÉ-
PUTÉS. — M. THIERS, M. DUPIN, M. BERRYER, M. DE
LAMARTINE. — ÉLÉVATION DE M. VICTOR HUGO A LA
PAIRIE. — JASMIN DÉCORÉ DE LA LÉGION D'HON-
NEUR.

— La grande affaire de ces derniers jours a été la discussion de la Chambre des députés des 2 et 3 mai sur les
jésuites. Le cartel était donné d'avance, et l'on se pré-
parait comme pour un grand combat. Il n'y a pas eu de
combat, attendu que le ministère a trouvé un moyen,
depuis quelque temps, pour s'assurer de la majorité,
c'est d'adhérer à toutes les mesures que propose l'opposition ; il résulte de là que le ministère, au lieu de la
majorité, a tout simplement l'unanimité. La plaidoirie a
d'ailleurs été fort éloquente et fort belle; M. Thiers y a
fait preuve d'une modération dans les formes qui sent
évidemment l'homme d'État disposé à redevenir ministre

dans un temps qui n'est pas bien éloigné. M. Dupin y a eu sa vigueur logique et son bon sens, un peu vulgaire, mais franc et incisif. M. Berryer est le seul orateur qui ait ouvertement plaidé pour la liberté des congrégations religieuses; il l'a fait avec éclat, avec cette ampleur d'éloquence que lui seul possède et qui le fait écouter et presque applaudir dans les questions même où ses opinions ont le moins de faveur. Quant à M. de Lamartine, il n'a pu, un seul instant, maîtriser l'inattention de la Chambre; il en souffrait, il le laissait voir, mais il ne parvenait point à fléchir cet auditoire impatient et irrité; sous la magnificence que gardait encore sa parole jusque dans ce désarroi, on se demandait en vain ses raisons et ce qu'il voulait dire, et l'on n'a pu s'en rendre compte pas plus que lui-même il ne le savait bien peut-être. — Nous ne prétendons dans tout ceci, comme on le voit, que noter l'effet oratoire et, en quelque sorte, littéraire de ces deux séances.

— Un événement politique qui touche de près à la littérature est l'élévation de Victor Hugo à la pairie. Nous n'y voulons voir qu'un fait, c'est qu'en France on arrive désormais à tout par son esprit et par son talent, même quand ce talent n'a été appliqué qu'aux choses d'imagination pure et de poésie. — Un autre fait que nous nous permettrons de rapprocher du précédent, c'est que le poëte coiffeur d'Agen, l'aimable Jasmin, vient, dit-on, de recevoir la croix de la Légion d'honneur : autre preuve qu'avec de l'esprit et même par la poésie seule, on triomphe aujourd'hui de toutes les difficultés et de tous les préjugés, qu'on se classe à son rang, et qu'on se fait finalement reconnaître et honorer des puissances sociales officielles. Un ministre croit s'honorer lui-même en acceptant et en ratifiant le choix du public. Ces croix d'ailleurs, en France, sont tellement prodiguées qu'elles ont perdu leur prix et leur vrai sens de distinction; nous ne signalons cette marque d'honneur pour Jasmin qu'à cause du contraste que cela fait avec sa profession; cette nouvelle sera bien accueillie dans le midi de la France qui voit en lui son poëte populaire.

LXXIX

Ce 5 mai 1845.

A PROPOS DE LA TRAGÉDIE DE *VIRGINIE*, PAR M. LATOUR DE SAINT-IBAR, AU THÉATRE-FRANÇAIS. — ÉTAT DE L'ART DRAMATIQUE EN FRANCE. — ESPÉRANCES DÉÇUES.

Le succès de la tragédie de *Virginie* se soutient au Théâtre-Français; c'est le succès de mademoiselle Rachel plus encore que celui de l'œuvre elle-même. *Virginie* n'est qu'une sœur, et une sœur cadette de la *Lucrèce* de Ponsard. La pièce est bien, elle est conduite conformément à l'histoire, et raisonnablement; il y a d'assez beaux vers et il n'en est pas qui choquent; la couleur locale, les apostrophes aux dieux lares, les allusions aux coutumes romaines, la *farine* et le *miel*, *l'orge* et le *sel*, tout cela est assez à point employé; mais ce qui donne le caractère dramatique, c'est l'accent de mademoiselle Rachel en deux ou trois moments, c'est son attitude simple, noble, virginale, dans toute la pièce; elle est belle comme certaines figures des vases antiques. — Il n'est peut-être pas inutile de rappeler que toute cette couleur d'*André Chénier* romain, où la scène se retrempe et rajeunit tant bien que mal sa teinte en ce moment, a été pour la première fois essayée et appliquée par un poëte peu connu, M. Jules de Saint-Félix, dans un recueil intitulé *Poésies romaines*. Ce recueil a été peu remarqué à l'époque de son apparition, et il aurait droit pourtant, en ce qui est du procédé, à revendiquer la priorité d'invention, si invention il y a.

Le succès même de ces deux dernières tragédies, *Virginie* et *Lucrèce*, peut servir à mieux mesurer la décadence et la déchéance des hautes pensées et des espérances ambitieuses qu'on avait d'abord conçues dans cette carrière dramatique, telle qu'elle se rouvrait il y a vingt-cinq ans. Alors en effet on se plaisait à concevoir une sorte de drame à la fois réel et idéal, qui reproduirait avec étude et fidélité les mœurs et les personnages de l'histoire, y associerait les passions éternelles de la nature humaine, et ferait parler le tout d'un ton plus simple et plus sincèrement poétique à la fois qu'on n'avait osé jusqu'ici. Les deux seuls beaux échantillons parfaits qu'on ait eus dans ce système dramatique moderne, tel qu'il était conçu alors par l'élite des esprits délicats, sérieux et élevés, ç'a été les deux pièces de Manzoni, *Carmagnola* et *Adelchi*. En France la *Marie Stuart* de M. Lebrun s'acheminait dans le même sens, mais avec timidité et avec entraves; les *Vêpres siciliennes* de Casimir Delavigne ne faisaient pas un mouvement, pas un geste de ce côté. Dans les années qui suivirent *Marie*

Stuart, on essaya encore, mais sans succès auprès du public; le *Cid d'Andalousie* du même auteur n'obtenait point grâce. On attribuait ces difficultés alors à des gênes extérieures, à la *censure* qui interdisait certaines représentations historiques sur la scène et qui n'aurait point toléré certaines familiarités avec les grands personnages royaux ou ecclésiastiques. Les bons esprits, parmi les novateurs, se rejetaient dans les drames écrits, dans les essais développés en volume ou les chaudes esquisses dialoguées: on eut les *États de Blois*, les *Barricades* de Vitet; on eut le *Théâtre de Clara Gazul* de Mérimée. On se disait : « Patience! quand la scène sera libre, nous verrons bien. » Au commencement de 1830, *Hernani* vint apporter du mouvement et comme un éveil de prochain espoir; c'était étrange, c'était peu historique, c'était plus qu'humain et assez surnaturel, mais enfin il y avait éclat, poésie, nouveauté, audace. La critique, pendant tout ce temps-là (je parle de la critique qui compte), faisait son office avec zèle et courage; elle s'attachait à réfuter les sottes querelles des adversaires, à démontrer qu'il y avait quelque chose de possible en dehors de l'ancien système, que le siècle devait avoir son drame à la scène comme il l'avait eu dans l'histoire. Je ne puis mieux comparer la critique d'alors qu'à ces ingénieurs et à ces officiers du *génie* qu'on envoie d'avance pour frayer le chemin, établir une chaussée à une armée qui les suit et qui fait une halte forcée. Les ingénieurs étaient donc à l'œuvre; on essayait de tracer à la moderne bande des novateurs dramatiques une route qui tournât les temples de Racine et de Corneille et qui n'en fût pas écrasée; car les vieux critiques, logés dans ces temples, en faisaient des espèces de forteresses d'où ils tiraient sur les nouveaux venus et croyaient leur barrer le passage. De là plus d'un combat. Il arriva même, je pense, que pour élargir un peu cette route disputée, il y eut quelques jeunes critiques plus osés qui n'hésitèrent pas à faire sauter (surtout du côté de Racine) quelque portion du marbre sacré, quelque coin des degrés de ces temples augustes. Bref, le chemin semblait tracé, il était clairement indiqué du moins, et il ne s'agissait plus pour les poëtes, surtout après juillet 1830, et la pleine liberté de la scène étant conquise, que d'y marcher et d'y faire leurs preuves. Or, qu'a-t-on vu? Oh! nous sommes très-certain que plus d'un, parmi les critiques-*ingénieurs* dont nous parlions tout à l'heure, a été honteux de voir pour qui il avait travaillé. Le faux historique, l'absence d'étude dans les sujets, le gigantesque et le forcené dans les sentiments et les passions, voilà ce qui a éclaté et débordé; on avait cru frayer le chemin et ouvrir le passage à une armée chevaleresque, audacieuse mais civilisée, et ce fut une invasion de barbares. Après douze ou quinze ans d'excès et de catastrophes de tous genres, le public en est venu à ne plus aspirer qu'à quelque chose d'un peu noble, d'un peu raisonnable et de suffisamment poétique; toutes les pensées suivies et les vues projetées, il y a vingt-cinq ans, ont été interrompues, et la tradition n'en a pas été recueillie par les générations mal guidées, survenues pêle-mêle, et sans aucun lien qui les rattachât à leurs aînées. Voilà comment deux pièces estimables, dont l'une (*Lucrèce*) est très-supérieure à l'autre, mais dont aucune ne réalise le moins du monde l'idéal moderne qu'on avait, à un moment, entrevu, voilà comment ces deux pièces qui ne sont que de très-nobles essais de poëtes qui sembleraient à peine encore émancipés de la plus excellente des rhétoriques, ont été presque un événement : il y a vingt-cinq ans, à une époque qui comptait parmi les juges de la tentative dramatique, non-seulement les jeunes esprits sérieux de la France, mais des témoins attentifs et des juges *européens*, tels que Goëthe, Walter Scott et Manzoni, en eût-il été de la sorte? il n'est pas même besoin de faire la réponse.

LXXX

Ce vendredi 9 mai 1845.

ÉLECTION D'ALFRED DE VIGNY ET DE M. VITET
A L'ACADÉMIE FRANÇAISE.

Nous lisons dans un journal : L'Académie, dans sa séance particulière du jeudi 8 mai, a procédé au remplacement de MM. Étienne et Soumet. Le nombre des membres présents était de 34; — M. Guizot y assistait assez près de M. Villemain, et M. Thiers non loin de M. de Lamartine. Il n'y a pas eu de combat bien vif à l'Académie ce jour-là, malgré la présence de tous ces grands rivaux; on paraissait s'être entendu pour porter d'abord M. Alfred de Vigny, qui a passé au premier tour de scrutin, dédommagement bien dû après une si longue attente. M. Vitet a été nommé ensuite presque aussi aisément. La poésie et les arts ont en eux deux représentants de plus; décidément c'est l'heure de ce qu'on a longtemps appelé les jeunes générations; elles arrivent, elles se casent, elles s'assoient. On aimerait à les voir suivies d'autres générations empressées et ardentes. Mais jusqu'à présent on cherche en vain, et l'espace se fait plus vaste chaque jour et plus vide.

Il ne serait pas très-beau que cela durât ainsi, et qu'on ne pût absolument plus dire des générations successives :

Et quasi cursores vitai lampada tradunt.

Le fait est que depuis bien du temps il n'y a pas beaucoup de vie et qu'on ne court pas. S'il y a foule et presse, c'est comme dans une rue; il n'y a ni émulation ni mouvement comme dans une arène.

LXXXI

Ce 5 juin 1845

FORMAT DES JOURNAUX QUOTIDIENS ENCORE AGRANDI. — LE LIVRE DE M. DE RÉMUSAT SUR *ABÉLARD*. — LETTRES DE LOUIS XVIII. — PORTRAIT DE LOUIS XVI ET DE LOUIS XVIII PAR M. DE BARANTE. — OPINION DE ROYER-COLLARD SUR LOUIS XVIII. — LORD BROUGHAM ET GUILLAUME SCHLEGEL ÉCRIVANT EN FRANÇAIS. — LE *PITT* DE M. DE VIEL-CASTEL. — UN MORCEAU DE M. DE SAINT-PRIEST SUR L'INDE.

Voilà les journaux quotidiens qui s'agrandissent encore : ils étaient trop étroits apparemment pour l'annonce industrielle qui les envahit de plus en plus. Le feuilleton en sera quitte par s'allonger et se distendre de plus en plus, comme la grenouille de la fable, qui fit si bien qu'elle creva. L'effet de cette immense production et consommation quotidienne commence à se faire sentir d'une manière fâcheuse sur la librairie. On n'achète guère de livres quand on lit tant les journaux; les yeux et l'esprit ont leur ration chaque matin, et s'en tiennent là. Les journaux ne vantent d'ailleurs que les livres et les auteurs qu'eux-mêmes ils éditent. La librairie sérieuse en souffre, et les gens de province qui se cotisent pour lire trois ou quatre feuilletons se croient au fait de tout. — Le prince héréditaire de Saxe-Weimar était dernièrement à Paris; comme il causait avec M. Émile de Girardin, celui-ci lui dit : «Voyez-vous, on levait autrefois un régiment à ses frais, aujourd'hui on crée un journal. Tout homme qui compte ou qui veut compter a son journal à lui. »

— M. de Rémusat vient de publier le volume premier d'un ouvrage sur *Abélard et sa philosophie*. M. de Rémusat avait, il y a quelques années, composé sur Abélard une suite de scènes dramatiques dont il avait fait lecture dans quelques salons et qui avaient obtenu le plus vif succès. Mais ayant voulu étudier plus à fond la philosophie et les ouvrages d'Abélard, il a laissé son drame de côté et l'a condamné à l'oubli. C'est aujourd'hui un ouvrage tout à fait historique, un ouvrage sérieux et profond qu'il publie. Le premier livre contient la vie d'Abélard, les livres suivants sont consacrés à l'analyse et à l'examen de sa philosophie, et deviennent indispensables à l'étude de la scolastique dont ils donnent la clef. Ces derniers livres sont d'une lecture difficile, toute spéciale, toute destinée aux gens du métier; la France n'a plus rien à envier aux travaux des Allemands en ce genre. Mais ce que tous les esprits sérieux liront avec intérêt, c'est le livre qui retrace la vie et le caractère d'Abélard. M. de Rémusat a pénétré celui-ci dans toutes ses profondeurs, dans toutes ses subtilités et toutes ses contradictions. Il le montre bel esprit éloquent et profond, talent supérieur, caractère faible, et d'une sensibilité inquiète et maladive qui devance certaines tristesses toutes modernes. Il y a un peu de René, un peu de Jean-Jacques et de Lamennais dans l'auteur de *Sic et non* et dans l'amant d'Héloïse. M. de Rémusat le définit à merveille *téméraire et triste, entreprenant et plaintif*. Héloïse y est proclamée et démontrée bien supérieure à lui de caractère et de cœur, et au moins son égale pour l'esprit, — *peut-être la première des femmes*. Ces deux cent cinquante pages qui composent la vie d'Abélard suffisent pour classer le livre de M. de Rémusat, quand même le reste serait aussi difficile à étudier qu'un traité de géométrie ou d'algèbre, et que la scolastique elle-même.

— On vient de publier un volume de Lettres adressées par Louis XVIII au comte de Saint-Priest, qui fut ministre du prétendant pendant l'émigration. M. de Barante a mis en tête du volume une notice qui est un chapitre intéressant d'histoire. Le comte de Saint-Priest, qui fut ambassadeur à Constantinople, puis ministre de Louis XVI en 89, puis ministre et confident de Louis XVIII pendant l'exil, prêtait par sa longue carrière à une sorte de résumé historique et à coup d'œil rétrospectif sur toute cette époque de la Révolution. M. de Barante s'est acquitté de cette tâche avec tact, avec goût, avec justesse. L'impression qui résulte de ces pages écrites par un esprit si modéré est bien défavorable d'ailleurs et à l'ancien régime et aux personnes royales qui y figurent.

Louis XVI est représenté tel qu'il fut et sans son auréole de roi-martyr, faible, inerte, disgracieux, maussade : *sa bonté même n'était qu'une forme de sa faiblesse.* Louis XVIII exilé y apparaît confit dans la *conscience béate* de son droit divin, y puisant quelques sentiments de dignité sans doute, mais surtout un contentement superbe qui était fait pour affliger les gens sensés de son parti. Les illusions de cette petite cour sont singulières ; elles étonnent de la part d'un esprit sensé comme l'était après tout celui de Louis XVIII ; on n'a qu'à lire les instructions qu'il donnait à M. de Saint-Priest auprès de M. de Thugue et de la cour de Vienne, à la veille de Marengo. Au reste tous les exilés en sont là, et, dès qu'on émigre, on ne voit plus les choses du dedans qu'avec une lorgnette toute particulière.

On peut croire d'ailleurs que dans les jugements qu'il exprime sur les choses et sur les hommes, M. de Barante ne fait que se régler sur les opinions qu'il a trouvées exprimées dans les papiers et les notes de M. de Saint-Priest. Ces opinions sévères étaient au fond celles des quelques hommes sensés et modérés de ce parti ; mais ils se contentaient de les dire à l'oreille ; c'est pour la première fois qu'elles se produisent aussi nettement.

— On demandait un jour à un homme considérable qui avait beaucoup connu Louis XVIII, si, vers la fin, lorsqu'il accepta et subit les ultra-royalistes et le parti du comte d'Artois, il avait bien toute sa tête ; cet homme considérable, et que nous pourrions nommer (Royer-Collard), répondit : « Il avait un peu baissé ; vers la fin il n'y avait plus en lui que ce qu'il était tout d'abord, le bel esprit,

le petit esprit du XVIII° siècle; tout ce que l'expérience lui avait donné d'acquis dans l'intervalle s'en était allé. »
— Ainsi cela arrive souvent en vieillissant ; on perd ce qui n'était qu'acquisition et emprunt; on retombe au point de départ. — Eh bien, Louis XVIII, dans cette Correspondance avec M. de Saint-Priest, en est encore à ce point de départ, avant l'expérience acquise.

— Lord Brougham vient de publier *en français*, écrit par lui-même, un volume sur *Voltaire* et *J.-J. Rousseau*; c'est un hommage à la France. — Guillaume de Schlegel, qui vient de mourir, lui avait rendu souvent ce genre d'hommage, même lorsqu'il était le plus sévère contre les admirations exclusives si ordinaires au goût et à l'esprit français. Il écrivait sur la *Phèdre* de Racine en français. Ses *OEuvres posthumes* qu'il laisse sont également écrites en français.

— Le *Pitt* de M. de Viel-Castel, dans la *Revue des Deux Mondes*, répond à propos et victorieusement au jugement un peu léger de M. Thiers en son Histoire.

— On a aussi fort remarqué dans le même recueil le morceau de M. de Saint-Priest sur l'Inde; ce sont là des morceaux d'histoire qui vont de pair avec les grands morceaux de M. Macaulay et autres, dans la *Revue d'Édimbourg*. Cela constitue en France un genre nouveau de littérature : l'*Essai historique* dans tout son sérieux et tout son développement.

LXXXII

Ce 6 juin 1845.

MANZONI. — DE LA DIFFICULTÉ D'ÉCRIRE
EN ITALIEN[1].

Nous sommes assez accoutumés à l'exactitude de M. Sainte-Beuve pour penser qu'il n'a point hasardé de telles opinions, et que s'il les attribue à Manzoni en des termes si explicites et si formels, c'est qu'il a eu entre les mains des témoignages aussi authentiques qu'on le peut désirer. Ceci admis, rien de plus intéressant que de saisir Manzoni nous livrant ainsi le secret de ses scrupules et de ses anxiétés d'écrivain. Nous lui accordons volontiers ce qu'il dit sur la difficulté et les inconvénients qu'on éprouve en voulant écrire de longs ouvrages

[1]. Sainte-Beuve commente ici, à propos de Manzoni, son article sur *Fauriel* qui venait de paraître dans la *Revue des Deux Mondes*, et qu'il a recueilli depuis dans les *Portraits contemporains* (tome IV). Nous y renvoyons le lecteur pour l'intelligence de ce qui suit.

en bonne prose italienne sur certains sujets. Mais en ce qui est de la poésie, nous avons peine à ne pas voir plutôt un avantage dans cette espèce de langue, non pas artificielle, mais supérieure à la langue usuelle et d'un ordre plus élevé, d'un ordre à part, qu'il est permis et même imposé à tout poëte sérieux de ressaisir et de s'approprier. Après tout, la belle poésie latine était-elle autre chose? et croit-on que Virgile et Homère parlassent en vers la même langue que le commun peuple de Rome? On pourrait, je crois, en dire presque autant de la belle langue *attique* chez les Grecs, laquelle était certainement quelque chose d'un peu artificiel, bien que se rapportant de préférence au ton et au goût du peuple d'Athènes, tout comme en Italie la belle langue aime à se réclamer du peuple de Florence. En français, nous n'avons rien eu de tel, et d'autres inconvénients se sont faits sentir dans la poésie. Celle-ci a eu la prétention de parler comme la prose, d'en différer aussi peu que possible. Malherbe s'est tout d'abord vanté, on s'en souvient, d'aller prendre les mots de son vocabulaire parmi les portefaix du *port au foin* et dans le peuple des halles. Or il n'en est pas résulté que les gens du peuple en France aient su par cœur les vers de Malherbe et les aient pu comprendre. La poésie s'est donc imposé ces conditions un peu appauvries de la prose gratuitement et en pure perte, puisque en restant claire et courante elle n'en est pas devenue plus populaire pour cela. Voltaire a donné sa fameuse recette pour voir si des vers français étaient bons ou mauvais : *Mettez-les en prose!* La poésie en France a suivi cette voie depuis Malherbe jusqu'à la fin du xviiie siècle. Au lieu d'avoir comme ailleurs ce qu'on appellerait les *sacrés balcons*, elle n'a eu, si l'on peut ainsi parler, qu'un *trottoir*, très-habilement construit, mais très-peu élevé au-dessus de la prose. De nos jours on a essayé de rendre à la poésie sa langue propre, son style, ses images, ses priviléges, mais l'entreprise a pu paraître bien artificielle, parce qu'il a fallu aller chercher ses exemples dans le passé par delà Malherbe, et encore des exemples très-incomplets et sans autorité éclatante. Il y a bien longtemps que Fénelon, dans sa *Lettre à l'Académie française*, semble avoir reconnu cette infériorité de la poésie française, en comparaison de la poésie des Anciens. Or en italien, grâce à Dante et à la faculté qu'a tout poëte moderne de se rapporter à ces hauts exemples et de s'élever au-dessus du niveau du jour, la poésie a gardé son rang suprême, ou du moins elle le recouvre toutes les fois qu'un vrai poëte se rencontre. Voilà ce qu'on pourrait répondre à Manzoni, à l'auteur des chœurs de *Carmagnola* et des *Inni sacri*.

Dans tout ce que nous venons de dire de la poésie française, nous désirons être bien compris; nous ne prétendons en rien diminuer le mérite des poëtes français dont quelques-uns sont si évidemment supérieurs, nous ne parlons que de la langue même dans laquelle ils ont écrit et des conditions qu'elle leur a fait subir. Les poëtes anciens (et peut-être en est-il ainsi dans quelques langues modernes autres que la française) ont eu à manier une étoffe bien plus disposée pour la poésie, ils ont trouvé plus aisément sous leurs doigts *ce tissu des saintes mélodies* que déployait Homère pour parler avec André Chénier. Ils étaient naturellement portés par un grand courant et par un fleuve sonore comme la lyre d'Orphée par le fleuve de Thrace. En un mot, jamais il ne serait venu à l'idée de personne, pour louer leurs vers, de dire ce que M. de Buffon disait des beaux vers français : *Cela est beau comme de la belle prose.*

LXXXIII

Ce 5 juillet 1845.

AGRANDISSEMENT DE FORMAT DES GRANDS JOURNAUX. — LA *REVUE DE PARIS* CESSE DE PARAITRE. — CRÉATION DE L'*ARTISTE*. — M. ARSÈNE HOUSSAYE. — LA *REVUE DES DEUX MONDES* RESTE AUX MAINS DE M. BULOZ. — *LES BRETONS*, DE BRIZEUX. — POÉSIES DE THÉOPHILE GAUTIER. — ORGUEIL DE LA VIE.

Les dimensions des grands journaux se sont agrandies; le système des annonces Duveyrier se déploie en long et en large; les feuilletons nagent au milieu de tout cela comme de minces vaisseaux à travers un Océan, et l'œil du lecteur ne sait plus où se poser.

Voilà les journaux français aussi vastes que les journaux anglais et américains. Peut-être l'estomac du lecteur français se distendra à l'avenant.

Il y a eu ces jours-ci une autre révolution moins visible, mais non moins importante. La *Revue des Deux Mondes* a eu sa crise intérieure. Cette Revue et celle de

Paris étaient depuis quelques années aux mains des mêmes propriétaires, MM. Buloz et Bonnaire. La dernière transformation de la *Revue de Paris*, qui visait à devenir un journal quotidien, n'ayant réussi qu'imparfaitement, il en est résulté entre les propriétaires un désaccord à la suite duquel la *Revue de Paris* a suspendu ses publications [1]. Quant à la *Revue des Deux Mondes*, M. Buloz, qui l'a créée et qui la dirige depuis quatorze ans, en est devenu l'unique acquéreur et propriétaire : il s'occupe à lui donner de nouveaux développements, à perfectionner les branches existantes, à les varier et à assurer à ce Recueil la supériorité qu'il s'est acquise déjà entre les meilleures Revues d'Europe. On dit qu'une société d'actionnaires composée de personnes considérables dans la littérature et la politique, et formée par les soins de M. Buloz, donnera désormais à la *Revue des Deux Mondes* un fonds plus consistant et prêtera un point d'appui plus solide et plus fixe à l'activité de l'habile directeur.

— Le poëme de M. Brizeux, intitulé *les Bretons* et composé de vingt-quatre chants, vient de paraître. Il serait prématuré de juger du premier coup une œuvre sérieuse que nous avons pu à peine parcourir. Le poëte a évidemment voulu peindre avant tout le pays et les mœurs; la fable (si fable il y a), l'action romanesque qu'il a jetée à travers, n'est qu'un prétexte et tient peu de place,

---

[1] La *Revue de Paris*, par suite d'un arrangement ultérieur, va se confondre avec un journal d'art et de littérature intitulé *l'Artiste*, qui aura désormais le droit d'ajouter à son titre celui de *Revue de Paris*. *L'Artiste* est dirigé par M. Arsène Houssaye.

trop peu sans doute. Des paysages francs, naturels, des scènes prises sur le fait, une grande vérité de traits et un grand art d'expression dédommagent de l'action un peu absente, et recommandent, à première vue, cette étude qui est, du moins, une haute et noble tentative.

Voici un passage du chant second; le poëte, qui vient de décrire la défense d'un troupeau de bœufs contre un loup, s'écrie tout d'un coup, exprimant cet amour un peu sauvage et forcené pour sa Bretagne qui fait l'inspiration de son poëme :

> O landes! ô forêts, pierres sombres et hautes,
> Bois qui couvrez nos champs, mers qui battez nos côtes,
> Villages où les morts errent avec les vents,
> Bretagne, d'où te vient l'amour de tes enfants?
> Des villes d'Italie où j'osai, jeune et svelte,
> Parmi ces hommes bruns montrer l'œil bleu d'un Celte,
> J'arrivais, plein des feux de leur volcan sacré,
> Mûri par leur soleil, de leurs arts enivré;
> Mais, dès que je sentis, ô ma terre natale,
> L'odeur qui des genêts et des landes s'exhale,
> Lorsque je vis le flux, le reflux de la mer,
> Et les tristes sapins se balancer dans l'air,
> Adieu les orangers, les marbres de Carrare,
> Mon instinct l'emporta, je redevins barbare,
> Et j'oubliai les noms des antiques héros,
> Pour chanter les combats des loups et des taureaux!

— On vient de recueillir dans la Bibliothèque Charpentier les œuvres de Théophile Gautier; son volume de vers, qui en contient un assez grand nombre d'inédits, aura un certain succès auprès de ceux à qui la

grâce de la fantaisie et la vivacité de la couleur suffisen .
On peut citer comme une élégie d'un paganisme très-nu,
mais très-gracieux (le genre admis), son *Premier rayon
de mai.* D'autres petites pièces ont bien du relief
et de la tournure. Quel dommage qu'une prétention
presque continue gâte tout cela, et que la sensibilité
simple et vraie manque sous ces vernis si souvent flatteurs ! — M. Gautier est parti pour l'Afrique où il va
enrichir sa palette de nouvelles couleurs locales.

Voici de ce volume une des jolies pièces, une de
celles qui se peuvent citer (car toutes à beaucoup près
ne sont pas dans ce cas); le poëte qui l'a intitulée *Fatuité* ne fait qu'y exprimer bien sincèrement sa manière
d'être le plus habituelle, sa façon de vivre, de porter la
tête et de respirer; on y sent déborder à chaque mot
l'orgueil de la vie.

> Je suis jeune; la pourpre en mes veines abonde ;
> Mes cheveux sont de jais et mes regards de feu,
> Et, sans gravier ni toux, ma poitrine profonde
> Aspire à pleins poumons l'air du ciel, l'air de Dieu.
>
> Aux vents capricieux qui soufflent de Bohême,
> Sans les compter je jette et mes nuits et mes jours,
> Et, parmi les flacons, souvent l'aube au teint blême
> M'a surpris dénouant un masque de velours.
>
> Plus d'une m'a remis la clef d'or de son âme;
> Plus d'une m'a nommé son maître et son vainqueur;
> J'aime, et parfois un ange avec un corps de femme
> Le soir descend du ciel pour dormir sur mon cœur.
>
> On sait mon nom, ma vie est heureuse et facile;
> J'ai plusieurs ennemis et quelques envieux;
> Mais l'amitié chez moi toujours trouve un asile,
> Et le bonheur d'autrui n'offense pas mes yeux.

L'orgueil de la vie, l'enivrement de la jeunesse et des sens, c'est là trop souvent l'inspiration unique de la poésie moderne, et il vient un moment où, poussée trop loin, prolongée au delà des termes, cette inspiration sans partage devient imprudence fatale, tourbillon et ruine.

LXXXIV

Ce 6 juillet 1845.

BÉRANGER EN 1845.

Dans l'article qu'il vient de publier sur Desaugiers dans la *Revue des Deux Mondes* [1], M. Sainte-Beuve a voulu sans doute faire allusion à la chanson très-injuste de Béranger intitulée *Paillasse* (1816), qu'on a dit être dirigée contre Desaugiers; celui-ci, s'il y a répondu, n'y aurait répondu qu'avec bien peu de fiel par la chanson intitulée *le Commis indépendant*, qui semblait faire allusion elle-même à la fausse position de Béranger, alors employé dans les bureaux de l'Instruction publique. Les deux chansonniers ont pu désavouer ensuite toute intention de se blesser directement, mais leurs amis et

---

[1]. L'article en question est du 1er juillet 1845. N'oublions pas que les chroniques de Sainte-Beuve à la *Revue suisse* étaient anonymes, ce qui permettait à l'auteur de parler de lui-même à la troisième personne, comme s'il s'agissait d'un autre.

leurs ennemis firent l'application dans le moment, et c'est tout ce qu'il fallait.

M. Sainte-Beuve n'a pu vouloir, au reste, dans ce parallèle, que poser la limite du talent de Béranger; il l'a apprécié et loué ailleurs, et il ne prétend rien retrancher sans doute de ses premiers jugements; mais, cette fois, il aura tenu à faire sa restriction sur ce seul point où Béranger prête le flanc. Béranger a, dans la vie privée et dans toute sa conduite, bien du calcul et de l'arrangement; il tient, par exemple, à amener les autres à lui, en se flattant de n'aller jamais à eux; il croit peut-être avoir pris Chateaubriand et Lamennais, les avoir convertis et conquis, mais il oublie que de tels hommes ne se hantent pas impunément et qu'on ne saurait les voir beaucoup sans se modifier soi-même. Tout le profit ou le préjudice de ce commerce ne saurait être de leur côté; ils ont agi à leur tour sur leur très-malin et très-spirituel ami; le célèbre chansonnier a donc perdu un peu en gaieté, il a gagné en religiosité, en tendances sérieuses et sociales; il est sorti peu à peu de son premier cadre et s'est agrandi. Mais nous sommes placé trop loin pour suivre, comme il faudrait, ces influences croisées. Ce qui reste fondamental et essentiel chez Béranger à travers toutes ses petites combinaisons que nous, nous n'avons fait qu'entrevoir autrefois, c'est la haute probité, la hauteur de l'âme, le caractère plébéien indélébile; voilà ce qui rachèterait au besoin bien des petitesses et des raffinements. Il faut toujours compter, quand on le juge, sa vertu, sa force morale, ce sentiment qui lui a fait jouer un grand rôle dans les crises politiques et dominer parfois les hommes les plus violents au seul nom de la patrie. Ces hommes violents eux-mêmes s'honoraient en reconnaissant à de certaines heures son autorité et son dévouement. M. Sainte-Beuve n'a pas craint, en un endroit, d'appliquer au talent de Béranger l'expression de *sublime;* un tel mot entraîne bien des réparations et bien du respect.

FIN

TABLE

SAINTE-BEUVE CHRONIQUEUR, par M. Jules Troubat...... 1

I. — *Amschaspands et Darvands*, par Lamennais. — *Phèdre* et mademoiselle Rachel. — Les jésuites. 1
II. — *Les Burgraves*, par Victor Hugo. — *Judith*, par madame Émile de Girardin. — Mademoiselle Rachel. — Lamartine et *Toussaint Louverture*, etc.................................. 9
III. — *Les Burgraves*............................ 12
IV. — Lamartine. — Ponsard. — Lecture de *Lucrèce* chez Bocage, etc............................ 16
V. — *Judith*, par madame de Girardin. — La *Lucrèce* de Ponsard. — Le Père de Ravignan, etc. 19
VI. — Une mystification de Méry. — L'art dramatique contemporain, etc............................ 22
VII. — Représentation de *Lucrèce* et de *Judith*, etc... 25
VIII. — Cousin. — *Lucrèce*. — *Judith*. — Madame Louise Colet. — Madame de Girardin............... 30
IX. — Causes du succès de *Lucrèce*..... 33
X. — Articles sur *Lucrèce*. — Libri et les journaux de sacristie.................................. 37

XI. — Engouement. — Adolphe Dumas et Alexandre Dumas. — Encore *Lucrèce*. — Michelet. — Quinet. — Les jésuites. — Villemain. — Du gallicanisme.. 39

XII. — Querelle de cuistres et de bedeaux. — *Histoire naturelle de la santé et de la maladie*, par F.-V. Raspail. — Quolibets sur *Lucrèce*. — Les néo-catholiques et les anciens, etc............. 47

XIII. — L'Université et les jésuites. — Les *Anti-Lucrèce*. 53

XIV. — Article de Charles Magnin sur *Lucrèce* dans la *Revue des Deux Mondes*. — Polémique des évêques. — *Mademoiselle de La Vallière*, par Adolphe Dumas. — Éloge de Daunou, par M. Mignet.. 58

XV. — Viennet et Ponsard. — *La Russie en* 1839, par M. de Custine. — Toujours les universitaires et les jésuites. — Louis-Philippe et M. Villemain. — *Les Mystères de Paris*..................... 61

XVI. — Polyniaiserie. — Discours de Lamartine à Mâcon. — Un portrait de Libri. — Projet d'une statue de Lamartine à Arles. — Inexpérience scénique de Ponsard. — Le rôle des trois femmes dans *Lucrèce*. — Mort de l'Athénée.... 64

XVII. — Calme plat. — Laprade. — Chateaubriand. — Quelques vérités sur la situation en littérature, etc... 70

XVIII. — Grand mouvement de réimpressions dans la librairie française. — Les formats. Charpentier. — *L'Illustration*. — M. Édouard Charton. — Les *Voyages en zigzag* de Töpffer................ 74

XIX. — Cousin — Lettres du Père André. — Alfred de Musset. — Vers pour l'anniversaire de la mort du duc d'Orléans. — Inconvenance. — Louis-Philippe et la duchesse de Berry. — Madame Louise Colet. — Eugène Sue. — *Les Mystères de Paris*. — Départ de Balzac pour Saint-Pétersbourg. — Alexandre Dumas. — *Les Demoiselles de Saint-Cyr*, etc............................ 76

XX. — Quinet et Michelet. — Le livre des jésuites.... 84

XXI. — Feuilleton de Jules Janin sur *Les Demoiselles de Saint-Cyr*. — Dumas se fâche. — Eugène Scribe. — Un auteur comique à naître. — Un *déjeuner de garçons* perpétuel. — Abus de *grands hommes de bien*........................ 87

XXII. — La princesse de Joinville. — Les *Lettres parisiennes* de madame de Girardin. — Jésuitisme et gallicanisme. — Conversion de M. Ratisbonne. — Peinture religieuse et galante....... 91

TABLE. 343

XXIII.	— De la librairie catholique....................	94
XXIV.	— Reprise et fin de la querelle de Janin et de Dumas. — Eugène Sue. — Théodore Burette.....	95
XXV.	— *Les Mystères de Paris.* — Lamartine visé à l'O'Connell. — Sa liste civile. — Querelle de Dumas et de Janin arrangée. — Grave symptôme de décadence morale......................	97
XXVI.	— Études catholiques et universitaires. — Portrait de Villemain. — Parallèle avec Guizot et Cousin. — M. de Genoude..............	100
XXVII.	— Accident au Tréport. — Voyage de la reine d'Angleterre. — Réponse d'Edgar Quinet à l'archevêque de Paris......................	109
XXVIII.	— Madame Sand dans son Berry. — Départ de Balzac pour la Russie. — Mort de la fille et du gendre de Victor Hugo. — Affreuse catastrophe. — Vers de Victor Hugo. — Le discours du cardinal Pacca. — Sénilité fleurie. — Notes de mon voyage à Rome........................	113
XXIX.	— Un *Catéchisme*, par M. Cousin. — Importance croissante du parti catholique. — Ses relations dynastiques. — Politique d'atermoiement du roi Louis-Philippe. — La France catholique par ambition. — Programme de la liberté de l'enseignement réclamée par les jésuites. — Janin. — Gautier. — Delphine Gay. — M. Patin, etc....	117
XXX.	— Peu de succès de la reprise de *Lucrèce*. — La liberté de l'enseignement. — Madame de Girardin..	126
XXXI.	— Insuccès de *Lucrèce* à sa reprise.............	129
XXXII.	— *Les Mystères de Paris*......................	131
XXXIII.	— Le duc de Bordeaux. — Chateaubriand. — Disette de grands noms dans le clergé français. — Opinion de Joseph de Maistre. — L'abbé de Cazalès. — M. Patin. — Les Tragiques grecs. — M. Saint-Marc Girardin. — Sa sécheresse d'esprit. — Opposé à M. de Rémusat......................	133
XXXIV.	— Lerminier. — Lamartine. — Disette de nouveautés en librairie. — M. Arthur Ponroy. — Début des frère et sœur de mademoiselle Rachel. — L'esprit humain peu inventif. — *Eve*, par Léon Gozlan. — La fille d'Alexandre Soumet. — Un poëme de six mille vers......................	141
XXXV.	— Vente des livres catholiques. — Lamennais. — Raphaël et Rébecca Félix, frère et sœur de mademoiselle Rachel. — Léon Gozlan. — Voyage	

	de Chateaubriand à Londres. — Visite d'Eugène Sue à George Sand. — Béranger. — Quatre grandes puissances du jour. — Dupin.........	144
XXXVI.	— Voyage du duc de Bordeaux en Angleterre. — Craintes de l'Université en face du clergé. — Montalembert. — Cousin sur Vanini. — Catholicisme et Éclectisme.....................	147
XXXVII.	— Parade et comédie légitimistes. — Chateaubriand *vieux bonhomme.* — Serment des députés. — Conférences du Père Lacordaire à Notre-Dame. — Lacordaire et Montalembert. — Improvisations politiques de M. de Lamartine..........	153
XXXVIII.	— Lacordaire, Henri V et Chateaubriand. — Mort de Casimir Delavigne. — Nobles paroles de Victor Hugo sur sa tombe. — Candidatures académiques. — *Tibère,* tragédie de Marie-Joseph Chénier, au Théâtre-Français. — Article scandaleux de Janin......................	158
XXXIX.	— Préface d'*Ève*, par Léon Gozlan.............	164
XL.	— Réponse au *Journal du Léman*..............	166
XLI.	— Année stérile. — Article de M. Paulin Limayrac sur *les Mystères de Paris.* — Brochure de l'abbé Combalot sur la liberté de l'enseignement. — Prochaine inauguration du monument de Molière. — Discours du roi moins universitaire que celui de M. Villemain. — Article de M. Forcade sur le parti légitimiste. — Maladie de Charles Nodier. — Sympathie universelle et goût de la France pour l'esprit......................	167
XLII.	— Félix Pyat contre Jules Janin................	172
XLIII.	— Suite de la polémique entre Félix Pyat et Jules Janin. — Mademoiselle Rachel dans *Bérénice*..	173
XLIV.	— Le *bon* Nodier..........................	175
XLV.	— Suites et conséquences de la visite des députés légitimistes au comte de Chambord en Angleterre. — Explosions de la Chambre. — Les *flétris.* — Guizot et Berryer. — Louis-Philippe et M. de Salvandy. — Visite des étudiants à Chateaubriand le *flétri.* — Vie de l'abbé de Rancé. — Inauguration de la statue de Molière. — Discours d'Arago. — Enterrement de Charles Nodier. — *Odes et Poëmes*, par Victor de Laprade. — Les *Jésuites*, d'après une brochure du Père Ravignan. — Procès de Janin contre Pyat.....	176
XLVI.	— Projet de loi sur l'instruction secondaire. — Concession aux petits séminaires. — Retour de la critique aux chefs-d'œuvre du xviie siècle.....	183

XLVII. — Opinion d'un gallican sur la brochure du Père Ravignan en faveur des jésuites. — Condamnation de Félix Pyat pour diffamation envers Jules Janin. — Élections de MM. Saint-Marc Girardin et Sainte-Beuve à l'Académie française........ 186

XLVIII. — Affaire de Otaïti. — Intrigues parlementaires. — Talent élevé de M. Guizot. — *Lord Chatham*, par M. de Viel-Castel. — Candidature de Mérimée à l'Académie française en remplacement de Nodier. — Autres candidats : M. Casimir Bonjour, M. Aimé Martin, M. Onésime Leroy. — Corruption et vice de la littérature.................. 188

XLIX. — De la liberté de la presse en France. — Coalition entre les journaux. — Les meilleurs journaux français se font à l'étranger. — Brochure du cardinal de Bonald. — *Franciscus Columna*, par Charles Nodier...................... 193

L. — La lettre des évêques au roi.................. 195

LI. — Élections de MM. Mérimée et Sainte-Beuve à l'Académie française. — *Le Constitutionnel* vendu à Véron. — Le comte Alexis de Saint-Priest. — Le carême. — M. de Ravignan. — M. Lebrun. — *Le Juif errant*............................. 198

LII. — Rapport du duc de Broglie sur la loi de l'enseignement secondaire. — Lettre de M. Dupanloup à M. de Broglie. — M. de Montalembert compromet sa cause par sa violence.............. 203

LIII. — Dédicace de *Modeste Mignon*. — Le salon de peinture. — Un portrait de la princesse Belgiojoso par Lehman. — Un tableau d'Ary Scheffer. 206

LIV. — Discussion de la loi sur l'enseignement supérieur à la Chambre des pairs. — Réfutation d'un article de M. Émile Saisset sur l'éclectisme...... 209

LV. — Opinion du *National* et d'Armand Marrast dans la question de l'enseignement universitaire. — Discours de l'archevêque de Paris. — Le roi en conçoit de l'humeur. — Discours de M. de Montalivet, le *fidus Achates* du roi. — Cousin condamné à boire la ciguë................................ 213

LVI. — Anxiété des protestants. — Attitude de MM. Cousin et Villemain dans la discussion de la loi sur l'enseignement secondaire. — Peisse.......... 215

LVII. — Réponse au discours de M. de Montalembert .. 218

LVIII. — L'abbé Dupanloup. — Le *Rancé* de Chateaubriand. — Gémissements des poëtes sur leur jeunesse enfuie. — *Antigone*, par MM. Vacquerie et Meurice. — *La Ciguë*, de M. Émile Augier.. 220

LIX. — Le procès Donon-Cadot. — Balzac à l'audience. — Demande d'argent par le roi Louis-Philippe. — Conflit entre les deux Chambres au sujet de la liberté de l'enseignement. — Les jésuites et les jacobins. — Réponse de M. Thiers au roi. — *L'Ultramontanisme*, par Quinet. — Les *Actes des Apôtres*, par Génin. — Pascal. — L'abbé Flottes... 227

LX. — Procès Lacoste. — Madame Lafarge. — Succès malsain de cour d'assises. — Prétendue découverte du cœur de saint Louis. — Polémique entre MM. Letronne et M. Le Prevost.......... 231

LXI. — Les fêtes de juillet. — Curiosité sans enthousiasme. — Article de Lerminier sur *l'Ultramontanisme* de Quinet. — Rémusat sur Jouffroy. — Sainte-Beuve sur Daunou. — *Histoire des Ecoles d'Alexandrie*, par M. Jules Simon. — Jasmin.. 237

LXII. — Béranger, Chateaubriand et Lamennais. — *Les Grands jours d'Auvergne*, de Fléchier. — *Une province sous Louis XIV*, par M. Thomas. — *Pourvoi en cassation*, brochure de Félix Pyat contre Jules Janin.. 242

LXIII. — *Le Juif errant*. — Les jésuites. — Alfred de Vigny. — Réponse de M. Le Prévost à M. Letronne. — Flourens. — Mort de Fauriel......... 244

LXIV. — Les vacances de l'Académie. — Prix sur *Voltaire* décerné à M. Harel. — Mademoiselle Georges. — *Antigone*, de MM. Meurice et Vacquerie. — Chateaubriand et l'abbé de Serres. — *Le génie et la ficelle*. — Mot d'un barbier sur *Le Juif errant*, en rasant un pair de France. 247

LXV. — Éloge de Voltaire. — Faiblesse et souplesse de M. Villemain. — L'Académie nous trouverait bien suisses. — Un cas de guerre avec l'Angleterre... 254

LXVI. — *Histoire du Consulat et de l'Empire*, par M. Thiers. — *Le Lutrin* de Boileau, cité par Schlegel. — Découverte historique de M. Monmerqué. — Une longue suite de rois illégitimes en France. — Le petit roi Jean Ier. — Scepticisme historique. — Badauds comme des Byzantins. — *Propos de table* de Luther. — *Poetæ minores*. — André Chénier. — Latouche. — Jules Lefèvre. — Ulric Guttinguer. — *Mademoiselle de La Seiglière*. — *Le Juif errant*. — Alexandre Dumas................................... 256

TABLE. 347

LXVII. — Volney, plat courtisan de Napoléon. — La tasse de café. — Articles de Molènes contre Mérimée. — *La femme de quarante ans*, par M. d'Onquaire.. 265

LXVIII. — *Histoire du Consulat et de l'Empire*, par M. Thiers. — Lamartine. — Vente de ses œuvres. — Influence de la fortune sur les mœurs littéraires. — Balzac, *messer milione*. — Jacqueline Pascal et M. Cousin. — L'éclectisme. — *Port-Royal* de mode à Paris. — Œuvres de Nicole avec une Introduction de M. Jourdain. — Les *Nuées* d'Aristophane à l'Odéon. — M. Hippolyte Lucas. — Résurrection de la *Némésis* de Barthélemy............... 266

LXIX. — Janin. — Les *Nuées* d'Aristophane. — Félix Pyat. — La politique chôme................ 277

LXX. — Insuccès des *Nuées*. — Un article de M. de Rémusat dans *le Constitutionnel*. — Considérations sur l'esprit du temps. — Mollesse et apologie. — Optimisme.......................... 279

LXXI. — Transformation du journal *La Presse* et des mœurs littéraires. — Son prospectus. — Chateaubriand, Alexandre Dumas, Napoléon, principaux collaborateurs. — Influence sur les lettres... 281

LXXII. — M. Amédée Pommier. — M. D. Nisard sur Descartes. — M. Galoppe d'Onquaire. — Lettre de Chateaubriand. — *Le Journal des Débats*. — Alexandre Dumas. — M. Buloz. — Mot de Chateaubriand. — Mot de M. Thiers............. 286

LXXIII. — Le jour de l'an. — MM. Dufaure, Molé, Guizot, Billault. — Folie de M. Villemain. — Félicien David.. 291

LXXIV. — Impopularité du ministère Guizot. — Rétablissement de M. Villemain. — Réception de M. Saint-Marc Girardin à l'Académie française. — Réponse de M. Victor Hugo..................... 294

LXXV. — Réception de M. Mérimée à l'Académie française. 299

LXXVI. — Réception de M. Sainte-Beuve à l'Académie française. — *Histoire du Consulat et de l'Empire*. — Procédé américain........................ 300

LXXVII. — *Histoire du Consulat et de l'Empire*, par M. Thiers. — Article de M. Villemain sur cet ouvrage. — *Esprit des institutions militaires*, par le duc de Raguse. — Mort d'Alexandre Soumet. — Jules de Rességuier. — Latour de Saint-Ibar. — *Virginie*..................... 306

LXXVIII. — La question des jésuites à la Chambre des députés. — MM. Thiers, Dupin, Berryer, de Lamartine. — Élévation de M. Victor Hugo à la pairie. — Jasmin décoré de la Légion d'honneur...... 313

LXXIX. — A propos de la tragédie de *Virginie*, par M. Latour de Saint-Ibar, au Théâtre-Français. — Etat de l'art dramatique en France. — Espérances déçues... 316

LXXX. — Élection d'Alfred de Vigny et de M. Vitet à l'Académie française........................ 321

LXXXI. — Format des journaux quotidiens encore agrandi. — Le livre de M. de Rémusat sur *Abélard*. — Lettres de Louis XVIII. — Portrait de Louis XVI et de Louis XVIII par M. de Barante. — Opinion de Royer-Collard sur Louis XVIII. — Lord Brougham et Guillaume Schlegel écrivant en français. — Le *Pitt* de M. de Viel-Castel. — Un morceau de M. de Saint-Priest sur l'Inde............. 323

LXXXII. — Manzoni. — De la difficulté d'écrire en italien. 328

LXXXIII. — Agrandissement de format des grands journaux. — La *Revue de Paris* cesse de paraître. — Création de *l'Artiste*. — M. Arsène Houssaye. — La *Revue des Deux Mondes* reste aux mains de M. Buloz. — *Les Bretons*, de Brizeux. — Poésies de Théophile Gautier. — Orgueil de la vie..... 332

LXXXIV. — Béranger en 1845...................... 337

FIN DE LA TABLE.

PARIS — IMPRIMERIE DE E. MARTINET, RUE MIGNON, 2.

NOUVEAUX OUVRAGES EN VENTE

Format in-8°

J. AUTRAN de l'Acad. franç. f. c.
ŒUVRES COMPLÈTES, t. III. — La Flûte et le Tambour .... 6 »

COMTE DE PARIS
HISTOIRE DE LA GUERRE CIVILE EN AMÉRIQUE, t. I à IV .... 30 »
ATLAS POUR SERVIR A L'HISTOIRE DE LA GUERRE CIVILE EN AMÉRIQUE. Livraisons I à IV .... 30 »

VICTOR HUGO
LES CHATIMENTS .... 6 »
PENDANT L'EXIL .... 6 »

PAULINE L.
LE LIVRE D'UNE MÈRE .... 6 »

J.-H. MERLE D'AUBIGNÉ f. c.
HISTOIRE DE LA RÉFORME EN EUROPE AU TEMPS DE CALVIN, t. VI 7 50

ERNEST RENAN
L'ANTECHRIST 7 50

J. MICHELET
ORIGINE DES BONAPARTE .... 6 »
JUSQU'AU 18 BRUMAIRE .... 6 »
JUSQU'A WATERLOO .... 6 »

J. SIMON
SOUVENIRS DU QUATRE-SEPTEMBRE. — Le gouvernement de la Défense nationale .... 6 »

L. DE VIEL-CASTEL de l'Acad. fr.
HISTOIRE DE LA RESTAURATION. — T. XVII .... 6 »

Format gr. in-18 à 3 fr. 50 c. le volume.

A. ACHARD vol.
LA TOISON D'OR 1

TH. BENTZON
LE VIOLON DE JOB 1

E. CADOL
LA BÊTE NOIRE 1

ALEX. DUMAS FILS de l'Acad. franç.
THÉRÈSE 1

O. FEUILLET de l'Acad. française
UN MARIAGE DANS LE MONDE 1

TH. GAUTIER
PORTRAITS ET SOUVENIRS LITTÉRAIRES .. 1

GUSTAVE HALLER
LE BLEUET 1

Vte D'HAUSSONVILLE
C.-A. SAINTE-BEUVE. — Sa vie et ses œuvres 1

A. HOUSSAYE
LES DIANES ET LES VÉNUS 1

VICTOR HUGO
QUATRE-VINGT-TREIZE 2

AL. KARR
PLUS ÇA CHANGE 1
PLUS C'EST LA MÊME CHOSE 1

KEL-KUN
PORTRAITS 1

PROSPER MÉRIMÉE
LETTRES A UNE INCONNUE 2
LETTRES A UNE AUTRE INCONNUE 1

MÉRY
NÉVA 1

MICHELET
LA MER 1

CH. MONSELET vol.
LES ANNÉES DE GAIETÉ 1

D. NISARD de l'Acad. française
LES QUATRE GRANDS HISTORIENS LATINS . 1

JULES NORIAC
LA MAISON VERTE 1

ÉDOUARD OURLIAC
DERNIÈRES NOUVELLES 1

PAUL PARFAIT
LA SECONDE VIE DE MARIUS ROBERT .. 1

EDMOND PLAUCHUT
LES QUATRE CAMPAGNES MILITAIRES DE 1874 1

A. DE PONTMARTIN
NOUVEAUX SAMEDIS. T. XII 1

HENRI RIVIÈRE
AVENTURES DE TROIS AMIS 1

C.-A. SAINTE-BEUVE
PREMIERS LUNDIS 3

GEORGE SAND
FLAMARANDE 1

J. SANDEAU de l'Acad. française
JEAN DE THOMMERAY. — LE COLONEL ÉVRARD 1

L. ULBACH
LE SECRET DE MADEMOISELLE CHAGNIER . 1
LA PRINCESSE MORANI 1

A. VACQUERIE
AUJOURD'HUI ET DEMAIN 1

PIERRE VÉRON
CES MONSTRES DE FEMMES 1

L. VITET
LE COMTE DUCHATEL, avec un portrait . 1

www.ingramcontent.com/pod-product-compliance
Lightning Source LLC
Chambersburg PA
CBHW070848170426
43202CB00012B/1993